현대신학은 어디로 가고 있는가?

현대신학은 어디로 가고 있는가?

한스 큉/데이비드 트라시(편)
박재순 옮김

한국신학 연구소
1989

Hans Küng / David Tracy(Hrsg.)
Theologie - wohin?
Benziger Verlag
Gütersloher Verlagshaus Gerd Mohn, 1984

Tr. by
Park Jae Soon

Published by
Korea Theological Study Institute
Seoul Korea. 1989

목 차

머리말 ·· 9

I. 서론적 관점들

제럴드 브라우어 / 오늘의 그리스도교에 대한 도전들 ············· 13
한스 큉 / 모형을 변경한다는 것은 무엇을 의미하는가? ··········· 21
위르겐 몰트만 / 신학의 변천—어디로? ································· 29
노르베르트 그레이나허 / 새로운 모형을 위한 제언 ················ 35

II. 문제제기

한스 큉 / 신학의 모형변경—기초적인 해명을 위한 시도 ········· 41
1. 신학과 과학이론의 혁신 ·· 41
2. 모형변경의 개념 ··· 45
3. 자연과학과 신학의 유비 ·· 49
4. 연속성에 대한 문제 ·· 67
5. 자연과학과의 차이 ·· 69
6. 새로운 신학적 모형 ·· 75
7. 첫째상수 : 지평으로서의 세상 ·· 79
8. 둘째상수 : 척도로서의 그리스도교적 사신 ··························· 81

데이비드 트라시 / 새로운 모형에 관한 해석학적 성찰 ············ 87
1. 새로운 모형의 해석이론으로의 전환 ······················· 88
2. 해석이론과 종교해석 ··································· 101
3. 신학의 새로운 모형과 해석학 ···························· 107

매튜 램 / 모형분석에 있어서 이론과 실천의 변증법 ··········· 117
1. 새로운 모형 안에서 실천과 변증법으로의 전환 ············ 119
2. 새로운 모형에 있어서 종교적 실천과 신학적 변증법 ········ 141

III. 역사적 분석

찰스 칸넨기써 / 오리게네스, 어거스틴 그리고 신학의 모형교체 ···· 173
1. 새로운 모형의 창안자 오리게네스 ························ 176
2. 모형교체에 대한 오리게네스의 경험 ····················· 179
3. 어거스틴과 신학적 "모형교체"에 대한 현대적 물음 ········· 188

슈테판 퓌르트너 / 토마스 아퀴나스와 마틴 루터의 모형
— 루터의 인의론은 모형교체를 뜻하는가? ················· 193
1. 현대적인 문제제기 ··································· 193
2. 신학사적 교회사적 해석모델의 모형교체에 대하여 ········· 195
3. 새 모형의 혁신적 인식인 루터의 인의론 ··················· 197
4. 모형비교의 결론 ····································· 212

브리안 게리쉬 / 현대신학의 모형
— 구개신교에서 신개신교로의 이행에 관한 트뵐취의 견해 ········ 223
1. 불연속성의 요소들 ··································· 224
2. 연속성 ··· 229
3. 두 모형교체: "말씀"의 표징 안에서 — "역사"의 표징 안에서? ·· 233

마틴 마티 / 현대에서 현대이후로 이행하는 과정에 있어서의 모형 · 237
1. 세가지 예비적 고찰(방법, "현대적", "모형") ·················· 237
2. 신학자와 책 ··· 246
3. 대학교의 직업으로서의 신학 ···································· 250
4. 인문과학들의 테두리 안에 있는 신학 ·························· 254
5. 사유주의(私有主義)와 전체적 공동체 ························· 261

Ⅳ. 심포지움

칼-요셉 쿠셀 / 안내를 위한 짧은 회고 ·························· 273
1. 인물들과 주제들 ··· 274
2. 신학의 차원들 ·· 277
3. 모형이란 무엇인가? ··· 279

머리말

오늘날 그리스도교 신학은 많은 차이에도 불구하고 기초적인 합의에 도달할 수 있는가? 이 물음은 1983년 5월 23일에서 26일까지 개최되었던 국제에큐메니칼 심포지움의 주제였다. 주관 단체는 튀빙겐 에큐메니칼 연구소, 시카고대학 종교연구소 그리고 국제적 신학 잡지인 "콘칠리움"(Concilium) 이었다.

전 세계로부터 참여한 약 70여 명의 학자들―주로 신학자들이었지만 다른 분야의 전문가들도 참여했다―이 여러 날 동안 오늘의 신학적 상황을 분석하려 했다. 자연과학과 인문과학, 민주적―다원적 사회들, 각종 해방운동들이 신학에 대해서 근본적인 결과를 초래했는데 사람들은 아직도 그 영향들을 제대로 정리하기는 커녕 인식하지도 못하고 있다. 신학은 그러한 다양한 긴장들, 상이한 체계들과 유행적인 흐름들에 내맡겨진 것인가 아니면 오늘날에는 새로운 변화된 신학적 "기본모형"을 찾아볼 수 있는 것일까? 변화된 현대적 경험들에 적절히 대응할 수 있는 "신학의 새로운 모형"이 있을까? 이론, 방법 그리고 구조들이 서로 다름에도 불구하고, 상이한 그리스도교적 신학들이 그리스도교 신앙의 과학적 해명이기 위해서는 전제해야 하는 불변요소들이 "새로운 모형" 속에 있는가? 물론 이 심포지움에서는 특정한 가르침과 교리들에 대해서가 아니라 신학의 특정한 이론―실천적 기본이해에 대해 합의를 이루려 했다.

이 심포지움의 문서들은 신학계에 널리 알려져야 한다. 우리는 이 문서들이 현재의 신학논의에 활기를 불어넣고, 그 논의를 밝혀 주리라는 것을 의심하지 않는다. 두 번으로 나누어 문서를 발행하려 한다. 첫번째 책인 본서에는 심포지움을 개막할 때 미리 나누어 준 모든 개막강연 자료들(1부), 체계적 논구(2부), 역사적 분석(3부)이 실려 있으며 끝으로 심포지움의 계획표와 경과에 대한 개관(4부)이 첨부되어 있다.

독일연구협회, 록펠러재단, 그리고 튀빙겐대학의 아낌없는 후원이 없었다면 여러 대륙들의 학자들이 참여한 본 심포지움이 튀빙겐에서 개최되지 못했을 것이다.

심포지움 참가자들을 대표해서 우리는 심포지움의 책임자로서 위의 단체들에게 깊은 감사를 드리고 싶다.

튀빙겐/시카고, 1984년 4월
한스 큉 / 데이비드 트라시

I. 서론적 관점들

오늘의 그리스도교에 대한 도전들

제랄드 브라우어 (Jerald Brauer)

　본 회합의 주제는 "신학의 새로운 모형?"이란 질문형태로 파악된다. 이 질문은 다양한 의미를 함축하고 있다. 의심할 바 없이 여기에 참여한 분들은 모두 이 질문에 대해 어떤 '전이해'를 지니고 있다. 새로운이란 부가어는 과거에도 모형(Paradigma)이 그리스도교 안에서 일어난 근본적 변화들을 설명하는 데 적합한 도구였음을 의미할 수 있다. 그러나 새로운 모형이란 말은 모형이라는 표현 자체가 신학 안에서 일어난 일을 이해하기 위한 새로운 시도임을 의미할 수 있다.

　학문의 역사 안에서 일어난 근본적인 변화들을 해명하기 위해 모형과 모형의 교체란 말을 사용한 것과 관련해 토마스 쿤(Thomas Kuhn)은 몇가지 적당한 비판을 받았음에도 불구하고, 이 문제에 대한 우리의 이해를 현저히 심화시키는 활발한 토론을 시작했으며, 비판자들로 하여금 역사적, 문화적, 사회적 요소들을 고찰하지 않을 수 없게 했다. 그는 논의를 확대시켰으며, 동시에 그 논의가 세부적이고 보다 섬세해지도록 했다. 심포지움의 자료들에서 알 수 있듯이, 여기에 모인 사람들은 쿤의 구상을 문자적으로 받아들여서 현대의 그리스도교적 상황에 적용하지는 않았다. 큉과 트라시가 주제를 발표한 의도는 다만 토론의 실마리를 제공하고 새로운, 좀더 효과적인 관점에서 분석하도록 촉구하려는 것이었다.

　지난 백 오십 년 동안 그리스도교는 일련의 급격한 변화를 겪었으며, 여전히 이런 변화 속에 있고, 그리스도교의 과거와 연속되어 있으면서도 새로운 방향을 지시하는 새로운 것이 성립되어 있음을 본 회합은 전제한다. 종교개혁시대 이래 급격한 변천이 일어났다. 16세기는 당시의 사람들에게 과거의 그리스도교와 철저히 단절된 혁명적 시대로 보였다. 그러나 16세기는 우리 시대의 사람들에게는 오늘에 비해서 비교적 안정되고 연속된 시기로 보인다.

우리가 어디서 왔는지 그리고 어디에 있는지 모르면 어디로 가는지도 모르기 때문에, 이러한 변천은 자신의 해석을 위한 진지한 노력을 요구한다. 여러가지 요소들이 현대와 종교개혁시대의 현격한 차이를 드러내는데, 이러한 차이 때문에 효과적 해석방법과 해명방법이 요구된다. 이 가운데 세 가지 요소들을 주목하려고 한다. 이 세 요소는 각기 그 나름으로 그리고 모두 함께 이 근본적인 변천을 지시한다.

1. 다원주의의 도전

첫째 요소는 현대 세계뿐 아니라 오늘의 그리스도교의 모든 형태에 있어서 다원주의가 두드러지게 나타난다는 것이다. 이 요소는 그리스도교 세계의 모든 종파, 교회 또는 교파에 나타난다. 한 전통 안에서의 다원주의는 한 특별한 공동체의 모든 구성원이 공유한 전통이라고 하더라도 이 전통이 여기에 모인 집단 안에서도 상이하게 해석되고 경험되며 분석된다는 사실을 사심 없이 인정하는 것이다. 어떤 사람들은 이 사실을 마지 못해 인정하면서 이 사실을 축소하거나 제거하기 위해 최선을 다한다. 다른 사람들에게는 다원주의가 이 전통을 이해하고 받아들이고 표현하는 데 어쩔 수 없이 제한된 노력을 기울일 수 밖에 없음에도 불구하고 이 전통을 긍정하고 실행할 기회를 제공한다.

오늘날 모든 그리스도교 집단은 그들이 살고 있는 현대적 상황을 많건 적건 공유하고 있으며, 신앙을 이해하고 표현하기 위해 사용하는 수단과 방법을 공유하고 있다. 모든 그리스도교 집단은 해석과 실천에 있어서 많은 편차를 보이고 있는데 이것은 백년 전까지만 해도 찾아보기 어려운 현상이었다. 오늘날 대부분의 교회들과 교파들은 각기, 근본주의적, 보수적, 중도적, 자유주의적 또는 급진적으로 분류될 수 있는 대표자들을 지니고 있다. 제2차 바티칸공의회는 로마 가톨릭 안에서 신학적 해석과 변천하는 종교적 관행이 얼마나 다양한가를 지적했다. 각기 자신의 신학적 영역 안에서 파악된 '다른 사람들'의 경직된 (신학적) 장벽도 이미 오래 전에 무너져 버렸다. 종파들과 교파들은 서로 뚜렷이 구별되면서도, 그들이 무시하거나 부인할 수 없는 다원주의의 공통적 상황에 모두 참여하고 있다.

다원주의가 교회들의 내적 삶을 규정할 뿐 아니라 교회들 사이의 상황도 특징짓는다. 계몽주의시대 이후의 다원주의는 교회의 내적 삶뿐 아니라 교회들의 관계에 있어서 그리스도교사에서 새로운 것이다. 그리스도인들은 더 이상 신앙의 이름으로 서로 파괴하거나 무시하거나 멸시하려고 하지 않는다. 1950년에는 아무도 10년 후에 로마교황이 개신교인들에게 헤어진 형제들이라고 말하게 되리라고 믿지 못했다. 50년대에는 개신교 학교들에서 개신교 전통에 속한 모든 저자들의 글을 읽었지만 가톨릭 저자들의 글은 읽지 않았다. 오늘날에는 개신교의 신학교들에서 로네르간(Lonergan), 쉴레벡(Schillebeeckx), 라너(Rahner), 트라시의 글들이 읽혀지고, 가톨릭신학교들에서 불트만, 틸리히, 바르트, 엘리아데(Eliade) 그리고 리꾀르(Ricoeur)의 글들이 읽혀진다. 상이한 개신교 교회들 사이에 그리고 그 교회들과 희랍정교회 사이에 대화를 위한 신중하고 끈질긴 노력들이 끊임없이 지속되었고, 로마 가톨릭은 희랍정교회 그리고 대부분의 비교적 큰 개신교 교파들과 대화를 나누는 데 열중했다.

다원주의는 중요한 신앙관들과 신앙적 실천들에 대한 무관심에 의해 규정되지 않는다. 다원주의는 기본적인 그리스도교적 전통의 상이성과 해석을 진지하게 받아들이며, 차이를 배제하지 않으면서도 상호적 존중과 용납을 위한 토대를 발견하려고 노력한다. 다원주의는 어디서나 발견된다—그것은 그리스도교적 공동체 또는 공동체들을 조직하거나 관리하는 방식과 양태 또는 제도적 삶을 포함한다. 그것은 그리스도인들이 내세우는 특수한 가르침들, 그리고 그들이 이 가르침들을 분석하고 해석하고 체계화하는 수단과 방법도 포괄한다. 그것은 그리스도인들이 개인적인 삶에서나 공적 질서(그리스도인들과 교회들은 이 질서의 일부이다) 속에서 행동해야 하는 방식과 양식을 포괄한다. 그리스도인들이 예배를 드리고 그들의 본질적 경건을 표현하는 형태들도 이러한 다원주의를 나타낸다.

2 세계종교들의 도전

오늘의 상황을 특징짓는 둘째 요소는 그리스도교가 다른 종교들과의 관계에 있어서 전혀 다른 상황 속에 있다는 것이다.

언제나 그리스도교는 자신이 유래한 유다교와 특별한 관계에 있었다. 불행히도 그리스도교는 그의 선조에 대해서 매우 못되게 굴었다. 유다교는 그리스도교에 대해서 부모와 같은 존재인데 그리스도교는 외디푸스처럼 자신의 아버지를 죽이고 어머니를 노예로 삼으려 했다.

제2차 바티칸공의회는 유다교 형제들에 대해 새로운 관계의 시작을 공표했다. 그러나 이것은 시작에 불과했다. 유다인들을 전도하려는 모든 노력에 대해 많은 그리스도인들이 의심스럽게 여기고 있다는 사실은 그리스도교와 유다교 사이에 새로운 이해가 조성되고 있음을 반영한다. 많은 문제들이 남아 있음에도 불구하고, 오늘날에는 이전보다 진지하게 서로 이해하려고 노력하고 있다.

위대한 세계종교들에 대한 그리스도교의 관계도 매우 달라졌다. 1893년에 개최된 세계종교대회는 (종교들 사이에) 새로운 관계가 성립되었음을 알리는 신호였다. 그러나 이 종교대회는 모든 종교들에 공통적인 추상적 윤리적 원리들을 강화하기 위해 모든 종교의 역사성과 고유성을 부인하려고 노력하는 계몽주의적 원리들에 바탕을 두고 새로운 관계를 수립하려 했다. 이 대회는 종교들 사이의 개방성과 우애를 보여주었으나 그들 사이의 진지한 대화에 이르지는 못했다. 서구 제국주의가 쇠퇴하고 새로운 민족국가들이 수립되고 옛 민족국가들이 재생함으로써 세계의 큰 종교들은 부흥하게 되었다. 그리스도교의 선교도 전혀 새로운 방향설정을 하게 되었다. 이러한 새로운 상황에서 그리스도교와 다른 큰 세계종교들은 이제 진지한 대화를 할 태세가 되어 있다. 다른 종교들도 우리의 상황과 같거나 적어도 매우 비슷한 세계적 상황 속에 있다. 모든 종교들은 줄기차게 그들을 압박하는 현대 세계의 강력한 세력들에 직면해 있다. 모든 종교에나 어느 대화를 절대적으로 거부하는 집단들이 있다. 예컨대 그리스도교에서는 근본주의자들이 그렇고 이슬람교에서는 쉬아파들이 그렇다. 그러나 모든 종교들에는 서로 이해함으로써 그 자신도 더욱 잘 이해하도록 진지하게 노력할 때가 왔음을 인식한 집단들이 있다. 작고한 폴 틸리히가 그의 마지막 강의에서 조직신학과 종교사의 관계에 대해 말했듯이, 모든 종교들은 "종교로부터의 자유일 뿐 아니라 종교를 위한 자유인 정신적 자유 속에서"[1] 이러한 대화를 나누게 된다. 여러 그리스도교적 교회들에서 그리고 그 교회들 사이에서 마주치는 다원주의가 다른 종교들의 상황도 규정한다.

3. 세속주의의 도전

직전의 과거에 대한 현대의 근본적인 차이를 특징짓는 셋째 요소는 종교 자체의 생명력에 관한 문제이다. 아마 현대의 모든 문제들 가운데 이 문제가 가장 많은 관심을 끌고 이 문제에 대한 문서가 가장 많을 것이다. 개념적으로 세속화에 대해서 말하건 현대주의적 영향에 대해서 말하건 간에, 역사적으로 이 시대만큼 종교의 소멸과 하느님의 죽음에 대해 성찰하고 서술했던 시대는 없었을 것이다. 가톨릭과 개신교의 종교개혁 이후에, 전통적인 그리스도교적 신앙내용, 관행, 제도들에 대한 인간의 태도가 크게 변했다는 것은 진부한 이야기다. 이 변화는 지적·문화적 엘리트의 태도와 판단에서 가장 두드러지게 나타난다.

이것이 보다 깊고 심오한 종교성을 다시 강화하려는 노력인지 아니면 모든 신과 종교 자체를 말살하려는 노력인지 평가하기 어렵다. "성과 속"(Das Heilige und das Profane)에서 종교의 본질에 관한 심오한 분석을 하면서 엘리아데(Eliade)는 현대인이 마지막 신을 죽이고 나서야 비로소 만족하게 될 것이라고 말했다. 실제로 세상에는 두 현존양식, 두 실존적 상황, 즉 거룩한 것과 세속적인 것이 있는데, 현대세계는 둘째 현존 양식 또는 생활양식에 의해 특징지어진다.

그리스도교적 교회들과 다른 세계종교들이 자신을 이해하고 자신을 세상과 관련시키는 방식은 최근에는 주로 이 사실에 의해 규정되었다. 아마도 세속적인 생활양식이 갈수록 증대된 것이 세계 종교들을 진지한 대화에로 몰아넣는 일차적 요인들 가운데 하나일 것이다. 그러나 세속적인 것에 대해서 종교적인 것을 변호하기 위해 통일전선을 결성하는 것이 과제는 아니다. 오히려 오늘의 세계에서 세속적인 양식과 대조되는 종교적 양식을 나타내는 것이 종교들에게 무슨 의미가 있는지를 진지하게 탐구해야 할 것이다. 그렇게 함으로써만 종교는 자신과 자신의 상황에 충실할 수 있고, 거룩한 바탕 위에서 자신을 갱신함으로써 인류에게 봉사할 수 있을 것이다. 이러한 문제성 있는 상황의 존재 자체가 종교개혁시대와 우리시대를 구분해 주며, 우리의 상황 속에서 우리 자신을 이해하는 데 도움이 되는 해석을 추구하도록 한다.

이 상황의 복잡성과 이 상황을 이해하려는 오늘 우리의 노력들이 큉과 트라시로 하여금 보다 만족스런 설명방식을 제공하기 위한 모형분석을 시도하게 했다. 모형분석은 항시 수정되거나 거부될 수 있는 인식의 도구로서 사용되어야 한다. 그것은 그리스도교적 교리의 지적 차원을 사회적, 역사적, 문화적, 독창적 차원과 결부시키려는 노력이다. 계획단계에서부터 이 회합은 이런 방법을 사용할 수 있는지 확인하기 위한 탐색작업으로 간주되었다.

이 회합에서 우리의 기대가 충족되면, 우리는 모형 또는 모델을 바꾸는 문제를 부각시키고 오늘날 이 문제가 그리스도교와 종교에 어떤 의미를 갖는지 밝히기 위해 새로운 국제회합을 개최하고 싶다. 그리스도교 신학자들을 위한 별도의 회합이 필요할 수도 있다. 그리스도교가 직면한 기본문제들에 대한 상호적 이해가 우리의 대화 속에 충분히 반영되고 우리 자신이 서로 다르면서도 이해의 합치를 위해 노력할 수 있기를 바란다. 그래야 우리는 한걸음 더 나갈 수 있을 것이다. 우리가 어디서 왔고 어디에 있고 어디로 가야할지를 밝힐 단서를 얻기 위해 회합이 끝날 때마다 회합의 성과를 책으로 묶어낼 필요가 있다.

가능한 한 빨리 유다교의 대표자들 뿐 아니라 다른 종교의 대표자들까지도 토론에 끌어들여야 한다고 생각한다. 직접 우리의 상황을 해석하려고 하는 것보다 우리의 모든 특수한 상황들을 더욱 잘 해석할 수 있게 도와주는 모형이나 모델과 같은 공동의 문제에 집중할 때, 서로 이해하는 데 있어서 더욱 큰 진전을 이룰 수 있을 것이다.

오늘날 세상의 종교들은 모두 동일한 상황 속에서 자신을 이해하며 살아간다.

종교들은 이 상황을 상이하게 그리고 상이한 속도로 경험해 왔다. 이러한 상이한 경험 자체가 토론할 내용에 속한다.

여러가지 문제들이 우리에게 제기된다. 토론의 주제들을 면밀히 준비하고 토론의 한계를 정하는 데 깊은 주의를 기울여야 한다. 어쩌면 하나의 모형적 방법 또는 모델적 방법은 서로 다른 종교의 대표자들이 단순히 호의적 태도나 반역사적·추상적 분석을 피할 수 있는 단서를 제공할 것이다. 이 토론의 목적은 서로 다른 종교들의 통합을 추구하는 것도 아니고 다른 종교인들에게 자기 종교의 우월성을 확신시키는 것도 아니다. 우리의 목적은 우리 모두에게 여러가지 방식으로 영향을 미치는 복잡한 세상 속에서 자기를 이해하기 위해 공동적으로 노력하는 본보기를 보여주자는 것이다. 이런 작업을 하는 과정에서 종교들은 서로 배울 수 있었고, 자기 자신에 대한 훨씬 많은 것을 발견하고 다른 전통들을 참으로 존중할 수 있게 되었다.

끝으로 미래에 대해 특별히 책임을 져야 할 다른 인종과 종교의 보다 젊은 남녀대표자들을 가능한 한 빨리 초청할 수 있었으면 좋겠다. 나이 많은 학자들끼리 대화하는 것만으로는 충분치 않다. 교육과정 속에 있는 창조적이고 유망한 젊은 학자들이 함께 이런 중요한 문제들과 씨름할 필요가 있다. 현대세계에 대한 종교적 이해를 분석하고 해석하는 작업이 본 튀빙겐 회합에서 그치지 않고 앞으로도 계속되기를 바란다.

---

1) 틸리히는 그의 강의에서 자기토대로부터의 그리고 자기토대를 위한 영적 자유를 말했다. 미국에서 출판된 책에도 이렇게 되어 있다. 수고(手稿)에는 그 자신으로부터의 그리고 그 자신을 위한 자유로 되어 있다. 강의를 할 때 틸리히는 이 표현이 너무 모호하다는 것을 알아차리고 "자기자신의 토대"라는 말로 바꾸었다. "자기토대"는 자기종교를 의미하므로 번역문에는 "종교"란 말을 집어넣음으로써 문장의 의미를 보다 분명하게 했다. 일본의 불교대표자들과의 대화를 통해서도 틸리히는 다른 종교를 아는 게 유익하다는 것을 경험했다. 이 경험을 바탕으로 행한 강의의 마지막 부분에는 시카고에서 행한 강연내용과 비슷한 문구가 있다. "모든 살아 있는 종교의 깊은 자리에서는 그 종교 자체가 중요성을 잃고 종교가 지시하는 것이 그 종교의 특수성을 뚫고 나와, 정신적 자유를 주고 삶과 문화의 모든 형태 속에 현존하는 신적인 것에 대한 환상을 준다"(GW V, 98) : Paul Tillich, Korrelationen, Stuttgart, 1975, 156, 註 5.

모형을 변경한다는 것은 무엇을 의미하는가?

한스 큉(Hans Küng)

　원래 이 심포지움의 개회사를 내가 하려고 했던 것은 아니다. 그러나 이 심포지움의 발기인의 한 사람으로서 —나의 동료인 시카고 디비니티 스쿨(Chicago Divinity School)의 트라시 교수와 논의를 거쳐— 내가 전 세계로부터 이곳에 온 여러분에게 이 심포지움을 개최하게 된 동기를 밝힘으로써 우리의 관심사를 조금이라도 알리기로 했다.

　이 심포지움이 신학과 교회에 관한 경직되고 획일적이며 단일한 통일적 모형을 발전시키거나 누구에게 강요하지 않을까 하는 염려는 전혀 할 필요가 없다. 오히려 우리는 신학과 교회의 (항상 통일적인 것으로 이해된) 모형들이 과거와 마찬가지로 오늘날에도 서로 다른 학파, 사상노선, 신학들의 다원성을 내포한다고 확신한다. 이러한 다원성은 언제나 갈등과 논쟁의 표현일 뿐 아니라 창조성과 활력의 표현이었다.

　그러나 신학적 상이성, 차이, 불협화음에 관한 잘 알려진 사실을 서로 확인하려고 우리가 세계의 여러 곳으로부터 여기에 모인 것은 아니다. 이 심포지움에서 우리의 사상적인 노력은 신학, 교회 그리고 사회의 위기적 상태를 감안할 때 서로 다른 신학들의 표면을 뚫고 공통적인 지반에 도달하기 위해서 보다 깊고 근본적인 것에 집중되어야 한다. 이 말의 의미는 역사를 살펴보면 알 수 있다. 역사가 가르쳐 준다. 토마스 쿤(Thomas S. Kuhn)에 의하면 이것이 자연과학에도 해당된다. 그렇다면 신학과 교회에는 더욱 타당할 것이다.

오리게네스와 어거스틴에 관해서는 찰스 칸넨기써(Charles Kannengiesser), 토마스 아퀴나스와 마틴 루터에 관해서는 슈테판 퓌르트너(Stephan Pfürtner), 구프로테스탄트 교의학과 신프로테스탄트 신앙론에 관해서는 브리안 게리쉬(Brian Gerrish), 그리고 현대적 신학모형의 사회적 상황에 관해서는 마틴 마티(Martin Marty) (이들이 작성한 역사적 예비자료집)에서 나는 많은 것을 배웠다. 배운 것을 토대로 해서 신학과 교회의 모형들이 바뀐 시기를 구분해 보았다. 교회사와 신학사를 다음과 같이 개괄할 수 있다:

- 이레네우스, 클레멘스 그리고 오리게네스, 터툴리안과 치프리안, 아타나시오스와 카파도키아학자들과 같은 신학자들은 신학적 출발점과 해결의 시도 그리고 결론들에 있어서는 서로 달랐지만, 돌이켜 보면 "한 공동체의 구성원들이 지닌 신념, 가치, 기법 등의 전체적 성향"에 있어서는 일치했다 (여기서 공동체는 신학자들의 공동체와 교회의 공동체로 이해된다). 당시에 그들이 지닌 "신념과 가치들 그리고 기법들의 전체적 성향 또는 전체적 관련성"은 유다 그리스도교적인 원시적 공동체의 묵시문학적-종말론적 전체 위상과는 근본적으로 달랐다.

- 어거스틴의 영향을 받은 안셀름과 아벨라르(Abälard), 토마스와 보나벤투라(Bonaventura), 스코투스와 옥캄(Ockham)은 방법적으로 서로 다른 길을 걸었고 내용적으로도 부분적으로는 다른, 합치될 수 없는 결론에 이르렀으나 그들은 모두 그들의 시대 즉 중세기의 기본적인 이해유형을 반영했다. 그들의 이해유형은 원시 그리스도교적-묵시문학적 이해유형과 다를 뿐 아니라 그리스 교부들과 초기 라틴 교부들의 이해유형과도 근본적으로 달랐다.

- 루터, 쯔빙글리 그리고 칼빈이 서로 신학적 논쟁을 벌였으나 그들은 모두 신학과 교회의 동일한 이해유형을 지녔는데, 이것은 동방 정교회와 전형적으로 구별되는 중세 로마 가톨릭적 이해유형과 합치될 수 없는 것이었다.

- 근대의 시작과 더불어 신학은 새로운 합리주의적-경험적 철학과

자연과학의 영향 아래 대립적인 학파들로 분열되었다. 그러나 라이마루스와 마찬가지로 세믈러(Semler)도, 바우르, 리츨, 하르낙, 그리고 트뢸취와 마찬가지로 슐라이에르마하도 종교개혁시대와 프로테스탄트 정통주의시대처럼 신학을 할 수는 없었다.

언제나―단절과 연속 속에서!―원래의 혁신이 결국 전통으로 되었다. 물론 그러한 거대한 역사적 변화과정을 무시하는 경우도 있었다. 그렇게 되면 전통이 전통주의로 되었다. 사람들은 그들의 친숙한 낡은 이해유형을 보존하고 새롭게 장식하려고 노력해 왔다.

- 그리하여 그리스정교 또는 러시아정교는 고대 교회적―헬레니즘적 유형의 변호자로 되었다 : 핵심어 : 전승(paradosis), 전통(traditio) 그리고 신부들.
- 가톨릭은 중세적(또는 반종교개혁적) 로마 가톨릭 체제와 덴징거 신학의 신스콜라주의적 옹호자로 되었다 : 핵심어 : 교회, 교황, 교권.
- 프로테스탄트는 성서주의적 루터파 또는 칼빈파 정통주의, 프로테스탄트 근본주의의 대변자로 되었다 : 핵심어 : 하느님의 말씀과 배타성.
- 오늘날에는, 계몽주의 이후, 근대 이후 시대로 전환되었음을 모르는 자유주의적 전통주의도 있다고 할 수 있다 : 핵심어 : 이성과 역사.

획기적인 거대한 시대변혁에 직면한 신학과 교회의 크고 포괄적인 이해유형을 토마스 쿤이 말한대로 "모형"이라고 부르고 낡은 이해유형이 새로운 모형으로 대체되는 것을 "모형교체"라고 부르자. 여러가지 모형들을 분명히 구별하기 위해서 나는 이 거대한 시대적 모형들 또는 기본유형들을 거시적 모형들이라고 부르고 싶다. 왜냐하면 이 모형들은 신학의 상이한 영역들에 대한 많은 중간모형들(그리스도론의 두 본성론, 구원론의 안셀름적 만족설)과 여러 신학들이 다루어야 할 많은 개별적 문제들에 대한 미시적 모형들을 내포하기 때문이다.

여기서는 (관념주의적 또는 맑스주의적, 실증주의적 또는 사회적 다원주의적) 소박한 낙관주의적 진보사상을 전파하거나 회의적—비관주의적 타락사상(복음으로부터의 타락)을 확증하는 것이 중요하지 않다. 상대화하는 부정, 보존하는 긍정 그리고 밀고 나가는 초월 속에서 항상 상승과 하락, 인식의 진보와 망각, 연속과 단절을 수반하는 신학과 교회의 역사에 대한 변증법적 이해가 중요하다.

내가 여기서 시험적으로 제시한 지나치게 도식적인 시대구분에 대해서 많은 논란을 벌일 수 있을 것이다. 각 신학자가 그 나름의 모형 또는 모형에 대한 그 나름의 정의를 고집할 경우 이 심포지움은 가장 큰 위험에 직면하게 될 것이다. 이 심포지움을 준비하면서 우리는 탄력적이고 유연하며 매우 포괄적인 그러나 결코 임의적이거나 자의적이지 않은 "모형"이란 표현을 해명하는 데 집중했다. 세 개의 예비자료뿐 아니라 네 개의 역사자료들의 저자들은 1969년에 토마스 쿤이 저술한 "추신"(Postskriptum)의 정의(定義)를 정확하고 일관성 있게 적용했다. 모형은 이론이나 주도적 이념이 아니며 원리나 사상적 방향이 아니다. 그것은 "한 공동체의 구성원들이 지닌 신념, 가치 그리고 기법들의 전체적 성향"(186 독어판)이다. 달리 말해서 하나의 모형 안에 여러가지 신학들이 가능하다!

이 심포지움에서 용어의 의미에 관한 논쟁으로 쓸데없이 많은 시간을 소비하지 않기 위해 나는 여러분에게 토론의 토대로서 모형에 관한 이 정의(조직신학적 그리고 역사적 예비자료들에서 사용된)를 작업가설로 받아들이도록 제안하고 싶다. 왜냐하면 발기차들에게는 쿤의 모형이론 속에 있는 많은 개별적 정의들과 문제들에 관한 토론이 중요하지 않고 신학적으로 많은 문제를 안고 있는 쿤의 이론을 재가하거나 정당화하는 것이 중요하지 않기 때문이다. 따라서 우리는 쿤을 해석하는 데 머물러 있지 않겠다!

이 튀빙겐 회합의 바람은 논란의 여지없이 옳고 중요한 과학사적 과학이론적인 쿤의 기본사상을 받아들여서 정신과학 특히 신학 분야에서의 적용가능성을 물음으로써 **현대신학의 상태**를 밝히고 확인하는 것이다. 여러분에게 제시한 요약적인 진술을 통해 적어도 이 한가지 사실은 분명해진다 : 20세기에 우리는 상이한 신학들뿐 아니라 상이한 모형들의 경쟁, 갈등적 투쟁에 직면해 있다. 이 갈등은 신학자들이나 교회대표자들이 각기 서로 다른 시대의 큰 이해유형을 사용하는 데서 비롯된 것이다. 한 동일한 시기 안에 상이한 큰 모형들이 교차되고 겹쳐 있음을 나는 확신하는데, 이 같은 사실을 분석함에 있어서 쿤의 모형이론이 특히 유용하다. 쿤의 모형이론을 통해 현대신학은 자신의 유래와 미래를 확인할 수 있다. 또한 특정한 시기의 모형에 역사적 정당성을 부여할 수 있다.

오랫동안 무르익은, 깊은 뿌리를 지닌, 모든 것에 영향을 주는, 때로는 의식되고 때로는 의식되지 않는 기본전제들인 모형들이 문제이기 때문에 여러 교회들에서 소위 "진보"와 "보수"의 투쟁이 그처럼 강렬하고, 화해될 수 없는 것처럼 보인다.

그런데 20세기에 1차대전과 2차대전의 결과로 신학과 교회에서는 우리 모두가 잘 알고 있듯이 이 시대의 거대한 사회문화적 변혁에 적절히 대응하려는 새로운 신학적 해설의 시도들이 전개되었다. 다음과 같은 질문이 다시 제기된다 :

칼 바르트, 루돌프 불트만, 폴 틸리히, 니버 형제와 월터 라우센부쉬가 출발점, 방법, 결론들에서는 차이가 있지만 로마 가톨릭 체제와 프로테스탄트 정통주의를 비판하는 데 있어서 뿐만이 아니라 문화적 프로테스탄트주의와 역사주의를 비판하는 데 있어서, 다시 말해 19세기의 자유주의를 배격하는 데 있어서 일치하고 있지 않은가? 말하자면 "한 공동체의 구성원들이 지닌 신념들, 가치들, 기법들의 전체적 성향"을 받아들인다는 점에서 분명히 일치하고 있지 않은가? 모든 상위성에도 불구하고 이 위대한 신학자들은 모두 이 시대의 사상적 흐름을 규정하는 것처럼 보이는, 신학과 교회의 새로운, 현대 계몽주의 이후적 또는 근대 이후적 모형의 틀 안에서 함께 볼 수 있지 않을까?

그러면—아우슈비츠, 히로시마, 아키펠 굴락을 겪고나서—오늘날 신학을 해야 하는 우리는 어디에 있는가? 내가 아는 한 이 자리에는 동방정교회적 로마 가톨릭적 또는 프로테스탄트 근본주의적 성향을 지닌 완고한 전통주의적 모형들을 고집하는 인물들은 없다. 이 자리에는 바르트, 불트만, 틸리히의 제자들, 니버와 라우셴부쉬의 제자들, 화이트헤드와 떼이야르 드 샤르댕의 제자들, 셰뉘(Chenu), 콩가르(Congar), 로네르간(Lonergan), 드 루박(de Lubac), 라너의 제자들이 에큐메니칼하게 한데 모여 있다. 여러분의 신학적 활력과 창조성은 우리가 이 시대를 위한 신학과 교회의 적절한 이해유형을 진지하게 모색하고 있음을 말해준다. 동방정교회 신학자들과 서방프로테스탄트 신학자들이 에큐메니칼한 지평에서 함께 사고하듯이 가톨릭 신학자들도 에큐메니칼한 현대정신 속에서, 두 번의 프로테스탄트 모형교체(종교개혁과 계몽주의)를 이룩했던 것으로 보이는 제2차 바티칸 공의회의 노선 위에서 사고한다.

따라서 이 에큐메니칼한 심포지움에서는 다음과 같은 물음들이 제기되어야 한다.

- 이처럼 서로 다른 그러나 결국 한 모형에 의해 규정되는 스승들의 이렇게 다양한 제자들이 어떻게 일치될 수 있을까?
- 변증법적 신학과 실존적 신학, 해석학적 신학과 정치신학, 과정신학과 여성적 흑인적 그리고 비서구적 해방신학의 대변자들이 모든 차이에도 불구하고 서로 합치될 수 있는 점은 무엇인가?
- 표면적인 신학적 상위성을 넘어서서 현대적—계몽주의 이후의 에큐메니칼 신학을 뒷받침하는, 오늘의 상황에서 신학함을 가능케 하는 공통적 조건들은 무엇인가?

다시 말해 여기서는 특정한 교설과 교리를 위한 합의가 아니라 오늘의 신학에 대한 특정한 이론—실천적 이해를 위한 합의가 모색되어야 한다.

불변적 진리들의 경직된 규준이 필요한 게 아니다. 신학이 그 시대인들을 진지하게 고려하고 시대와 복음에 충실하려면 충족시켜야 할 기본조건들에 대한 역사적으로 가변적 규준이 필요하다.

 그리고 우리는 이 심포지움에서 신학적 문제가 밝혀지고 심화되기를 바라며 비판적이고 건설적인 제안을 기대한다. 이 심포지움이 전세계의 신학작업이 이루어지는 많은 문화권과 지역의 여러가지 신학적 사상경향들이 결합될 수 있고 또 그럼으로써 보다 밝은 미래를 지향할 수 있는 하나의 초점, 하나의 화경(火鏡 : 햇볕에 비추어서 불을 일으키는 렌즈)이 될 수 있다면 많은 성과를 얻게 될 것이다. 우리가 이 자리에 모일 때보다는 무언가 달라져서 헤어질 수 있다면 이 심포지움이 성사되도록 노력했던 모든 사람들에게 그리고 재정적인 후원을 해 준 독일 연구재단과 록펠러재단에게 가장 좋은 보답이 될 것이다. 그러나 어찌되었든 나와 내 동력자들은 여러분이 우리의 초대에 응해 준 데 대해 충심으로 감사드린다.

신학과 교회의 역사에 있어서 모형교체
시기구분을 위한 하나의 시도

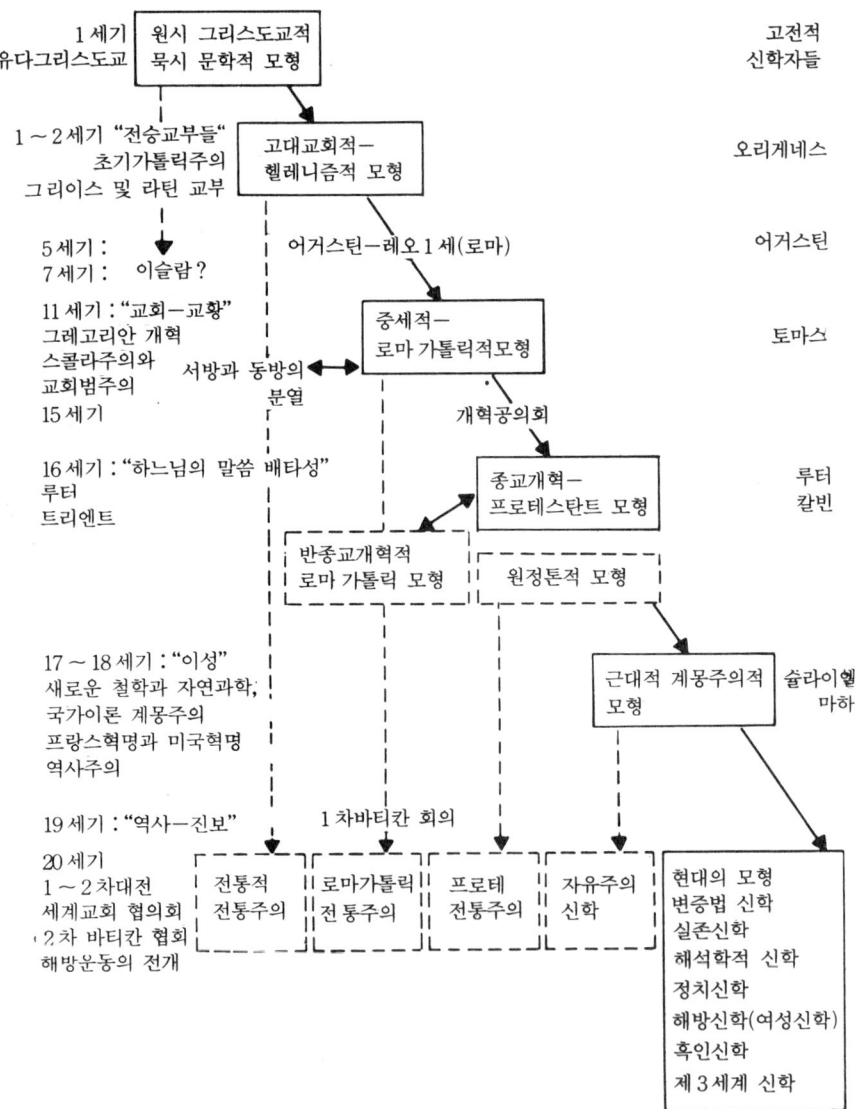

신학의 변천―어디로?

위르겐 몰트만(Jürgen Moltmann)

'콘칠리움'사(社)와 시카고대학이 이러한 초교파적 국제적 초대륙적 심포지움을 개최할 장소로 튀빙겐을 선택한 데 대해 기쁘게 생각한다. "예언자가 산으로 가지 않으면, 산이 예언자에게 와야 한다." 튀빙겐은 세계적인 도시가 아니다. 세계가 튀빙겐으로 와서 튀빙겐이 세계의 위대한 변천 속으로 끌려들어간 것을 나는 더욱 기쁘게 생각한다.

많은 사람이 알고 있듯이 튀빙겐은 오래 된 중요한 신학적 전통들을 지니고 있는데 이 전통들은 중세에서 종교개혁시대로, 구프로테스탄트 정통주의에서 계몽주의로, 스콜라주의에서 역사적 사상으로, 자유주의에서 20세기의 변증법적 신학으로 옮겨가는 역사적 전환기에 정점에 달했던 신학들이다. 물론 이 전통들은 보존되어야 한다. 그러나 아무 소득 없이 박물관 속에서 썪지 않으려면 이 시대의 변혁 속으로 들어와야 한다. 튀빙겐이 박물관처럼 보이겠지만 결코 박물관은 아니다. 그러므로 나는 오늘날 신학의 변화를 위해 현실적이고 중요한 몇가지 이행과정들에 대해 간략히 언급하려고 한다.

1. 가까운 것부터 말하자면 **교파적 신학에서 에큐메니칼 신학으로의 이행**을 지적할 수 있다. 다행히도 튀빙겐에는 두 개의 신학교수단이 있다. 우리의 신학연구실은 ―의미심장하게도―"내과" 병원의 건물 안에 함께 있다. 우리의 학생들은 자유롭게 왕래하며 강의를 듣고 있다. 15년

전부터 두 교수단의 공동 신학연구 위원회는 새로운 이념들을 검토하고 비판적으로 토론한다. 예전에 다른 교파들에 대한 논술과 논박을 통해 자기 교파의 정체성을 주장했던 "논쟁신학"이라는 낡은 분과는 오래 전에 사라졌다. 특별한 "에큐메니칼 신학"이 그 자리를 차지한 것은 아니다. 그 까닭은 가톨릭 신학과 복음주의 신학뿐이기는 하지만 에큐메니칼한 차원이 신학의 모든 분과 속에 나타나 있기 때문이다. 그러나 우리는 아직도 교파시대에서 에큐메니칼 시대로 넘어가는 다리 위에 있을 뿐, 건너 편에 도달하지는 못했다. 바로 내 앞의 연사가 이런 현실을 나타내는 안타깝지만 다행히 활발히 살아 있는 표징이다 (한스 큉이 로마 교황청으로부터 파문당한 것을 시사한 말이다—역주).

이런 현실을 진지하게 받아들여야 한다 : 에큐메니칼 시대로 넘어가려면 이제까지 교파적으로 주장된 절대적 정체성은 포기되고, 서로 개방적인 새로운 정체성의 발견이 요구된다. 따라서 에큐메니칼의 봄 다음에는 정체성의 불안을 겪는 교파적인 가을이 오기 마련이다.

에큐메니칼하게 생각한다는 것은 특수한 사고를 보편적 사고 속에 지양하는 것이며, 더 이상 자신의 일부를 전체로 여기지 않고 자신의 전체를 공동적인 전체 속에 끼워 넣는 것이다. 따라서 에큐메니칼하게 생각한다는 것은 신학적 문서들을 교파적 특성에 비추어서가 아니라 그리스도교적 성격에 비추어서 평가하고 공동적 문서로서 간주하는 것이다. 에큐메니칼하게 생각하는 것은 방관자가 되지 않고 참여하며 다른 교회의 신학적 문제들은 자신의 문제로 여기는 것이다. 개신교의 성만찬 이해는 가톨릭의 문제이기도 하고 로마 가톨릭의 무오성은 개신교의 문제이기도 하다.

2. 이와 관련된 신학의 둘째 이행은 유럽중심적 시대에서 인류적 시대로의 이행이다. 여기서 자신의 전체를 다가오는 공동체 속에 부분으로서 지양시키는 것은 더욱 어려워진다 : 로마제국에서 그리스도교 세계가 성립된 이래 그리스도교적 교회와 신학은 극히 적은 예외를 제외하고는 유럽에 집중되었다. "로마 가톨릭"이라는 달갑지 않은 표현이

시사하듯이 가톨릭 신학은 원하건 원치 않건 로마에 집중되어 있다.

프로테스탄트 신학은 서방교회적 유럽의 종교개혁에 그리고 "유럽적" 근대의 "유럽적" 계몽주의에 고정되었다. 현대에 이르기까지 이러한 고정화는 미국의 프로테스탄트 신학에 대해서도 타당하다.

오늘날 그리스도교의 새로운 중심이 아프리카, 라틴 아메리카 그리고 아시아에 성립되었으며, 이와 함께 비유럽적인 그리스도교 신학이 성립되었다. 신학의 전통적 중심지들이 후퇴하고 주변으로 밀려날 위기를 맞고 있다. 이 과정이 유럽신학에서는 분명히 고통스런 일이다. 이 과정은 변화를 요구한다. 그러나 이것은 먼저 일련의 혼란스러운 반동을 초래할 것이다 : 퇴행증후군—"우리 말을 듣기 싫으면, 당신들은 당신네끼리 신학을 해라." "어디까지나 우리는 유럽인이며 계속 유럽인으로 남을 것이다." 향상증후군—"우리도 유럽적 해방신학이나 미국적 민중신학(Minjungtheologie)을 해야 한다."

그러나 나는 건전한 변화는 자기상대화에 있다고 생각한다. 우리는 유럽인이며 유럽적으로 생각한다. 그러나 그렇다고 해서 반드시 유럽중심적으로 고정될 필요는 없다. 우리는 "제1세계"에 산다. 그러나 그렇다고 해서 우리의 신학이 꼭 이 세상지배층의 이데올로기적 표현이 될 필요는 없다.

누구나 자신의 관점을 어느 정도 절대화한다. 어떻게 그렇지 않을 수 있겠는가? 그러나 만남과 대화를 바란다면 자신의 관점을 공동적인 전체의 맥락 속에 설정할 수 있다. 고립되면 경직되고 경직되면 죽는다. 유럽의 신학은 이런 위험 속에 있는 것 같다. 이런 상황에서 남성적 신학과 가부장제적 사고가 참된 인간적 사고 속에서 여성적이면서 남성적인 신학으로 바뀌고 있다.

3. 셋째로 모든 산업국가들에서의 필연적인 이행, 즉 **기계를 통한 세계지배시대로부터 생태학적 세계공동체시대로의 이행**을 말하고 싶다. 계몽주의, 세속화 그리고 "근대적 세계"의 시대라고 찬양했던 것이 기계를 통한 세계지배와 기술적 자연수탈의 시대로 되고 말았다. 오늘날 우리는 이

런 세계상의 한계에 이르렀다. 손익계산을 해 보면 모든 도시에 중앙 원자력발전소, 거대한 병원을 세우고 모든 마을에 고속도로를 건설하는 것은 어리석은 일이다. 손실을 다음 세대와 자연에 떠맡기고 감출 때 비로소 "진보"를 인정할 수 있다. 핵무기의 위협에 근거한 안보체제는 묵시록적 정신착란상태에 빠졌다. 여기서도 돌아올 이익보다는 치러야 할 대가가 크다. 현대적 건강관리체계에서도 신체를 기계적인 것으로 보고 건강과 질병을 기능적 능력에 따라 정의하는 기존적인 사고범주의 한계가 드러난다. 자연과 인간이 함께 살아남을 수 있는 세계관으로의 이행은 그리스도교신학에게 어려운 문제들을 제기한다. 특히 근대의 프로테스탄트 호교론이 창조신앙에 의해 "세상의 세속화"에 대응하고 신앙의 주관성에 의해 "인간의 현대적 자연지배"에 대응했는데, 오늘날에는 거의 180도의 전환이 요구된다. 세속화가 아니라 세상의 성화(聖化)가, 자연지배의 정당화가 아니라 우주와의 합일이 요구된다. 이제까지 "현대적 신학"으로 자처하고 또 그렇게 여겨졌던 것은 쇠퇴하고, 오래 된 전통 예컨대 신비주의적 전통에서 우주적인 공동체 감정의 정신을 위한 미래적 이념들이 나온다.

어디로 이행해 가는 것일까? 적응의 문제들과 정체성의 문제들을 어떻게 풀어야 할까? 역사가 가르쳐 줄까? 역사가 가르쳐 줄지도 모른다. 그러나 우리는 역사에서 아무 것도 배우지 못한다. 이 경우에 역사는 이미 50년 전에 개신교신학이 변혁을 겪었으며, "시대적 전환"을 자각했다는 것을 알려줄 뿐이다. 그러나 그리스도교신학에서는 문화적 과학적 그리고 정치적 발전을 뒤따르거나 횃불들고 앞장서는 일만이 중요한 것일 수 없다. 그리스도교신학은 적응해야 하며, 새로운 것을 수용해야 하며, 시대적 타당성을 입증해야 한다.

그리스도교 신학은 좋은 의미에서 시대적인 신학이어야 하며, 피조세계 전체와 더불어 "이 시대의 아픔"을 나누어야 한다. 그러나 그리스도교적 신학은 그리스도교적인 것으로 확인될 수 있어야 한다. 그리스도교신학은 각 시기마다 새롭게 자신의 그리스도교적 정체성을 찾아야 한다. 따라서 우리는 연속적으로 모형을 변경하고 발전시키게 되는 것이 아디라 적응과 개혁, 시대적 관련성과 정체성의 변증법적 과정을 거쳐야 한다. 그리스도교의 전형적인 개혁운동과 이에 못지 않게 전형적인 반동운동은 이러한 변증법에 의해 설명될 수 있다. 본 회합에서도 양자가 진지하게 고려되어야 한다.

  우리가 암초와 소용돌이를 헤치고 협곡을 거쳐 넓은 바다로 나갈 수 있기를 나는 희망하고 바란다. 자신의 정체성을 위해 낡은 신학적 모형을 신경질적이고 공격적으로 주장하는 것이 암초일 수 있다. 그리고 우리 문화의 다양한 집단들의 일반적 다원주의는 소용돌이일 수 있다. 경우에 따라 정죄받고 이단자로 몰릴 수 있다. 그 반면에 자기가 바라는 것을 아무도 진지하게 생각하지 않는다고 낙심할 수도 있다. 그러므로 나는 이 심포지움에서 평화롭게 현대신학의 아름답고 조화있는 합치점에 이르기를 바랄 뿐 아니라 우호적이면서도 분명한 논의가 이루어지고 새롭고 의미있는 논점들이 발견되기를 바란다. 합의에 도달할 수 있는 우리의 능력에 대해서 나는 결코 의심하지 않는다. 그러나 나는 우리의 논쟁의지와 논쟁능력에 대해서는 의심한다. 다른 학문들과는 달리 신학은—많은 허약한 일치신조들에서가 아니라—**위대한 고전적 논쟁들에서 자기만의 것이 아닌 진리를 드러냈던 것이 아닐까?** 그러므로 나는 세계 도처에서 시카고와 튀빙겐에서 모인 이 훌륭한 모임에서, 투쟁정신, 진리를 위한 투쟁의욕, 신학자들의 논쟁적 열정을 기대하고 싶다.

새로운 모형을 위한 제언

노르베르트 그레이나허(Norbert Greinacher)

여기서 몇 백 미터 떨어진 곳에 학생회관이 있다. 이 건물은 오래된 것이지만 새롭게 단장한, 붉은 색의 집이다. 1477년에 대학교가 수립된 이래 이 건물은 신학부를 수용하고 있다. 이 건물에는 지금까지 두 개의 옥외계단이 있다. 이 건물은 양쪽 날개처럼 두 쪽으로 나뉘어 있는데 각기 옥외계단과 연결되어 있다. "공작"이라 불리는 날개에는 실재론자들의 방들이 있고 "독수리"라 불리는 다른 쪽 날개에는 유명론자들의 방들이 있었다. 한 지붕 아래서 교수들과 학생들이 거주하면서 공부했다. 하나의 학부가 있을 뿐이었다. 그러나 이 학부의 규약들은 토마스주의자들과 오캄주의자들 사이에서 강조되어야 할 사항들을 엄밀히 규정했다.

여러분은 신학의 새로운 모형에 관한 문제가 튀빙겐에서는 결코 새롭지 않다는 것을 알 수 있을 것이다. 당시에 이미 두 개의 상이한 신학적 모형들이 있었다 : 슈타우피츠(Staupitz)를 통해 마틴 루터의 정신적인 할아버지가 되었던 가브리엘 비일(Gabriel Biel) —에크(Eck)도 비엘의 제자였다— 의 현대적 신학방식이 있었다. 이 현대적 모형은 변증법, 논리학 그리고 수사학을 매우 존중했고, 인식론의 문제에 대해서는 회의주의적인 입장을 취했다. 같은 건물 같은 학부 안에 보편개념의 현실적 존재를 주장하는 숨멘하르트(Summenhart)와 헤인린(Heynlin)과 같은 학자들의 낡은 신학방식이 있었다.

이미 종교개혁 이전에 성립된 두 신학모형들의 이러한 경직된 병존을 고찰할 때 다음과 같은 토마스 쿤의 말이-적어도 신학적 영역에서 -타당한가 하는 물음이 제기된다 : "그러므로 잇달아 생겨난 모형들의 대립이 해소될 수 없을 뿐 아니라 필연적이라는 사실을 입증된 것으로 보고 싶다"(Die Struktur der wissenschaftlichen Revolution, Frankfurt ³1978, 115). 쿤이 주장한 것처럼 실제로 신학적 모형들이 그렇게 양립될 수 없고 대립적인가? "부정하면서 동시에 보존한다"는 헤겔적인 의미에서 신학적 모형들이 "지양"될 가능성은 없을까? 과거뿐 아니라 오늘날에도 오직 하나의 신학모형이 있는 것일까? 새로운 신학모형을 만들어내야 한다는 주장 배후에는 자신들의 모형을 다른 세계 사람들에게 강요하려는 서구세계 신학자들의 숨어 주장이 있는 게 아닐까?

이제 우리는 이 심포지움의 핵심적인 문제에 이르렀다. 우리가 이 문제에 열을 올리기 전에 나는 여러분이 이 튀빙겐시에서 평안을 누리기를 바란다. 여러분이 잠깐 이 도시를 둘러본다면-나는 여러분이 그런 시간을 갖게 되기를 바란다-위대한 정신들의 자취를 발견하게 될 것이다. 이러한 자취 때문에 어떤 사람들은 튀빙겐을 "슈바벤 정신의 발생지"라고 부르기도 했던 것이다. 어쨌든 튀빙겐 사람들은 일치신조 (Konkordienformel) 에 서명하지 않았기 때문에 여기서 교수가 될 수 없었던 요한네스 케플러(Johannes Kepler) 같은 사람 그리고 멜란히톤과 다비드 프리드리히 슈트라우쓰, 헤겔과 쉘링, 휄더린과 요한 아담 묄러(Johann Adam Möhler), 칼 아담과 로마노 구아르디니(Romano Guardini) 와 친숙하다. 여러분도 이 자유롭고 에큐메니칼하며, 철학적이고 신학적인 분위기를 느끼고 이 느낌이 본 심포지움에 좋은 영향을 주기를 바란다.

1913년에 에른스트 트뢸취는 종교와 과학에 대한 강연에서 다음과 같은 물음을 제기한다 : "우리의 현실적 종교생활은 경제생활에 의해 그리고 주로 이것에 조건지어진 계급형성과 사회계층형성에 의해 내적이고 본질적인 영향을 얼마나 받고 있는가"(Aufsätze zur Geistesgeschichte und Religionssoziologie, Tübingen 1925, 24) ? 그리고 1925년에

칼 만하임은 이렇게 썼다 : "특히 정신과학에서는 다음과 같은 확신을 갖게 된다. 즉 하나의 질문이 모든 역사적 상황 속에서 해결될 수도 없고 제기될 수도 없으며 문제들은 특이한, 탐구될 수 있는 율동 속에서 나타나고 사라지며 (…) 내재적인 사고체계 속에서는 예기치 못한 문제들이 갑자기 나타났다가 그렇게 사라진다는 것이다(…) 어쨌든 여기서는 어떤 것이 문제가 되기 위해서는 먼저 삶 속에서의 문제가 되어야 한다"(Wissenssoziologie, Berlin 1964, 309-310).

쿤 이후의 모든 모형논쟁에서 20년대와 30년대의 지식사회학적 통찰, 예컨대 막스 쉘러, 에른스트 트뢸치, 막스 베버, 칼 만하임 등의 성찰들이 전혀 언급되지 않았다는 것은 놀라운 일이다. 쿤에게서 그런 시사를 찾기는 불가능하다. 그러나 여기서 지식사회학적 질문과 통찰 예컨대 다음과 같은 질문들은 극히 중요하다. 알렉산드리아의 신학이 생겨날 수 있었던 역사적 상황은 무엇이었을까? 토마스 아퀴나스의 모형은 어떤 정치적 배경에서 파악되어야 하는가? 튀빙겐에서 신학이 서로 다른 계단을 통해 같은 건물에 들어가야 했던 이유는 무엇이 었는가? 어떤 경제적 요인들이 종교개혁신학에 영향을 미쳤을까? 간단히 말해서 유물론적 주석에 걸맞는 "유물론적 신학사"가 우리에게 필요한 것이 아닐까?

우리가 어떤 관심을 가지고 튀빙겐에 모였는지 스스로 물어보는 것은 매우 중요하다고 생각한다. 모형변경에 관한 관심에 대해 묻는 것이 매우 중요하다고 생각한다. 오늘의 세계적 경험이 새로운 신학적 모형의 구성요소라는 것을 한스 큉은 설득력 있게 밝혀주었다. 튀빙겐 사람의 견지에서 적어도 다음의 세 가지 경험들은 신학적 성찰을 함에 있어서 잊어서는 안 될 것이다.

여기서 25km 떨어진 그로쎙스팅겐(Groβengstingen)의 한 벙커에는 여섯 개의 핵탄두 로케트가 설치되어 있는데 이 로케트는 약 130km의 사정거리를 지니고 있고, 히로시마에 투하됐던 폭탄의 열두 배에 해당하는 폭파력을 지녔다. 이 사실을 생각하지 않고 신학을 할 수 있을까? 신학자들은 그들이 이런 사실의 공범이 아닌가 또는 적어도 현대의 정신착란적인 핵무장에 이르도록 방조했던 신학전통 속에 있지 않은가 스스로 물어 보아야 하지 않을까? 요한 밥티스트 메츠(Johann Baptist Metz)가 아우슈비츠 이후의 신학을 자주 말한 것은 정당하다. 핵무기에 의한 대학살을 앞둔 신학도 있어야 하지 않을까?

여러분이 튀빙겐 주변의 아름다운 숲을 구경할 때, 바덴-뷔템베르그(Baden-Württemberg) 지방에 있는 전나무의 99%와 소나무의 94%가 치명적인 질병에 걸렸다는 것(1983년 4월 30일 Südwest·Presse)을 잊지 말기 바란다. "땅을 정복하라!"는 위임에 대한 신앙이 공동으로 책임져야 할 자연파괴 현상은 새로운 신학모형을 위해 어떤 의미가 있을까?

여러분은 내일부터 시청 앞에서 열리는 시장(市場)을 며칠 동안 둘러볼 기회가 있을 것이다. 나는 이 시장에서 페루산(産) 감자를 팔고 있는 것을 보았다. 튀빙겐뿐 아니라 세계 여러 곳에서 우리는 페루의 극빈자들이 먹어야 할 감자들을 먹어치우고 있는 현실 안에서 새로운 신학모형이 무엇을 의미하는지 궁금하다. 달리 말해서 1억의 인간들이 8억의 굶주린 인간들을 희생시키고 부유해지는 세계사회 속에서 행해지는 신학은 어떤 것일까?

질문은 이제 그만두자! 나는 이 심포지움에서 대답을 듣고 싶다.

II. 문제제기

신학의 모형변경

기초적인 해명을 위한 시도

한스 큉(Hans Küng)

이 강연에서 나는 모형변경의 이론을 그리스도교신학 전체에 적용해 보려고 한다. 나는 그런 시도의 난점과 한계를 잘 알고 있다. 나는 이 보고서가 완성된 이론이 아니라(데이비드 트라시와 매튜 램의 다른 두 보고서와 함께) 포괄적이고 집중적인 토론을 위한 토대로서 사용될 수 있는 제안이라고 생각한다.

여기서 신학사적으로 상이한 모형들의 변경과 관련된 복잡한 학문적 발전들을 자세히 밝혀내기는 불가능하다. 신학사의 각 시기들에 대한 전문가들—찰스 칸넨기써, 슈테판 퓌르트너, 브리안 게리쉬 그리고 마틴 마티—이 이 보고서의 전체 틀 속에서 해석될 수 있는 보충적이며, 바로 잡아주는 내용을 제고해 줄 것이다. 트라시와 램은 그들의 체계적인 준비자료를 통해 해석학적이고 정치적인 의미내용을 전개한다. 나의 보고서는 튀빙겐대학교의 다시 개설된 '교양학과'(Studium Generale)에서 행했던 첫 공개강연(1980)을 시카고 디비니티 스쿨 대학교의 객원교수로 있을 때(1981) 좀더 발전시킨 것이다.

1. 신학과 과학이론의 혁신

모든 시대와 모든 교회의 전통적 신학은—오늘날 다시 명성을 얻고 있는 맑스주의 철학자 에른스트 블로흐에 의하면—새로운 사실들에 대해 매우 불신적인 태도를 취했다. 개혁자들은 자유사상가, 이단자,

교회와 국가의 적들이었다! 악마와 회의로 인해 미혹되어 완강하게 교만과 완악함 속에 **빠진** 이 불신자들은 저주의 심판과 박해를 받고 비난받아야 했으며, 신체적으로는 아니라고 하더라도 도덕적으로는 처단되어야 했다… 그러나 나는 여기서 가톨릭과 프로테스탄트의 "이단사"를 다루려 하지 않는다. 나는 내용적인 문제, 다시말해 우선 **과학이론적인** 문제를 다루려 한다. 과학이론에서는 과학에 대한 과학이론에 대한 이론이 문제된다. 그러나 여기서는 단순한 이론이 아니라 신학의 실천이 문제되고 중립적인 일반적 분석이 아니라 분석해야 할 매우 극적인 역사와 현재가 문제된다는 것이 곧 밝혀진다.

과학에서는 어떻게 새로움에 도달하는가? 신학에서 새로운 것에 대해 말한다는 것은 무엇을 의미하는가? (신학자들의) 마지막 논쟁이 끝난 후 비신학도들이 흔히 말하는 전형적인 신학자들의 말다툼에 불과한 것일까? 신학자들의 광견병(논쟁벽)이란 말이 공연히 속담으로 된 것은 아니다. 이것은 세계관적 종교적 논쟁들이 정치적 논쟁이나 미학적 논쟁보다 감정적으로, 실존적으로 훨씬 깊은 영향을 인간에게 (마치 인간의 핏속을 파고들듯이) 미칠 수 있다는 것을 분명히 보여주는 말이다. 이 논쟁들은 —많은 자연과학자들이 자부심을 가지고 주장하듯이— 전적으로 **합리적으로** 행해지는 자연과학적 논쟁보다 **훨씬** 깊은 영향을 미친다. 그런데 자연과학적 논쟁들이 정말 그렇게 합리적으로 행해질까? 나는 묻고 싶다: 수학적—자연과학적 인식과 연구에서는 신학에서와는 전혀 다르게, **주관적 조건들과 전제들이,** 입장들과 관점들이 아무 역할도 않는 것일까? 순수한 객관성을 위해서 그런 것들이 완전히 배제될 수 있을까?

착각해서는 안된다: 자연과학적 논쟁들과 신학적 논쟁들을 비교해 보면 신학이 얼마나 중요한지, 신학의 중요한 논쟁들이 단순한 말다툼이 아니라는 것을 분명히 알게 될 것이다. 그 논쟁들은 단순히 사실적인 긴장들을 나타내는 것만도 아니다. 그 논쟁들에서는 —자연과학의 근본적인 논쟁들에서와 비슷하게— 신학적 "모형" 또는 설명모델이 다

른 새로운 것으로 교체된다. 현대의 과학이론적 논의수준에 비추어 보면 지금의 논의상황은—논리적 실증주의와 비판적 합리주의에 이어—새로운 셋째 단계로 접어들었는데 이것은 정신과학 특히 신학을 위해 흥미있는 것으로서 이제 결실을 맺기 시작했다. 자연과학—특히 자연과학의 핵심을 이루는 물리학 및 화학—과 비교해 보면 새로운 신학에 대한 문제와 관련해서 예리한 문제의식을 갖는 데 도움이 될 수 있다.

오늘날 자연과학과 정신과학은 모든 방법적 차이에도 불구하고 상호관련성 속에서 파악되어야 한다. 학문적 방법을 원리적으로 대립시키는 것—예컨대 자연과학의 "해명"과 정신과학의 "이해"—은 진부한 것으로 간주되어야 한다. 왜냐하면 모든 자연과학이 이해의 지평, 해석학적 차원을 지니고 있다는 것은 오늘날 한스-게오르그 가다머(Hans-Georg Gadamer)와 같은 정신과학적 해석학자들에 의해 분명히 인정되고 있기 때문이다. 어디서도, 곧 자연과학에서도 인간 주체, 탐구자 자신이 절대적 객관성을 위해 배제될 수 없다. 자연과학자와 기술자의 정보도 해석학적으로 얻어진 것이다. 이미 이 정보는 답변해야 할 질문내용에 한정되어 있다. 그리고 현대물리학은 상대성 이론 및 양자 역학과 관련해서 자연과학의 인식들이 그 자체로서 타당한 것이 아니라 매우 특정한 조건 아래서만 타당하고 다른 조건들에서는 타당하지 않다는 것을 말해준다. 물리학적 실험에서도 방법이 대상을 변경시킨다. 실험방법은 언제나 하나의 관점과 하나의 측면만을 나타낸다.

칼 포퍼(Karl Popper)는 이미 1935년에 그의 책 『연구의 논리』(*Logik der Forschung*)에서 새로운 자연과학적 가설과 이론을 얻는 연구 규칙을 분석했다. 그의 결론에 의하면 새로운 자연과학적 이론들은 실증적 입증, 경험에 의한 증명 즉 "검증"을 통해 얻어지지 않는다. 실증적 증명을 통해 새로운 이론에 도달할 수 있다고 본 것은 20년대와 30년대에 있어서 모리츠 슐리크(Moritz Schlick)와 루돌프 카르납(Rudolf Karnap)을 위시한 논리적 실증주의의 명제였다. 논리적 실증주의는 (초기의 루드비히 비트겐슈타인과 함께) 반형이상학적 "과학적 세계이해"의 원칙으로써 현대과학이론의 첫 단계를 이루었다. 그러나 일반적인 과학적 명제들의 실증적 검증—예컨대 세상의 모든 구리는 전도체라는 명제의 실증적 검증—은 전혀 불가능하다.

포퍼에 의하면 검증에 의해서가 아니라 "오류임을 밝힘"으로써, 반박을 통해서 새로운 자연과학적 가설과 이론에 이른다. 오스트렐리아에서 검은 백조를 발견함으로써 "모든 백조는 희다"는 일반명제를 부정하고 이 명제의 "오류를 밝힘"으로써 "희지 않은 백조들이 있다"는 실제적 명제를 이끌어낸다. 모든 기존의 논박을 극복했을 때 가설이나 이론은 진리로 또는 "입증된 것"으로 간주될 수 있다. 따라서 과학은 진리의 확고한 소유가 아니라 진리를 향한 점진적 접근으로 이끄는 끊임없이 전진하는 과정, 끊임없는 수정과 발견의 과정으로 나타난다.

포퍼의 예리한 논리적 분석에 대해서 다음과 같은 질문이 분명히 제기된다 : 과학은 주관적이고 비합리적인 작업이 아닌가? 과학적 이해를 위해 논리만 있으면 될까? 엄격한 합리적 검증에 근거해서 연속적으로 오류를 밝혀내는 이러한 "연구의 논리"가 과학의 진보를 충분히 설명해 줄 수 있을까?

논리—비판적 연구만으로는 부족하다는 사실(이미 정신과학자들은 이 점을 확신하고 있었다)이 과학이론의 셋째 단계에서 분명해졌다(신학사와 교리사에 대해서 행했던 것과 같은). 역사—해석학적 관찰이 필요하다 : 그리고 무엇보다도(이제까지 신학에서는 없었던) 심리—사회학적 탐구가 필요하다. 즉 과학이론, 과학사 그리고 과학사회학을 결합한 과학연구가 필요하다.

지난 50년 동안에 추상적 실증주의적 논리와 언어분석으로부터 무수한 부분적 수정을 거쳐 새롭게 역사, 사회집단, 인간 주체를 진지하게 고려하게 되었다. 이처럼 포괄적으로 설명해 보려고 하는 것은 우리의 문제에 대해 어떤 의미를 지니는 것일까?

2. 모형변경의 개념

자연과학에서도 결정적으로 새로운 가설들과 이론들은(비엔나학파의 실증주의자들이 생각했던 것처럼) 단순히 검증을 통해서 생겨나지도 않고(비판적 합리주의자 포퍼가 제안했던 것처럼) 단순히 오류의 입증을 통해서 생겨나지도 않는다. 그들은 너무 도식적으로 생각했다. 새로운 가설과 이론은 이제까지 사용된 설명모델이나 **모형**이―매우 복잡하고 지루한 과정을 거쳐―새로운 것으로 대체됨으로써 생겨난다. 그것들은 ―완전히 합리적이지도 않고 완전히 비합리적이지도 않은― 진화적이기 보다는 혁명적인 "모형변경"을 통해 생겨난다.

이것이 (튀빙겐대학의 명예교수위원이며 후에 하바드대학의 총장이었던 제임스 코난트[James Conant]에 의해 자극을 받은) 미국의 물리학자이며 과학사가인 토마스 쿤이 이미 새로운 과학연구의 고전이 된 『과학혁명의 구조』(*The Structure of Scientific Revolutions* 1962)란 책에서 밝힌 이론이다. 이 이론이 나로 하여금 신학에 있어서 인식의 증진, 발전, 진보, 새로운 것의 형성에 관한 문제들을 그리고 이와 함께 현대의 논쟁들을 보다 깊고 포괄적으로 이해하도록 했다는 것을 기꺼이 밝히고 싶다.

나는 쿤의 용어들을 제한적으로 사용할 뿐, "모형"이나 "혁명"의 개념을 고집하고 싶지 않다. "모형"―원래는 단지 여러가지 실험들을 위한 "예" "본보기" "모본"―은 모호한 개념으로 입증되었다. 나로서는 적어도 독일어에서는 해석모델, 설명모델, 이해모델이란 용어도 즐겨 사용하고 싶다. 이런 말들로써 나는―쿤이 ("후기 1969"에서) 토론을 회상하면서 모형을 포괄적인 의미로 정의한―다음과 같은 내용을 나타내려고 한다 : "한 공동체의 구성원들이 공유한 신념, 가치, 기법 등의 전체적인 모습"(Kuhn, 175). 쿤 자신은 오해를 피하기 위해 새롭게 "상징적 일반화, 모델 그리고 본보기들"이란 의미를 포괄하는 "학문분과의 기본바탕"(disziplinärer Matrix)이란 말을 쓴다(Th. S. Kuhn, Die Entstehung des Neuen. Studien zur Struktur der Wissenschaftsgeschichte,

L. Krüger 편, 1978. 392-393). 쿤과 포퍼(Popper) 류의 비판가들 사이에 벌어진 논쟁을 수록한 책 『비판과 지식의 성장』(Criticism and the Growth of Knowledge)이 라카토스(I. Lakatos)와 무스그라베(A. Musgrave)에 의해 편찬되어 1970년에 발행되었다. 상이한 학문분과들에서 새로운 모형의 타당성에 관해서는 구팅(G. Gutting)의 『모형과 혁명』(Paradigms and Revolutions 1980) 참조.

셋째 단계의 다른 지도적 대표자인 스테펜 툴민(Stephen Toulmin)이 그의 주저인 『인간의 이해 개념들의 집단적 사용과 진화』(Human Understanding. The Collective Use and Evolution of Concepts 1972)에서 (하나의 "개념체계" 이상을 나타내는) "모형"이란 표현이 해명의 일정한 기본틀을 나타내는 말로서 이미 18세기 중엽에 괴팅겐의 자연철학 교수인 게오르그 리히텐베르크(Georg Lichtenberg)에 의해 사용되었음을 밝혔다. 독일관념론이 쇠퇴한 이후에 리히텐베르크는 에른스트 마허(Ernst Mach)와 루드비히 비트겐슈타인(Ludwig Wittgenstein)에게 큰 영향을 미쳤는데 이들은 우리의 사고를 주어진, 흔히 적합치 않은 길로 이끄는 데 철학적 모델이나 틀이 "거푸집" 또는 "꺽쇠"로서 사용될 수 있음을 알려주는 핵심어가 "모형"이라고 보았다. 이 단어는 이런 의미로서 일반철학계에 소개되었고 우선 영국에서 비트겐슈타인의 제자인 왓슨(W. H. Watson) 그리고 핸슨(N. R. Hanson)과 툴민에 의해 분석되었다. 50년대 초에 비로소 이 표현이 미국에서 사용되기 시작했다. 머리말에서 툴민은 그의 "중심적인 명제" "깊은 신념"을 표현했다 : "철학에서와 마찬가지로 과학에서도 논리체계에만 몰두하는 것은 역사적 이해를 위해서나 합리적 비판을 위해서 극히 해로운 것이다. 인간의 이성은 개념들과 표상들을 냉철한 형식적 틀 속에 배열하는 데서가 아니라 열린 마음으로 새로운 상황에 대처하는 데서, 기존적인 대처방식의 약점을 인식하고 극복하는 데서 발휘된다"(9-10). 툴민은 개념적 변화와 그 사회역사적 상황을 동일시하지 않으면서 그동안 소홀히 여겼던 양자의 관련성을 밝혔다는 점에서 쿤과 일치한다. "그(쿤)는 과학도들, 과학교수들 그리고 과학연구기관들의 사회사적 발전과 과학이론 자체의 정신적 발전 사이에 깊은 관계가 있음을 지적함으로써 과학사가로서 중요한 과제를 수행했다"(142). 이것은 ("비엔나 학파의 자족적, 반역사적 논리적 경험주의"와 대립되는) 덜 형식주의적이고 보다 역사적인 "입장"이다.

물론 쿤과 툴민 사이에는 "혁명적" 변화냐 "진화적" 변화냐 하는 논쟁이 있다. 나는 이 문제를 다루게 될 것이다. 그러나 "모형" 또는 "모델"이 바뀐다는 두 저자의 기본적 일치점이 내게는 더 중요하게 보인다. 우리의 특히 신학적인 과제를 위해 어떤 표현을 선택하든 간에 이 표현은 개념과 판단뿐 아니라 "주어진 공동체의 구성원들이 공유하는 신념, 가치, 처리방식의 전체적 체계"를 포함할 수 있도록 폭넓게 이해되어야 한다.

물론 신학자들이 과학이론에 대해 성찰할 때 이제까지 주목하지 않았던 쿤(그리고 툴민)의 방대한 논술을 다룰 뿐 아니라 쿤 자신이—툴민과는 달리 정신과학에 생소하다—이제까지 관심을 기울이지 않았던 매우 복잡한 신학적 발전에 대해 보고하는 일을 하나의 강연 속에서 시도하는 것은 작지 않은 모험이다. 그러나 타당한 방법들과 해결원칙들에 대한 가톨릭 신학과 개신교신학의 해석학적 토론은 우리가 신학적 변혁 속에 있으며 이에 대한 보다 깊은 성찰이 절실히 요청되고 있음을 말해준다. 현대신학의 상황 속에서, 이론—실천—토론의 틀에 있어서도 새로운 모형에 대한 성찰이 미국(쿤과 툴민 외에도 Richard Bernstein)에서와 마찬가지로 유럽(예컨대 Jürgen Habermas, Karl Otto Apel)에서도 예전보다 더 필요해졌다. 모형변경의 해석학적 의미와 정치적 의미는 데이비드 트라시와 매튜 램의 특별한 보고서에서 다뤄진다.

물리학에서는 우주에 대해서 프톨레미 모델, 코페르니쿠스 모델, 뉴톤 모델, 아인슈타인 모델을 구분할 수 있다. 이와 유사하게 신학적 해석에 있어서도 그리스—알렉산드리아 모델, 라틴—어거스틴 모델, 중세—토미즘 모델, 종교개혁 모델, 하나 또는 몇 개의 현대—비판적 해석모델을 구별할 수 있지 않을까? 우리의 목적을 위해서 포괄적 개념들인 "모형"과 "모델"을 혼용하고, 대—모델, 중간—모델 그리고 소—모델을 구별하는 게 좋다. 물리학에는 과학의 총체적 해결을 위한 대모델(코페르니쿠스 모델, 뉴톤 모델, 아인슈타인 모델), 중간적인 문제영역의 해결을 위한 중간모델(빛의 파장설, 열에 대한 역동적 이론 또는 (Maxwell)의 전자기적 이론), 세부적인 문제의 해결을 위한 소모델(렌트겐광선의 발견)이 있다. 신학에도 이와 유사하게 전체적 해결을 위한 대모델(알렉산드리아 모델, 어거스틴 모델, 토마스 모델, 종교개혁 모델), 중간적인 문제영역의 해결을 위한 중간모델(창조론, 은총론, 성례전 이해), 세부적인 문제해결을 위한 소모델(원죄론, 그리스도론의 본체연합)이 있다.

쿤은 항상 "과학"(Science) 즉 자연과학에 대해서만 언급했는데 독일어로 번역할 때 그저 "과학"이라고 번역했기 때문에 흔히 오해를 자아냈다. 그러나 쿤은 약간 회의하면서도 이 문제가 정신과학에 대해서도 제기된다고 보았다. 그는 흔히 자신이 자연과학에 적용했던 통찰들이 문학, 음악, 조형예술, 정치의 역사서술에도 적합하다는 것을 인정한다. "엄격히" 자연과학적 문제는 정신과학자 특히 신학자에게 아주 새로운 측면을 열어준다.

학문적 구상의 잠정성을 강조하기 위해 "모델" 또는 "모형"을 말한다. 학문적 구상은 특정한 전제들 아래서만 그리고 특정한 한계 안에서만 타당하며 다른 구상들을 원리적으로 배제하지 않고 현실을 상대적으로만 객관적으로, 특정한 관점과 가변성 속에서 파악한다. 과학자에게 있어서 자료들은 결코 "꾸밈없는 사실" 그대로가 아니며 경험들은 "생생한" 것이 아니라 항상 주관적으로 매개되고 해석된 것이다 : 언제나 우리는(과학적 또는 전과학적인) 이해모델 속에서 사물을 보게 된다. 뉴톤의 이론이나 토마스 아퀴나스의 이론과 같이 충분히 검토된 "고전적" 이론들조차도 부적절하고 시대에 뒤진 것으로 입증되었다. 하나의 방법, 구상 또는 모델을 절대화할 필요는 없다. 다원주의의 길을 거쳐 더욱 위대한 진리에 이르기 위해서는 끊임없이 새롭게 추구하고 항상 비판하며 합리적으로 검토해야 한다.

3. 자연과학과 신학의 유비

이 모든 이야기가 매우 추상적으로 들리겠지만 다음과 같은 중심적인 질문과 관련시키면 구체화될 수 있다 : 자연과학적 지식의 진보와 신학적 지식의 진보 사이에 어떤 유사성이 있고 어떤 차이가 있는가? 차이점들이 눈에 잘 띈다. 그래서 나는 이 강연에서—이 강연 자체가 함께 생각할 것을 촉구하는 하나의 시론이다—우선 특정한 병행성, 유사성, 유비를 분명히 밝히고 나서 그 다음 장에서 신학의 고유성을 말하려 한다. 다섯 단계로 나누어 생각해 보자 :
1) 쿤은 자연과학에 대해 다음과 같은 관찰을 제시했는데 우리도 여기에 동조할 수 있다 : 실제로 학생들은 증거들에 근거하기 보다는 그들이 배우는 교과서와 그들이 강의를 받는 교사의 권위에 근거해서 특정한 이해모델을 받아들인다. 고대에는 과학의 유명한 고전들 예컨대 아리스토텔레스의 "물리학"(Physik)이나 프톨레미(Ptolemäus)의 "알마제스트"(Almagest)가 이러한 역할을 했고, 현대에는 뉴톤의 "프린치피아"(Principia)와 "광학"(Optics), 프랭클린(Franklin)의 "전기"(Electricity), 라보아제(Lavoisier)의 "화학"(Chimie), 리엘(Lyell)의 "지질학"(Geology)이 이러한 역할을 한다.

처음부터 신화—제의적 "신학"(신화와 신들의 고지[告知])과 구별될 뿐 아니라 그리스인들의 철학적 "신학"(신론)과 구별되는 그리스도교적 신학은 신약성서의 바울로에게서 시작된다. 이 사도적 원증인과 함께 다음과 같은 위대한 교사들, "고전적인 신학자들"이 신학에 있어서 매우 중요한 의미를 지닌다 : 영지주의를 배격하고, 총체적인 그리스도교 사상을 처음으로 제시했던 2세기의 가장 중요한 신학자 이레네우스, 3세기에 당시의 문화와 폭넓게 대결하면서 신학을 했던 서방의 터툴리안 그리고 동방의 알렉산드리아 신학자 클레멘스와 오리겐 따라서 신학은 언제나 "도전과 응답의 변증법"(D. Tracy)으로 이해되어야 한다.

엄격한 의미의 신학교과서들은 중세기에 신학이 대학의 학문으로 확립된 이후에 생겨났다 : 따라서 신학적 모형 또는 이해모델이 이 시대 이후에 고정되었다. 동방에서는 이미 다마스커스의 요한(Johannes von Damaskus 약 750년)의 "인식의 원천"(Quelle der Erkenntnis) —특히 제3부인 "정통신앙해설"—과 같은 체계적인 작품이 동방신학을 총괄적으로 제시했다. 몇 안 되는 비잔틴적인 조직신학적 논술의 하나인 이 작품은 그리스적인 동방세계뿐 아니라 슬라브적인 서방세계에서도 중세를 거쳐 오늘에 이르기까지 지속적인 영향을 미쳤다.

서방에서는 특히 어거스틴에 의해 틀잡힌 라틴신학이 피터 롬바르드(Petrus Lombardus 1160년)의 명제집(주로 어거스틴의 문구로 이루어짐)을 통해 중세의 스콜라학자들에게 전해졌다. 이렇게 해서 어거스틴은, 주로 신플라톤적인 사상자료를 가지고, 13세기에 이르기까지 스콜라철학과 신학을 내용적으로나 방법적으로 지배했다.

토마스 아퀴나스(Thomas von Aquin 1274년)는 당시에 매우 논쟁적인 신학자였다. 그는 전통주의적(어거스틴주의적) 신학자들에 의해서 현대주의자로서 공격받고 이단으로 규정되었으며, 그가 속한 도미니카수도원에 의해 파리로부터 소환되었으며 결국 파리와 옥스포드의 교회당국에 의해 전혀 "새로운 신학"의 대변자로 정조되었다. 물론 나중에는 수도회의 보호를 받게 되었다. 종교개혁이 일어나기 직전에야 비로소 그의 신학대전(Summa theologiae)은 수도회를 벗어나서 학파를 이루게 되었다. 전체 신학대전의 첫번째 주석서는 고전적인 토마스―해설자이며 루터의 반대자인 카예탄(Cajetan) 추기경에 의해 씌어졌다. 그리고 스페인 스콜라주의의 교부 프란시스 드 비토리아(Franciscus de Vitoria)가 1526년에 처음으로 토마스의 신학대전을 살라만카(Salamanca) 대학교의 교과서로 사용했다. 후에는 두 개의 토마스 교수직과 7년의 신학대전 과정을 통해 위대한 인물들이 배출되었다. 20세기 (1924)에 이르기까지 전체 신학대선에 대한 90개의 주석서와 신학대전 1부에 대한 218개의 주석서가 나왔다.

같은 규모는 아니라고 하더라도, 종교개혁의 진영에서는 멜란히톤(Melanchthon)의 『신학개요』(Loci)와 칼빈의 『기독교강요』(Institutio)에 대해서 그리고 성공회 진영에서는 후커(Hooker) 의 "교회정치법"*(Laws of Ecclesiastical Polity)*에 대해서 비슷하게 말할 수 있다 : 이 모든 고전적인 학자들과 교과서들이 역사를 형성했다!

자연과학과 마찬가지로 신학에도 "표준과학"(Normalwissenschaft) 과 같은 것이 있다. 표준과학이란 "과거의 하나 또는 몇가지 과학적 업적, 한 특정한 과학적 공동체에 의해 오랫 동안 다른 연구를 위한 토대로 인정된 업적에 집착한 탐구"(Kuhn 25) 이다. 이 거대한 이론적 구조는 일상적 과학연구에 있어서 "모범", "본보기", "이해모델", "모형"으로 사용된다. 물리학에서는 프톨레미 천문학인가 코페르니쿠스 천문학인가, 아리스토텔레스 역학인가 뉴톤 역학인가 입자설인가 파장설인가에 따라 이론구조가 달라진다. 그리고 신학에서는 알렉산드리아 교설인가 어거스틴 설인가 토마스 설인가 또는 종교개혁적 교설인가에 따라 다르다. 누구나—학생이라고 하더라도—해당분야에서 발언하려면, 해당분야의 이해모델 즉 대모델, 중간모델, 소모델을 철저히 습득해야 한다. 이상하게도 자연과학에서도 신학에서도 기존적인 모델 안에서는 참으로 새로운 것들을 원치 않는다! 왜 그럴까? 새로운 것들은 그 모델을 변경하고, 흔들어 놓고 심지어 파괴할 것이다. 표준적인 과학은 온갖 수단을 다 써서 자신의 이해모델, 자신의 모형을 확증하고 엄밀히 표현하며 확고히 하고 확대하려 한다. 단지 지식을 집적하고 축적함으로써, 지식의 느린 성장과정을 통해 과학적 발전을 이루려 한다.

실제로 표준과학은 모델을 위태롭게 하는 오류의 폭로에 관심이 있는 게 아니라 남은 수수께끼를 해결하는 데 관심이 있다. 그렇기 때문에 표준과학은 자신의 모델을 확증하려 하고 새로 나타난 현상들, 반대사례들, 변칙적인 것들을—전적으로 부정하거나 은폐하지 않으면—자신의 기존적인 모델 속에 집어 넣어, 가능한 한 수정하거나 새롭게 정식화하려 한다. 이 점에서 갈릴레이의 경우는 물리학뿐 아니라 신학에서도 흥미있다. 신학에서만이 아니라 자연과학에서도 익숙한 모델을 위태롭게 하는 새로운 것들이나 변칙적인 것들의 발견자들은 처음에는 흔히 "평지풍파를 일으키는 사람"으로서 도덕적으로 비난받거나 완전히 묵살당할 수 있다.

자연과학과 신학 사이의 유비들이 표준적인 과학과 관련해서 제시되는데 이 유비들은 새로운 것의 생성에 대한 우리의 문제를 위해서 다른 모든 명제들과 구별되는 (잠정적인) **첫번째 명제**를 정식화할 수 있게 한다 :
  자연과학에서와 비슷하게 신학에서도 고전적 저자들, 교과서, 스승을 지닌 "표준과학"이 있는데 표준과학의 특징은 지식의 축적적인 성장, 남은 문제들("수수께끼")의 해결 그리고 기존적인 이해모델이나 모형을 변경시키거나 대체할 수 있는 모든 것에 대한 저항에 있다.

2) 이 표준과학에 대해 너무 성급한 말을 해서는 안된다 : 우리는 모두 표준과학적인 학문을 하며 사상적으로 표준과학에 의존한다. 그러나 과학의 진보가 서서히, 많은 오류에도 불구하고 반드시 이루어지는 방식으로만 과학연구가 성취되는가? 자연과학분과나 신학분과도 단편적인 진리에 한걸음씩 접근하는 방식으로만 발전하는가?
"유기적 발전"에 대한 이처럼 지나치게 단순한 생각이 자연과학자들 사이에도 널리 퍼져 있다. 신학자들(특히 가톨릭 신학자들) 사이에서는 이런 생각이 이미 19세기에 존 헨리 뉴우만(John Henry Newman)을 통해 그리고 무엇보다도 (헤겔의 영향을 받은) 튀빙겐 대학의 가톨릭 신학자들을 통해 이론적으로 확립되고 결국 로마에서도―마리아의 무흠수태교리를 해명하기 위해―대중화되었다 : 모든 것은 유기적으로 발전한다는 것이다. 그러나 나는 단순한 발전이 아니라 위기를 나타내는 다음과 같은 역사적 반대사례들을 지적하고 싶다. 먼저 **물리학**에서 그런 사례들을 살펴 보자 :
16세기에 **코페르니쿠스**의 천문학적 혁명을 위한 토대는 무엇이었을까? 그것은 프톨레미 천문학의 분명한 위기였다. 이 위기를 초래하는데 다른 요소들과 함께 특히 다음과 같은 사실이 중요한 역할을 했다.

프톨레미 천문학으로는 더욱 분명히 드러난 불일치점들, 변칙들을 더 이상 설명할 수 없었다. 말하자면 표준과학으로는 제기된 문제를 풀 수 없었고 무엇보다도 별들의 위치를 보다 장기적으로 예고하지 못했던 것이다.

그리고 18세기에 라보아제(Lavoisier)의 근본적인 화학혁명을 위한 전제는 무엇이었던가? 물체들이 불에 타는 이유는 연소(燃素: Phlogiston)라는 것을 지녔기 때문이라고 설명했던 연소설(Phlogiston-Theorie)이 위기를 맞았으므로 라보아제의 혁명적 이론이 나올 수 있었다. 연소설은 (여러가지로 변형시켜 보아도) 불에 타는 과정에서 무게가 무거워지는 현상들을 설명할 수 없었기 때문에, 그러한 열에네르기 실체의 존재를 무시하기 시작했고 불에 타는 것은 산소를 받아들이는 것이라는 점을 인식하게 되었다. 이로써 화학의 모든 분야를 새롭게 형성할 토대가 마련되었던 것이다.

19세기와 20세기에 있어서 아인슈타인의 상대성이론이 나오기 전의 상황은 어떠했던가? 그동안 군림해 왔던 에테르설(Äther-Theorie)이 온갖 실험도구를 가지고 실험을 해 보아도 에테르의 움직임, 장애 또는 존재(어떤 종류의 "에테르 바람")를 관찰할 수 없는 이유를 설명할 수 없었기 때문에 위기를 맞게 되었다. 따라서 아인슈타인은 중력과 광파(光波)의 그러한 정적인 매체에 대한 표상을 전적으로 무시하기 시작했고 동일하게 움직이는 모든 운동체계들에 있어서 광속의 크기가 동일하다는 것을 주장할 수 있었다. 자연과학적 사례들은 많다! 신학에도 비슷한 과정들이 있는가? 신학에도 위기들이 있는가?

이미 신약성서 시대에 하나의 그리스도 사건에 대한 서로 다른 해석도식들 즉 유다적 해석과 헬레니즘적 해석이 나란히 또는 연이어 나타났는데 특히 유다인과 헬라인의 사도였던 바울로에게서 서로 다른 두 해석도식을 찾아 볼 수 있다. 초기 그리스도교에 있어서 첫번째 위기적 상황은 묵시문학적인 임박한 기대가 이루어지지 않은 것이었다: 곧 올 것으로 기대했던 하느님 나라는 오지 않았다! 임박한 종말(때의 종말로서의 그리스도)에 대한 이러한 유다-묵시문학적 모델은 살그

머니―특히 루가의 문서들, 목회서신들에서 그리고 베드로후서에서―때의 중심인 그리스도와 오래 지속되는 교회시대에 대한 구원사적―초기 가톨릭적 해석모델로 대체되었다. 더 나아가서 교회는 자신의 유다 그리스도교적 기원을 점차 잊고 더욱 헬라화되고 제도화되었다.

그러나 이렇게 헬레니즘 세계에 깊이 들어감으로써 정체성의 위기에 빠지게 되었다. 이 정체성의 위기는 특히 2세기에 영지주의에서 나타났는데 영지주의는 그리스도교의 역사적 기원을 도외시하고 비역사적―신화적 신학에 기울었다. 그리스도교의 존립을 위태롭게 하는 이러한 도전에 직면해서 교회 안에서는 점차 여러가지 유형의 신학이 형성되었다 :

2세기에 처음으로 **호교론자들**의 새로운 철학적 신학이 나타났는데 이 신학은 통속철학을 빌어서 그리고 온세계에서 작용하는 헬레니즘적―요한적 로고스에 의지해서 그리스도교의 정체성과 보편타당성을 합리적으로 옹호하려 했다.

그리고 나서 2세기에서 3세기로 바뀔 무렵에, 이미 언급했던 이레네우스의 성서적―구원사적 신학이 나타났는데 이 신학은 영지주의적 신화들을 거부하고 성서와 사도적 전승으로 돌아가려 했다. 끝으로 3세기 중엽에 (서방의 터툴리안과 함께) 동방의 알렉산더 학파인 클레멘스와 오리겐의 신학이 등장했는데 이 신학은 기존의 모든 (영지주의적 시도까지 포함한) 시도들을 대담하게 다듬고 특히 신플라톤 철학과 대결하여 처음으로 성숙하고 영속적인 권위있는 대(大)모델의 신학을 발전시켰다. 이 교회적이면서 세계개방적이고 철학적으로 성찰되었으면서도 역사적으로 책임성있는 희랍적 신학의 구성요소들은 성서, 신앙의 원칙(Regula fidei) 그리고 신플라톤 철학적 사상이었다. 오리겐의 알레고리적, 상징적, 의역적, 정신적―영적 성서해석이―보다 아리스토텔레스적이고 역사―문법적인 안티오키아 학파가 이의를 제기했음에도―신학을 지배했다. 말하자면, 콘스탄티누스적 전환을 신학적으로 예비했던 신학유형이 여기서 작성되었다. 이 신학유형은 4세기에 특히 아타나시우스와 카파토키아 신학자들(Basilius, Gregor von Nazianz,

Gregor von Nyssa)에 의해 수정되고 발전되어서 희랍정교회의 모델이 되었다.

서방에서 영속적인 권위를 지닌 대모델은 어거스틴의 신학이었는데 이 신학은 성서해석에 있어서 많은 공통점을 지녔으면서도 희랍적 신학과는 매우 달랐다. 어거스틴 신학은 이원론적인 마니교 및 아카데미적 회의주의와 결별하고 교회적 신앙, 신플라톤주의, 알레고리, 바울로, 금욕적 그리스도교, 주교직으로 향했던 개인적 위기에 근거해서 —로마제국의 위기 속에서— 생겨났다. 그러나 그의 신학을 특수하게 형성하는 데 결정적인 영향을 끼쳤던 것은 두 개의 교회사적 신학사적 위기였다: 어거스틴과 전 서방의 교회이해와 성례전이해를 규정했던 **도나티스트** 위기가 그 하나이고 종교개혁과 얀센주의(Jansenismus)에 이르기까지 죄와 은총의 신학을 형성했던 **펠라기안적** 위기가 다른 하나였다.

또 하나의 예를 들어보자: 13세기의 가장 현대적인 신학자 토마스 아퀴나스가 신앙에 대해 이성을, 알레고리적, 영적 의미에 대해 문자적 의미를, 은총에 대해 자연을, 신학에 대해 철학을 새롭게 강조했던 동기는 무엇이었을까? 그리고 스페인의 스콜라주의와 19세기 및 20세기의 신스콜라주의를 규정했던 새로운 거대한 신학적 종합을 이룩했던 동기는 무엇이었을까? 그것은 그리스도교적인 유럽에서 전체적인 아리스토텔레스철학이 전반적으로 발전되고 수용됨으로써 어거스틴주의의 위기가 초래되었다는 것이다. 이러한 위기는 엄청난 새로운 지식을 특히 자연과학적 지식뿐 아니라 아리스토텔레스적인 아랍철학에 직면하게 했다. 이제 신학은 대학에서 새로운 형태로 학문으로서 확립되었다: 토마스는 방법적으로 엄격하게 그리고 가르치기 쉽게 플라톤-어거스틴적 사상을 매우 통일적인 새로운 체계 속에 집어 넣었다. 그는 논쟁을 벌이지는 않았으나 자신의 체계에 적합하지 않은 것은 서슴없이 철저히 재해석하거나 임의로 배제했다.

그리고 16세기에 마르틴 루터가 말씀과 신앙, 하느님의 의와 인간의 인의(認義)를 전혀 새롭게 이해하게 되었던 상황은 무엇이었을까?

또 알레고리를 거부하고 엄격히 언어-문법적 성서해석에 기초해서 신학전체를 혁신적으로, 성서-그리스도 중심적으로 새롭게 형성해야 했던 계기는 무엇이었을까? 그것은 **중세 후기 교회와 사회의 위기 속에서 벌어졌던-체계적 사변적 스콜라주의의 위기**였다. 스콜라주의는 갈수록 비성서적으로 되었으며 합리주의적 결론들에 집착해서 신앙의 근본진리와 실존적 성격을 소홀히 여겼다.

독일 계몽주의와 함께 시작될, 17·18세기의 **역사비판적 신학**이 나오게 된 배경은 무엇인가? 이 역사비판적 신학은 모든 경건주의적 성서주의를 배제하고 신학의 과학성을 견지하려 했으며 모든 이신론적 자연신학을 배제하고 그리스도교 신앙의 역사성을 견지하려 했다. 이 신학은 철저히 현대적인 합리성과 자유 안에서 성서적 신앙을 비판적으로 해명하려 했다. 의식적으로 비교리적인 해석을 함으로써 축자영감설은 포기되었고, 성서와 다른 문헌을 원칙적으로 동일시하게 되었고 성서를 철저히 언어학적-역사적으로 해석하게 되었다. 물론 이러한 신학의 출발점은 교파시대와 〈종교전쟁〉시대가 끝나면서 대두된 개신교 **정통주의의** 위기였다. 루터주의적 칼빈주의적 정통주의는-또 다시 아리스토텔레스에 의지해서-개신교적-스콜라주의적 신학유형을 수립하고 완성했으나 아리스토텔레스주의가 새로운 사상과 세계상으로의 거대한 전환기에서 모든 과학의 표준적인 사고유형이기를 중지했을 때 이 정통주의는 붕괴될 수밖에 없었다. 이로써 철학, 개별과학들, 그리고 국가와 사회가 신학과 교회의 권위에서 해방되었는데 이 해방은 철학과 개별과학들에서 새로운 혁명적 변혁을 촉진하고 신학에 대한 새로운 총체적인 이해(새로운 현대적-비판적 모형)로 이끌었다. 내가 여기서 개략적으로 서술한 내용은 신학계에서 일어난 일이지만 원인, 발단, 그리고 발전을 고려한다면 극히 복잡한 역사적 과정들이다. 이 복잡한 역사적 과정들을 혼자서 짧은 시일 안에 서술한다는 것은 거의 불가능한 일이다. 역사적으로 아이러니칼한 사실은-자연과학에서처럼 신학에서도-흔히 표준과학 자체가 본의 아니게 기존모델을 파괴하는 데 기여했다는 것이다! 세분화되고 전문화될수록 표준과학은 전통적인 모델에 맞지 않는, 이론을 복잡하게 만드는 추가적인 정보들을 밝혀 냈던 것이다. 예컨대 프톨레미적 우주체계에 입각해서 별들의 운동을 연구하고 수정하는 일을 계속할수록 그 우주체계를 반박하는 자료를 더욱 많이 산출하게 된다.

개신교 정통주의가 신아리스토텔레스적 과학성 안에 머물러 있으면, 결과적으로 경건주의의 비과학적인 "단순한" 성서주의와 계몽주의의 비역사적—합리적 신학을 야기시키게 된다.

20세기의 신스콜라주의가—교회법, 교황의 지위, 무오성에 관한—사변적 명제들을 역사적 연구에 의해 보증하려고 할수록, 자신의 토대를 무너뜨리는 모순적인 사실들을 많이 드러내게 되었다. 자연과학에서와 마찬가지로 신학에서도 설명모델이 교체되기 전에 대체로 **불안정한 이행기**가 있는데 이 시기에는 기존모델에 대한 신앙이 동요되고 정식화된 틀들이 간파되고, 결속된 것들이 느슨해지며 전통적인 학파들이 축소되고 많은 경쟁적인 새로운 시도들이 나타난다. 현대적 발전과 개신교 신학에 훨씬 뒤떨어져 있던 가톨릭 신학에 있어서 이러한 이행적 상황은 제2차 바티칸 공의회였다. 이제 토마스주의자와 스코투스주의자, 토마스주의자와 몰리니스주의자 사이의 고전적 구별은 아무 의미도 없게 되었다. 그 대신에 가톨릭 신학의 장래를 매우 불확실하게 만드는 새로운 경쟁적인 신학적 시도들이 많이 나타나게 되었다.

모든 신학적 발전이 매우 복잡하고 그 발전의 원인이 다양하다고 하더라도 다음과 같은 사실은 분명해졌다 : 몇몇 신학자들이 모험을 감수하거나 책상에서 새로운 모델을 구성한다고 해서 새로운 신학적 해석모델이 생겨나지는 않는다. 새로운 신학적 해석모델은 전통적 해석모델이 쓸모 없게 될 때, 표준신학의 "해답"이 새 시대사적 지평에서 새로운 중요한 물음들에 대해 충분한 답변을 주지 못하고, "모형을 검토한 자들"이 표준적 신학 외에 비표준적 신학, "탈—정규적 신학"을 추구할 때, 비로소 생겨난다.

물론 쿤이 그의 책에서 처음에 주장했듯이 위기가 모형교체의 "필수적 전제"는 아니다. 쿤이 1969년에 후기에서 신중히 정식화했듯이 그 필수적 전제는 "'표준적'과학의 경직성이 모든 미래에 그대로 통용되는 것을 방지하는 자체교정의 기제를 위한 통상적 분위기"(193) 이다.

따라서 신학에 있어서 새로운 것의 성립과 관련하여 나는 잠정적으로 두번째 명제를 다음과 같이 정식화하려고 한다 :
자연과학에서와 비슷하게 신학에서도 흔히 점증하는 위기의식은 이제까지 타당했던 특정한 기본전제들이 철저히 수정되고 새로운 해석모델이나 모형이 나타나는 기점이다. 기존의 규칙들과 방법들이 쓸모 없게 되면, 새로운 것들을 추구하게 된다.

3) 이제까지 모형을 교체하게 되는 기점이 위기라는 것을 밝혔다. 그러면 과학의 영역에 있어서 그러한 교체는 어떻게 이루어지는가? 여기서도 자연과학사에 대한 쿤의 관찰들이 유익하다 : 모형이 교체되려면 낡은 모형이 위기적 상태에 있어야 할 뿐 아니라 **새로운 모형이 출현**해야 한다. 얼핏 살펴보더라도 새로운 모형은 흔히 공통적인 연구규칙들과 연구결과들의 일정한 체계보다 먼저 나타난다. 새로운 천문학, 새로운 물리학, 새로운 화학, 새로운 생물학, 일반 상대성이론이 이 점을 분명히 드러내 준다. 즉 낡은 모델을 포기하는 결단과 새 모델을 받아들이는 결단은 동시적으로 이루어진다. 모델이 교체될 수 있기 위해서는 합당한, 믿을 만한 후계모델 즉 새로운 "모형후보"가 있어야 한다.

새로운 모형이 마련된다면, 모형교체는 연속적 "유기적" 발전에 의해서, 표준과학의 통상적인 축적과정에 의해서 이루어지지 않는다. 진로수정이 아니라 진로교체가 이루어져야 한다. 이것은 "과학혁명"이라고 부를 수 있는 것이다. 이것은 개념들, 방법들, 표준들을 포함한 전체 과학의 근본적인 변형 즉 **과학혁명**이다. 이 과학혁명은 흔히 지대한 사회적 결과를 초래한다.

자연과학의 거대한 변혁들에 있어서는 이 모든 사실들을 길게 설명할 필요가 없다. 이 사실들을 신학에 적용하는 것이 보다 중요하다 :

신학에서도 살펴 본 것처럼 좁은 소영역 또는 중간영역에서만이 아니라 대영역에서도 때때로 획기적인 변화가 일어난다. 지구중심적 관점에서 태양중심적 관점으로, 연소화학(Phlogistonchemie)에서 산소화학으로, 입자이론에서 파장이론으로 바뀌었던 것과 비슷하게, 하나의 신학에서 다른 신학으로 바뀌는 일이 일어난다 :
— 확고하고 친숙한 개념들이 바뀐다;
— 특정한 문제들과 답변들이 허용될 수 있는지를 규정하는 규범들과 표준들이 바뀐다;
— 이론들과 방법들이 동요된다.

간단히 말해서, 이제까지 신학계에서 인정되었던 상이한 방법들, 문제영역 그리고 해결의 시도들을 모두 포함해서 **모형** 또는 **해석모델**이 바뀐다. 신학자들은 곧 새로운 관점, 다른 모델의 관점에 익숙하게 된다. 이전에 보지 못했던 많은 것을 알게 되고 이전에 파악했던 것들이 간과될 수도 있다. 인간, 세계 그리고 하느님에 대한 새로운 시각이 신학의 영역에서 지배하기 시작하며 전체가 그리고 세부적인 사항들이 새로운 빛 속에서 나타난다.

획기적인 변혁의 시대에는 신학이 새로운 형태를 취한다. 이 점은 문헌들에서도 확인된다. 포괄적인 체계적 작품들 가운데 클레멘스의 "가정교사"(Paidagogós) 와 오리게네스의 "지도자에 관하여"(Periarchôn) 를 어거스틴의 "편람"(Enchiridion) 이나 "그리스도교적 가르침에 대하여"(De doctrina christiana) 와 비교해 보라. 그리고 어거스틴의 저서들을 중세기의 저술들과 비교하고 중세기의 저술들을 루터의 원리적인 저술들(1520) 또는 대교리문답서와 비교해 보라.

우리가 알고 있듯이, 첫번째 신학적 변혁은 유다교로부터 이어받은 묵시문학적인 임박한 기대의 모델이 예수 그리스도를 때의 중심으로 파악하는 헬레니즘적인 구원사적 사상으로 슬그머니 바뀌었던 신약성서시대에 이미 일어났다. 이러한 모델은 인류사 전체를 계속 향상하는 위대한 교육과정(paideia)으로 이해했던 클레멘스와 오리게네스에 의해 처음으로 훌륭하게 완성되었다 : 죄악으로 인해 손상된 하느님의 형상이 하느님의 교육을 통해 인간 속에 회복되고 완성된다. 하느님의 경륜에 의해 하느님 자신이 인간으로 되는 일이 인간이 하느님으로 되는 일의 전제이다! 이로써 신학적 전제들, 개념들, 신념들, 가치들 그리고 처리방식의 전체적 성향이 크게 변했다. 신약성서에서는 십자가와 부활이 일차적인 구원사건으로 나타나는데 이제 성육신이 일차적 구원사건으로 나타난다.

원래는 매우 세상적인 사람, 깊은 사상가, 예리한 변증가, 천부적인 심리학자 뛰어난 문필가 그리고 열정적인 신앙가였던 아우렐리우스 어거스틴이 자신의 영적—정신적 경험들, 초기의 성적경험과 후기의 성직생활경험을 신학화했을 때 그런 신학적 변혁이 서방에서도 일어났다. 그리스신학자들처럼 그도 그리스도교적 신앙과 신플라톤적 사상을 종합하려 했다. 그러나 그 내용은 그 자신의 형성과정과 반도나티스트적, 반펠라기안적 입장 때문에 수정되었다 :

- 신비하고 두려운 이중예정 : 어떤 사람들은 축복받고, 어떤 사람들은 저주받기로 이미 결정되었다는 주장 ;
- 하느님 나라와 세상 나라에 대한 새로운 역사신학 ;
- 하나의 불변적인 신성에 입각해서 성부, 성자, 성령의 관계를 심리학적으로 새롭게 규정했다….

이 획기적인 새로운 신학적 대모델이 거의 천 년 동안 지배했다. 교부들의 신학에서 볼 수 있듯이 이 신학에도 이성과 신앙, 철학과 신학의 포괄적이고 철저한 일치가 이루어져 있었는데도 그리스정교 신학자들은 그 나름의 이유가 있겠지만 오늘까지도 강한 불신을 가지고 이 신학을 대한다.

토마스 아퀴나스의 위대한 투쟁 속에서 그리고 루터의 위대한 투쟁 속에서 이러한 획기적인 신학적 변혁이 또 일어났다. 모든 모형변경이 일정한 **사회정치적 전제들**을 지니고 있으며 두드러진 사회정치적 영향을 끼치게 된다는 것을 모든 사례들이 밝혀 준다.

헬레니즘적—그리스도교적 교육사상이 비잔틴 교회에 끼친 영향이든, 어거스틴의 두 왕국설이 중세에 끼친 영향이든, 토마스 아퀴나스의 교황주의적 교회론이나 루터의 새로운 인의론, 교회론, 성례전론이 현대에 끼친 영향이든 이 영향들은 매우 이율배반적이다. 이미 시사했듯이 루터 이후에도, 루터파 정통주의와 개혁파 정통주의 이후에도, 신학적 변혁이 일어났다.

그러나 앞에서 밝힌 신학사적 사실만으로도 세번째 명제를 정식화하는 데 부족함이 없을 것이다:

자연과학에서와 비슷하게 신학에서도 낡은 이해모델이나 모형은 새로운 것이 마련될 때 대체된다.

4) 처음에 시사했던 다른 측면이 이제 간접적으로 분명해졌다. 저항 없이, 투쟁과 개인적 희생 없이는—모든 위대한 신학자들의 역사가 보여주듯이—신학에서도(그리고 교회에서도) 새로운 것이 이루어지지 않는다. 그러나 이런 모형 교체의 개인적인 부수적 상황들은 포괄적인 과학연구와 관련해서 보다 정확히 규정될 수 있다. 신학자들이—창시자이든 추종자이든 흔히 오랜 복잡한 과정을 통해—새로운 설명모델을 택할 경우에 많은 상이한 요인들이 작용한다는 것은 자명한 사실이다. 이것은 어거스틴의 『참회록』과 서신들에서 그리고 루터의 생애와 자기증언에서 얼마든지 입증할 수 있다. 그리고 이것은 오리게네스(유세비우스의 교회사)와 토마스 아퀴나스(특히 도미니크 수도회의 중요성과 관련하여)의 경우에서도 잘 알려진 사실이다. 자연과학자들에게도 포퍼의 "연구논리"(*Logik der Forschung*)뿐 아니라 수많은 다른 요인들이 작용한다는 것을 쿤은 신학자들에게 매우 고무적인 몇가지 관찰들로써 입증한다.

첫째 관찰: 신학자뿐 아니라 자연과학자도 표준과학과 그 전통적 체계가 쓸모 없게 되어 새로운 것을 추구해야 할 큰 위기 속에서 자신의 신념에 대해 회의하게 된다. "그것은 디디고 설 발판을 뺏긴 것과 같았다. 무엇인가를 세울 수 있는 확고한 토대가 어디에도 없었다." 이것은 신학자가 신학에 대해 한 말이 아니라 물리학자인 알베르트 아인슈타인이 물리학에 대해 한 말이다.

"지금 물리학은 무서우리 만큼 혼란에 빠져 있다. 아무튼 물리학이 내게는 너무 어렵다. 내가 영화배우나 그 비슷한 사람이 되어서 물리학에 대해 아무 것도 몰랐으면 좋겠다"(쿤의 책 인용 96·97).

새로운 길이 발견되지 않은 이런 위기상황에서는 신학자가 신학에 대한 신념을 잃을 뿐 아니라 자연과학자도—물론 과학사에 대한 저술들은 이 점에 대해 알려주는 게 거의 없다—자연과학에 대한 신념을 잃고 다른 직업을 택한다는 것은 알려진 사실이다.

둘째 관찰: 신학에서뿐 아니라 자연과학에서도 모형이 교체되는 데 있어서 과학적 요인들 외에 비과학적 요인들도 중요하다. "객관적"요인들과 "주관적" 요인들, 개인적 요인들과 사회적 요인들이 함께 작용한다. 관련된 사람들의 출신, 생애 그리고 인물됨이 작용하고 흔히 혁신적 학자의 국적, 명성, 스승도 중요한 역할을 한다. 끝으로 새로운 설명모델의 (심미적)매력 예컨대 제시된 해결책의 일관성, 명료성, 효율성, 우아함, 단순함, 보편성도 중요한 작용을 한다.

셋째 관찰: 위대한 신학자들뿐 아니라, 코페르니쿠스에서 뉴톤에 이르는 위대한 천문학자들에 있어서도 종교적 신념들이 순수하다고 하는 과학적 결정들에 영향을 미칠 수 있다는 것을 쿤은 주목하지 못했다. 20세기 최대의 물리학자였던 알베르트 아인슈타인이 말년에 이상하게도 침묵을 지켰던 까닭은 그가 종교적 이유에서, 양자역학에 의해 시작된 물리학의 새로운 획기적 전환에 동조할 수도 없고 동조해서도 안 된다고 생각했기 때문이다. 이 점은 막스 보른(Max Born)에게 보낸 그의 편지들에서 확인할 수 있다. 신은 주사위 놀음을 하지 않는다는 그의 유명한 말(불확정성 이론에 대한 그의 비판—역주)은 농담이 아니라 특정한 종교적 신념의 표현이다. 아인슈타인은 죽을 때까지 스피노자의 범신론적—결정론적 신을 믿었다. 이 사실은 보른과 벌인 논쟁에서는 분명히 숨겨져 있었다.

넷째 관찰: 신학뿐 아니라 자연과학에서도 새로운 이해유형과 관련해서 합리적으로는 강요할 수 없는 회심과 같은 것이 요청된다(돌연한 직관적 경험이나 길고 힘든 성숙에 의해). 새 모델을 제시한 창시

자보다 그 모델에 찬성하거나 반대해야 했던 사람들이 이제 주목되어야 한다. 낡은 모델의 대변자들과 새 모델의 대변자들은―이 점을 과소평가해서는 안된다―서로 다른 세계에서, 서로 다른 사상세계와 언어세계에서 산다. 흔히 그들은 서로 거의 이해할 수 없다. 낡은 언어를 새 언어로 바꾸는 일이 필요하다. 그러나 새로운 신념, 즉 회개도 필요하다.

이런 회개를 위한 납득할 만한 실질적인 근거들이 중요하다. 이 회개는 비합리적 과정이 아니다. 그러나 충분한 근거를 제시한다고 해서 반드시 회개가 일어나는 것은 아니다. 그것은 순수히 합리적인 과정도 아니다. 결국 그것은―비종교적 의미에서―"신앙적 결단" 또는 "신뢰에 의한 선택"이다. 어떤 모델이 새로운 문제들을 보다 잘 처리하면서도 대부분의 낡은 해결책들을 보존할 것인가? 어떤 것이 미래의 모델인가? 이것은 쉽게 대답할 수 없는 물음들이다. 결국 신뢰의 문제이기 때문에, 사상과 언어가 다른 두 세계 사이의 토론은 합리적 논증보다는 선전하고 설득하고 회개시키려는 노력이 되기 쉽다. 왜냐하면 양쪽 모든 그 나름의 문제들, 장점들, 규범들, 정의(定義)들, 결국 합치될 수 없는 입장들을 가지고 있기 때문이다. 다른 사람이 아주 분명한 자신의 입장을 택하고 여러가지 다른 전제들을 취할 수 있음을 인정해야 한다. 따라서 새 모델을 받아들이는 문제 즉 이 입장이 특정한 전제들을 취하는 문제는 과학자의 개인적 결단에 달려 있다. 그런데 이 결단이 쉽지가 않다. 왜냐하면 이것이 순수한 이론적 문제가 아니기 때문이다.

다섯째 관찰: 신학뿐 아니라 자연과학에서도 처음에 새 모델을 지지하는 사람들은 **대부분 소수의 젊은 사람들**밖에 없다:

— 태양 중심적 체계를 확립했을 때 코페르니쿠스의 나이는 34세였다.
— 고전물리학의 창시자 뉴톤은 23세 때 중력의 법칙을 정식화했다.
— 현대화학의 창시자 라보아제가 당시 학계를 지배하던 연소설(Phlo-

giston·Theorie)에 의심을 품고 그의 유명한 봉인된 논문을 프랑스 아카데미(Académie Française)의 비서에게 제출했을 때 그의 나이는 25세였다.
- 아인슈타인은 26세 때 특수 상대성이론을 제시했다.
  신학자들의 경우 :
- 방법적으로 연구한 최초의 그리스도교 학자 오리게네스는 클레멘스가 떠난 후 중단된, 지식인들에 대한 그리스도교적 교육사업을 18세때 담당해서 성공적으로 수행했다.
- 어거스틴이 "최종적"회심을 했을 때 그의 나이는 32세였고, 토마스 아퀴나스가 파리에서 아리스토텔레스의 정신에 입각해서 그의 명제해설집을 쓰기 시작했을 때 그의 나이는 30세가 채 못되었다.
- 루터가 면죄부에 관한 그의 주장들을 공표했을 때 그의 나이는 34세였다.

다른 많은 예들은 생략하자. 시간이 흐를수록 점점 더 많은 과학자들이 새로운 모형을 따르게 되고 새로운 모형의 연구에 열중하게 된다는, 자연과학과 신학에 대한 쿤의 진술은 확실히 타당하다. 기존의 모델을 따르는 노련한 나이 많은 연구자들은 늙은이의 고집 때문만이 아니라 이 모델에 완전히 사로잡혀 있기 때문에 평생 새 모델에 저항하게 된다. 대다수의 학자들이 새로운 설명모델을 받아들이는 데는—바로 찰스 다윈이 『종의 기원』 머리말에서 이 점을 너무나 분명하게 밝혀 놓았다—새로운 한 세대가 필요하다. 새로운 모델이 받아들여지느냐 받아들여지지 않느냐 여부는 연구자 개인에게 달린 문제가 아니라 학계 전체에 달린 문제다. 막스 플랑크(Max Planck)가 그의 『과학적 자서전』(Wissenschaftlichen Selbstbiographie 1948)에서 했던 유명한 말은 물리학자들보다 신학자들에게 더 타당한 것 같다 : "새로운 과학적 진리는 반대자들이 설득당하고 전향을 선언하는 방식으로 관철되기보다는 반대자들이 점차 사멸하고 자라나는 세대가 처음부터 이 진리에 친숙해지는 방식으로 관철되기 마련이다"(22).

잠정적으로 넷째 명제를 정식화하기 위한 자료는 충분히 제시되었다고 생각한다 :

자연과학과 비슷하게 신학에서도 새로운 모형을 받아들이거나 배척하는 데 있어서 과학적인 요인들뿐 아니라 과학 외적 요인들도 작용한다. 따라서 새로운 모델로의 이행은 합리적으로 강요될 수 없고 회심(Conversio)으로 서술되어야 한다.

5) 간단히 대답할 수 있는 마지막 문제가 남아 있다 : 새로운 신학적 모형, 새로운 이해모델은 언제나 학계를 지배하게 되는가? 자연과학의 대논쟁들에서처럼 신학에서도 위기를 벗어날 수 있는 세 가지 가능성이 있다고 나는 생각한다.

첫째 가능성 : 새로운 해명모델이 낡은 모델 속에 흡수된다. 겉보기와는 달리 표준과학은 위기적 상황에서 제기된 문제들을 처리할 수 있음이 입증된다. 표준과학은 특정한 새로운 발견들을 동화시키면서 전통적 모델을 포기하지 않고 개량할 수 있다. 예컨대 토마스 아퀴나스 이후의 어거스틴주의, 루터 이후의 토마스주의가 그렇다.

프란치스코수도회 학파의 어거스틴주의는 아리스토텔레스 사상까지도 흡수함으로써 토마스 이후에도 존속할 수 있었으며 "현대적"스코투스주의에 흡수되었다가, 루터신학의 초기 사상에 영향을 끼쳤던 오캄주의로 끝났다.

토마스주의는 현대에 이르기까지(그리고 특히 스페인처럼 비교적 폐쇄된 지역에서) 유지될 수 있었다. 그러나 현대적 자연과학과 철학을 무시했기 때문에 13세기의 전위적 신학에서 17세기의 후위적 신학으로 되었고(로마교황청이 온갖 수단을 써서 후원한 신토마스주의와 함께) 다시 19세기와 20세기의 후위적 신학으로 되었다가 제2차 바티칸 회의에서 비로소 가톨릭교회에 대한 영향력을 잃게 되었다.

둘째 가능성 : 새로운 설명모델이 표준과학을 제압하고 낡은 모델을 대체한다! 기존의 모델에 근거한 과학사들, 쉽게 이해되었던 논술들, 포괄적 해설들은 이제 전적으로 또는 부분적으로 새롭게 씌어져야

한다. 처음에는 새로왔던 것이 낡은 것으로 된다. 이단적인 개혁으로서 시작되었던 것이 곧 존경스러운 전승으로 된다.

이 모든 사실들은 신학의 대모델뿐 아니라 자연과학의 대모델에서도 찾아볼 수 있다. 보통 교과서들은 과학혁명의 수용된 결과들을 밝히지만 그 혁명의 사실과 규모는 은폐한다. 그렇기 때문에 물리학 또는 화학 교과서 그리고 교의학 또는 윤리학 교과서는 과학의 진보에 대해 잘못된 인상을 준다. 이런 교과서들은 혁명, 변혁을 흔히 보이지 않게 만들며 단순히 진화로서, 전통적 지식의 확대로서 나타나게 한다. 다시 말해서 표준물리학의 집적적인 성장, 표준교의학의 유기적인 성장인 것처럼 보이게 한다.

셋째 가능성: 문제들과 시대상황이 급진적인 새로운 시도들을 가로막을 수 있다. 따라서 문제들을 잠정적으로 "문서화"하는 데 그치게 된다! 새로운 모델은 "동결"된다. 이런 문서화는 순수한 과학적 과정일 수 있다. 그러나 신학과 교회에서 이 문서화는 강제로 종교재판에 힘입어 실현되었다. 그러나 이것은 자연과학과 신학의 차이들을 유추하게 한다. 다음 장에서 이 차이들을 다루게 된다.

잠정적인 다섯째 명제로써 (자연과학과 신학의) 유추를 끝맺기로 하자:

자연과학과 비슷하게 신학에서도, 중대한 논쟁 속에 있는 새로운 이해모델 또는 모형이 낡은 모형 속에 흡수될지 낡은 모형을 대체할지 또는 문서화되는 것으로 그칠지를 예견하기는 어렵다. 그러나 새로운 모형이 받아들여지면, 전통에 대한 혁신이 확립된다.

언젠가 아인슈타인은 "원자들을 깨뜨리는 것보다 편견을 깨뜨리는 것이 더 어렵다"고 말한 일이 있다. 나는 이렇게 덧붙이고 싶다. 편견들이 깨지기만 한다면 교회 안에서도 산을 움직일 만큼 위대한 힘을 얻을 수 있다. 새로운 것이 생성되는 데 있어서 자연과학과 신학의 구조적 유사성에 대해 성찰할 수 있는 재료가 앞에서 충분히 제시되었다. 이제 다음과 같은 물음이 제기된다! 여기서 신학이 진정한 모형교체와 새로운 사상형성 때문이 아니라 그리스도교적 진리 자체가, 그리스도교의 핵심적 사실을 인식하지 못하고 모든 모형을 똑같이 참되고 똑같이 타당한 것으로 여기는 역사적 상대주의에 빠지지 않는가? 이 문제는 자연과학자들에게 중요하지 않을 수 있지만 그리스도교 신학자들에게는 극히 중요한 의미를 지니고 있다. 공연히 우리가 "잠정적"명제들을 말한 것은 아니다. 신학의 독특성은 후에 다루게 될 것이다. 쿤에게 기대어 발전시킨 다섯 명제들을 따지면서 그리스도교 신학의 기능, 그리스도교적 진리 이해 그리고 현대적—비판적 에큐메니칼 신학의 모형적 특징에 관해 다룰 때 신학적 독특성이 드러날 것이다. 이제 우리는 모형교체가 전적인 단절을 뜻하는가의 문제를 다루어 보려고 한다.

4. 연속성에 대한 문제

자연과학에서도 과학혁명은 결코 전적인 단절이 아니라는 것을 먼저 고려해야 한다. 모든 모형교체에는 많은 불연속성이 있으면서도 기본적인 연속성이 있다. 자연과학에서도 모형교체는 "동일한 사실들"이 "새로운 상관체계 속으로 들어오는 것"을 뜻한다고 토마스 쿤은 역설했다(98). 예컨대 뉴톤 역학에서 아인슈타인 역학으로 이행한다는 것은 "새로운 대상들이나 개념들을 끌어들이는 것"이 아니라 "과학자들이 세상을 관찰하는 개념틀의 변경"을 뜻한다(115) : "어떤 것을 보든지간에 과학자는 혁명 후에도 동일한 세상을 관찰한다. 그리고 그의 언어와 대부분의 실험도구들도 비록 예전과 달리 사용된다고 하더라도 동일한 것들이다"(141).

좀더 얘기해 보자. 이론적 토론을 위한 공통적 언어가 있고 결과들을 비교할 수 있는 방법도 있다. 따라서 한 모형에서 다른 모형으로의 "전환"이 반드시 비합리적 과정일 필요는 없으며 입장의 변경을 정당화하는 논거들이 없지도 않다. 그것은 과거와의 절대적 단절이 아니다. 다음과 같은 스테펜 툴민(Stephen Toulmin)의 말은 정당하다 :

"완벽한 정의가 규정하듯이 모형교체가 그렇게 완벽하지는 않다는 것을 알아야 한다. 경쟁하는 모형들이, 서로 양립할 수 없는 전혀 다른 세계상으로 나뉘어지지 않으며 과학에 있어서 이론적 불연속성들이 보다 깊은 방법론적 연속성을 은폐하고 있다는 사실을 알아야 한다"(130).

나의 생각은 이렇다. 신학의 발전을 이해하려면, 절대주의적 관점과 상대주의적 관점을 피해야 할 뿐 아니라 전적인 연속성과 전적인 불연속성에 대한 주장도 피해야 한다. 모든 모형변경은 연속성과 불연속성, 합리성과 불합리성, 개념적 안정성과 변혁, 간단히 말해서 진화적 요소들과 혁명적 요소들을 동시에 나타낸다. "혁명적"변혁들이란 말을 쓰고 싶지 않다면, 당연히 점진적이고 개념적인 변화를 포함하지만 극**적인**(그리고 점진적이지만은 않은) 또는 **모형적인**(그리고 개념적이지만은 않은) 변혁을 말할 수 있다.

학문적인 선조들과 위인들을 서론적으로만 그리고 주변적으로만 언급하는 기본적으로 비역사적인 자연과학들에서보다도 역사과학과 신학에서는 더욱 더, **하나의 전통을 창조하는** 일이 문제되지 않는다. 그보다는 새로운 모형의 빛에서 **전통의 틀을 변형하는** 일이 문제가 된다 : "다른 많은 창조적 영역들에서와 마찬가지로 과학에서도 새로움 자체가 목적은 아니다"(Kuhn 181). 따라서 새로운 이해모델들은 "옛 모델들의 모든 역량을 지니지 못한다고 하더라도 과거에 이루어진 업적들의 많은 구체적인 부분들을 보존해야 하며 그밖에도 구체적인 해결책들을 받아들여야 한다"(181).

신학에서는 연속성의 문제가 전혀 다른 깊이에서 제기된다. 그 까닭은 쿤이 마지막까지 회피했던 "진리"란 말이 신학에서 문제되기 때문이다(182). 참으로 "삶의 진리" 또는—비트겐슈타인이 말하듯이—"삶의 문제들"이 중요하다. 일반적으로 자연과학자들은 직접 삶의 문제들에서 출발하지 않는다. "엔지니어, 많은 의사들 그리고 대부분의 신학자들과는 대조적으로, (자연)과학자는 해결을 절실히 요구하는 문제들을 다룰 필요가 없다…"(175-176). 그리고 신학자에게는 삶의 문제들이 직접 문제되기 때문에 "신학계"뿐 아니라 보다 넓은 층의 사람들에게 인정받는 일이 중요하다. "가장 추상적인 신학자조차도 설사 인정받는 일에 별로 관심이 없다고 하더라도 (자연)과학자보다는 훨씬 더 자신의 연구가 일반인들에게 인정받도록 힘쓰고 있다"(175). 자연과학자인 쿤은 과학과 세상의 거대한 발전과정의 향방에 관한 중요한 문제에 대해 대답하지 못한다 : "물론 이러한 '빈틈'이 많은 독자들을 실망시킬 것이다"(182) 그는 그 과정의 기원에 관한 중요한 문제에 대해서도 답변하지 못한다 : "그러나 나의 논증을 여기까지 따라온 사람은 누구나 도대체 전화과정이 왜 일어나는지 물어야 할 필요를 느낄 것이다"(184).

실제로 여기서 우리는, 학문적 판단을 함에 있어서 시간적이고 공간적인 경험지평에 머물러 있고 매어 있으려 하는 자연과학의 경계에 부딪치게 된다. 어쩌면 우리는 인문사회과학의 경계 그리고-칸트가 옳다면-순수이성의 과학인 철학의 경계에 이르렀는지도 모른다. 세상과 인간의 기원과 목적에 대한 삶의 문제들, 궁극적이고 일차적인 의미부여와 척도, 가치와 규범 그리고 일반적으로 궁극적이고 일차적인 현실에 대한 삶의 문제들은-비합리적이지 않고 철저히 이성적인-신앙적 신뢰 또는 신뢰적 신앙의 물음들이다. 과학으로서의 신학(하느님에 대한 사상적 언급 또는 해명으로서의 신학 Augustin, De civ. Dei Ⅲ, Ⅰ "de divinitate ratio sive sermo")은 이런 문제들에 대해 대답해야 한다. 물론 신학의 고유한 방법에 맞게 대답해야 한다. 왜냐하면 자연의 물음들처럼 심리와 사회, 법, 정치, 역사 그리고 미학의 물음들과 마찬가지로 도덕과 종교의 물음들도 자신의 대상에 적합한 고유한 방법론과 양식에 따라 취급되어야 한다. 이것은 무엇을 의미하는가?

5. 자연과학과의 차이

다른 과학들에 비해 전제가 많은 그리스도교 신학의 특징은 성서에 원래 증언되어 있고 2천 년 동안 교회공동체에 의해 전승되어 왔고 오늘도 선포되는 그리스도교 사신(使信)이 그 전제와 대상이라는 것이다.

따라서 그리스도교적 신학은 과학성을 지니면서도 본질적으로 역사관련성, **역사성**에 의해 규정된다. 그리스도교 신학에서는 깊은 역사적 진리가 문제된다. 역사적 신학으로서 그리스도교 신학은 처음부터 다음과 같은 신학들과는 구별된다 : (1) 비역사적—신화론적 "신학" 즉 신화작가들과 사제들의 신들에 관한 전설과 진술들(이런 의미에서 플라톤은 "신학"이란 말을 처음 사용했고 비판했다) : (2) 초역사적—철학적 "신학"즉 철학자들의 자연적 신론들.

좀더 자세히 숙고해 보자. 그리스도교 신학은 **그리스도교** 신앙의 진리에 대한 사상적 해명이다. 그리스도교 신앙은 **예수 그리스도의 일**, 따라서 하느님의 일과 인간의 일을 문제삼는다. 이 예수 그리스도는 비역사적 신화도 아니고 초역사적 이념, 가르침 또는 세계관도 아니다. 그는 신약성서의 증언에 따라 모든 시대와 모든 교회의 신자들에게 하느님의 그리스도로서 표준이 되는 역사적인 나자렛 예수이다. 이러한 예수 그리스도에 대한 원래적인 신앙적 증언이 **그리스도교 신학의 토대를** 이룬다.

그런데 이 사실은 처음부터 비판적 과학적 연구를 배제하지 않는가? 결코 그렇지 않다 ! 예컨대 역사가나 국가법학자가 주어진 역사나 헌법만을 비판적으로 성실하게 해석하듯이, 신학자도—그리스도교적 신학자가 되려면—구약성서와 신약성서에 원래 서술된 내용 외에 다른 신앙적 증언을 가질 수 없다. 성서에 서술된 신앙증언은 시대에 따라 새로운 언어형태로 전승되었으며 현재의 인간들에게 늘 새롭게 번역되어야 한다.

따라서 그리스도교 신학은 자연과학처럼 **현재와 미래에만 관련되어** 있는 것은 아니다. 또한 모든 역사과학(문헌사, 예술사, 철학사, 세계사)처럼 **전통에만** 관련되어 있지도 않다. 그리스도교 신학은 아주 특수한 의미에서 기원(Ursprung)과 관련되어 있다. 이스라엘 역사와 예수 그리스도 안에 일어난 근원적 사건, 근원적인 증언, 구약성서와 신약성서의 원전은 그리스도교 신학에 있어서 그리스도교 신앙의 역사적 시작일 뿐 아니라 항구적 거점이기도 하다.

자연과학의 **모형변경**과 신학의 **모형변경** 사이에 많은 유사성이 있으면서도 중요한 차이들이 있다는 것을 여기서 엿볼 수 있다. 신학에 있어서 새로운 것의 성립을 해명하기 위해 제시했던 다섯 개의 잠정적 명제들에서 그 차이들을 찾아볼 수 있다 :

1) **표준과학에 대한 첫째 명제** : 표준적인 신학에서는 고전적 저자, 교과서, 스승이 중요하다. 이들은 기존의 신학적인 대모델 중간모델 및 소모델과 함께 학교에서 쉽게 받아들일 수 있는 형태로 제시한다. 그러나 자연과학에서와는 달리 이들에게 기껏해야 이차적이고 파생적인 권위가 부여될 뿐이다. 표준적인 신학이 언제나 의지하는, 그러나 제정된 규범에 지나지 않는 모든 공의회 기구들과 신학기관들에 대해서도 같은 말을 할 수 있다.

다른 모든 규범들(norma normans)은 성서의 원래적 증언이다. 가톨릭의 견해(2차 바티칸공의회)에 의하면 성서적 증언은 모든 신학의 "영혼" "핵심적 원리"이다. 언제나 신학자는 성서의 증언에 의지할 수 있다. 그리고 신학자들은 실제로 언제나 다시—매개된 직접성 속에서—성서적 증언에 의지해야 하기 때문에 독자적인 노선을 취하지만 신학자임을 부정할 수 없는 창조적 개인들과 집단들이, 범례를 따르는 대학파와 나란히 존재해 왔다(직접성을 참되게 매개하는지를 분별하는 표준들에 대해서는 후에 다루게 될 것이다). 이들은—중세 후기의 홀랜드와 독일의 신비주의자들이나 17세기의 파스칼, 베룰(Bérulle), 에콜 프랑셰즈(École Française)를 생각해 보라—성서에 의지해서 신학의 주류를 벗어나 그들 나름의 신학적 모델을 발전시켰다. 여기서 둘째 명제에 관한 논의로 넘어가게 된다.

2) **출발점으로서의 위기에 대한 둘째 명제** : 신학에서도 위기는 특정한 시대사적 사회정치적 요인들에 의해서 또는 신학 자체의 발전에 의해서 발생할 수 있다. 그러나 이 위기는 주로 특정한 시대사적 상황 속에서만 일어날 수 있는 것은 아니다(루터의 경우나 고대, 중세, 근세

의 다른 "종교개혁자들"의 경우처럼). 원래적인 그리스도교적 사신에 대한 직접적인, 아주 개인적인 영적 경험을 통해서 위기가 발생할 수도 있다.

(신학에 의해 완전히 포착되지 않는) 그리스도교의 원래적 증언은 신학을 동요케 하고 놀라게 하는 영적인 힘을, 교회와 신학의 체제가 지나치게 고착되었을 경우에는 혁명적 폭발력을 분출한다. 경우에 따라서는 잊혀진 낡은 모형들이 다시 나타났고 회고가 새로운 통찰로 되기도 했다. 어거스틴, 루터 그리고 칼 바르트가 바울로의 로마서에 의존했던 것을 생각해 보라. 이들의 신학은 모두 "위기의 신학"이었다. 요한네스 바이쓰와 알베르트 슈바이처가 예수의 미래적·종말적 하느님나라 선포를 재발견한 것을 생각해 보라.

그러므로 여기서는 복음 자체가—물론 위대한 시대사적—사회적 발전의 맥락 속에서—신학적 위기를 직접 발생시키는 존재로서, 신학에 있어서 불연속성의 근거로서, 새로운 범례를 위한 동인으로서 나타난다.. 여기서 셋째 명제로 이어진다.

3) **모형적 변혁**에 대한 셋째 명제 : 그리스도교의 원래적 증거는 신학과 교회의 영속적 토대가 되는 증거이기도 하다. 이것은 신학에서 위기를 발생케하는 요소가 될 수 있을 뿐 아니라 신학의 변혁에 있어서 새로운 모형에 이르기는 하지만 옛 모형을 완전히 대체하고 완전히 밀어내지는 않게 하는 요소가 되기도 한다.

과학혁명에서 새 모델이 낡은 모델을—예컨대 아인슈타인역학이 뉴톤역학을—완전히 대체하고 완전히 밀어낸다는 쿤의 지나친 주장은 이미 자연과학에서도 논란의 대상이 되고 있다. 아무튼 신학에서는 그리스도교의 원래적이고 토대적인 증거—"낡은 사상가"와 "새로운 사상가", "표준신학의 적척박사들"과 대항적인 "모형검토자들"에게 공통적인—가 낡은 모형이 완전히 밀려나지 않도록 한다. 낡은 모형의 요소들이 토대를 이루는 근원적인 증거에 배치되지 않는다면 원칙적으로 새로운 모형 속에 받아들여질 수 있다. 그러므로 오리게네스와 어거스틴

사이에서만이 아니라 어거스틴과 토마스 사이에서도 그리고 토마스와 루터 사이에서조차도 변혁이 전적인 단절에 이르지 않고 그리스도교 신앙의 공통성과 함께 어느 정도 신학적 공통성을 유지하도록 처음부터 마련되어 있다. 루터의 로마서 주석뿐 아니라 토마스, 어거스틴 그리고 오리게네스의 로마서 주석에서도 "믿음만으로 의롭다고 인정받는다"는 가르침을 긍정하고 있는 것을 생각해 보라.

물론 그리스도교 사신(복음, 신앙)과 그리스도교 신학(이론, 과학)은 구별되어야 한다. 그러나 이것들이 완전히 분리될 수는 없다. 그 까닭은 신약성서 자체가 그리스도교적 사신을 매우 상이한 특정한 신학적 언어형태와 도식들을 통해 제시하고 신약성서 이후의 신학적 모델이 언제나 동일한 그리스도교적 사신을 해석하려고 했기 때문이다. 따라서 그리스도교적 사신은 (새로운 신학을 위해) 좋은 기회를 제공했을 뿐 아니라, 위대한 신학자들—루터조차도!—이 이전의 신학을 완전히 배척하고, 이제까지 알려지지 않았던 별들을 새로 발견한 것처럼 새로운 신학적 통찰에 대해 말하는 데 언제나 장애를 느껴야 했던 매우 진지한 내용적 근거가 되기도 했다. 신학에서 "혁명"이란 말에 대한 혐오도 이런 맥락에서 이해할 수 있다.

결론적으로 말해서 그리스도교적 신학에서 철저한 모형적 변혁도—그리스도교적 신학이려면—언제나 복음에 근거해서 그리고 복음을 위해서 일어날 뿐이지 복음에 반대해서 일어날 수는 없다! 예수 그리스도의 복음 자체가—복음에 대한 증언들은 역사—비판적으로 탐구되어야 한다—역사나 헌법이 역사가나 헌법학자에 의해 마음대로 처분될 수 있는 것이 아니듯이 신학자들에 의해 마음대로 처분될 수 없다. 여기서 복음 자체가 불연속성의 근거일 뿐 아니라 연속성의 근거로 나타난다. 따라서 신학의 모형변경은 그리스도교적 사신의 항구성에 근거해서 일어난다! —이제 넷째 명제로 넘어간다.

4) 모형교체에 있어서 **전향과 과학 외적 요인들에 대한 넷째 명제** : 이 명제는 특히 신학적 고찰을 할 때 더욱 두드러진다. (전향이 일어날

경우에) 자연과학에서와는 달리 신학에서는 이러 저러한 모형에 대한 과학적 결단이 신앙자체의 내용에 찬성하거나 반대하는 실존적 결단으로 될 위험이 있다.

(비종교적 의미의) "신앙적 결단" 즉 하나의 신학적 모형을 찬성하거나 반대하는 "신뢰의 선택"이 하느님과 그의 그리스도를 찬성하거나 반대하는 (엄밀히 종교적 의미의) 신앙적 결단으로 높이워진다. "복음" 또는 "가톨릭 교리"에로의 전향을 개신교 근본주의자들이나 가톨릭 전통주의자들이 요구하는데 이러한 전향은 (오래 전에 낡아버린) 신학적 모형으로의 전향에 불과하다. 이 경우에 신학적 반대자는 반드시 잘못된 신앙인 또는 불신자로 되고 비가톨릭적이거나 비복음적으로 되며 적그리스도와 무신론자로까지 될 수 있다. 여기서 다섯째 명제가 예리하게 부각된다.

5) 대결의 세 가지 가능한 결말에 대한 다섯째 명제 : 신학과 교회에서 특정한 이해모델이 거부되면 쉽게 거부가 정죄로, 토론이 파문으로 된다. 복음과 신학, 교회의 본질과 교회의 체제, 신앙내용과 신앙형태가 동일시된다! 이러한 동일시에서 거꾸로 다음과 같은 결과도 나온다.

하나의 이해모델이 궁극적으로 받아들여지고 혁신이 전통으로 되면, 신학적 해설이 쉽게 계시진리로 되고 신학논제가 도그마로 되며 전통이 전통주의로 된다.

하나의 이해모델이 문서화될 때 이 문서화는 순수한 학문적 과정일 수 있다. 그러나 신학과 교회에서는 흔히 강제와 억압에 의해 문서화가 관철되었다. 모든 인권을 유린하면서 이단자를 박해하고 심문하며 반대자들의 몸과 마음을 불태우고 토론을 억눌러 버렸다! 유명한 위대한 신학자들—오리게네스, 어거스틴, 토마스, 루터—조차도 적어도 죽은 다음에는 비난이나 정죄를 면치 못했다. 다음의 사실을 숙고해 보라.

오리게네스는 그의 주교인 데메트리오스(Demetrios)와 적지 않은 갈등을 갖고 있었다. 죽은 후에 그는—니케아회의 후에 교리가 점차 확립되면서—에피파니오스(Epiphanios)와 히에로니무스(Hieronymus)에 의해 이단이라는 비난을 받았으며 6세기에는 교황 아나스타시오(Anastasios), (그의 대부분의 작품들을 없애도록 했던) 유스티니안(Justinian) 황제 그리고 끝으로 콘스탄티노플의 에큐메니칼 종교회의에 의해 정죄되었다.

사람들은 교권의 권위를 어거스틴의 권위보다 존중했다. 이미 일찍이, 특히 얀센주의 시대에 그리고 20세기에 이르기까지, 이중 예정론과 저항할 수 없는 은총의 작용에 관한 교리와 관련해서 어거스틴에 대해 여러가지 형태로 경고를 해왔다. 실제로 어거스틴주의는 후에 몰락했다.

죽은 지 3년만인 1277년에 토마스는 그리스도교 세계의 두 지도적인 대학들인 빠리대학과 옥스포드대학의 주교들에 의해 정죄받는데 이 정죄는 "중세기의 가장 무거운 정죄"(van Steenberghen)였다고 한다. 이로써 신학의 자유로운 발전은 오랫동안 정지되었.

루터의 정죄와 파문이 그리스도교계에 어떤 의미를 지녔고 지니고 있는지는 잘 알려져 있다.

어떤 모형, 어떤 이해모델이 오늘의 신학에 더 적절한가 하는 물음을 이제 더 미룰 수 없다. 나는(성서, 전통, 교권에 관한) 포괄적 해석학이 아니라(특히 새로운 신학적 모형의 상수들에 관한) 몇가지 지침을 조심스럽게 제시하려 한다.

6. 새로운 신학적 모형

1) 발견적 표준들 : 나는 여기서 새로운 모형의 몇가지 결정적인 전제들을 언급하겠는데 이 전제들은 신학에 적용될 수 있을 뿐 아니라 모든 진정한 인간적 연구를 규정하는 발견적 표준들로 이해되어야 한다. 이 표준들은 성서의 원증거가 역사를 통해 거듭거듭 새로운 상황 속에

현실화되는 매개과정을 해명하는 데 특히 중요하다. 이 표준들이 모든 인간적 연구를 규정한다는 사실 때문에 새로운 모형에 관한 예비적 평가가 전통주의적이거나 근본주의적인 신학적 소종파("우리는 '세상'과 다른—'그리스도교적' '성서적' '가톨릭적'—모형을 지니고 있다")를 정당화하는 데 이용될 수 없다. 나는 여기서 이 전제들의 발견적 성격을 충분히 발전시킬 수 없다. 그 대신에 이러한 매우 기본적인 인간적 태도들의 신학에 대한 적합성을 간단히 말하려 한다. 신학은 모름지기 다음과 같아야 한다 :

ㄱ. (획일주의적, 기회주의적 신학이 아니라)**참된** 신학 : 그리스도교적 진리를 참되게 추구하고 말하는 일, 즉 신앙에 대한 사상적 해명.

참된 신학은 교회의 일치를 위해 기여한다. 그 까닭은 참된 신학이 없으면 참된 교회도 없기 때문이다!

ㄴ. (권위주의적 신학이 아니라)**자유로운** 신학 : 행정적인 조치와 제재에 의해 방해받지 않고 자신의 과제를 수행하며 양심에 따라 자신의 확고한 신념을 말하고 공표할 수 있는 신학.

이 신학은 교회의 권위를 세우는 데 기여한다. 그 까닭은 자유로운 신학이 없으면 자유로운 교회도 없기 때문이다!

ㄷ. (전통주의적 신학이 아니라)**비판적** 신학 : 자유롭고 참되면서도 과학적 진리추구 자세와 학문적 방법론을 충실히 견지하고 자신의 문제들, 방법들, 결과들에 대한 비판적 검토작업을 충실히 수행하는 신학.

이 신학은 교회의 "덕을 세우는 데", 이 사회 안에서 교회를 세워가는 데 기여한다. 그 까닭은 비판적 신학이 없으면 이 사회 안에서 비판적 교회도 없기 때문이다!

ㄹ. (교파주의적 신학이 아니라)**에큐메니칼** 신학 : 다른 신학들을 적이 아니라 동반자로 보고, 분리가 아니라 합의를 지향하는 신학. 에큐메니칼 신학은 두 가지 방향에서 합의를 지향한다. 내부적으로는 교회

들의 세계, 그리스도교 내부세계의 영역에서 합의를 추구하고 외부적으로는 다양한 지역, 종교 이데올로기, 과학들을 지닌 교회 밖의 세계, 그리스도교 밖의 세계에서 합의를 추구한다. 이러한 에큐메니칼 정신은 신학과 다른 학문분과들에 있어서 모형분석의 범문화적 또는 보편주의적 측면에 상응한다. 이 신학은 사회 안에서 교회의 사명에 기여한다. 그 까닭은 에큐메니칼 신학이 없으면 에큐메니칼 교회도 없기 때문이다!

2) 역사적 전제들 : 참되고 자유로우며 비판적인 에큐메니칼 신학의 이러한 모형은 오늘날 처음으로 만들어내거나 아주 새롭게 제시될 수 있는 것이 아니다. 만일 그렇게 하려고 한다면 그것은 알베르트 슈바이처, 칼 바르트, 루돌프 불트만, 디트리히 본회퍼, 폴 틸리히—살아 있는 신학자들은 제쳐 놓더라도—와 같은 20세기의 신학적 거장들에게 가소로운 짓이 될 것이다. 그러한 모형이 한동안 "개발"(herangereift) — 쿤도 자연과학적 발전의 맥락에서 이 개념을 사용한다—되겠지만, 오늘날에는 방금 언급한 신학자들의 결정적인 신학적 영향을 받지 않을 수 없다. 17·18세기에 교파주의적 사고가 끝나고 계몽주의, 독일관념론, 낭만주의와 함께 현대적 사고가 등장한 것이 신학에 대해서 위대하고 획기적인 계기를 의미한다는 것은 일반적으로 받아들여진 사실이다. 그 후 현대신학은 매우 다양한 많은 경험들을 겪고 그 경험들을 대부분 받아들였으므로, 인간, 사회, 우주 그리고 하느님에 대한 현대신학의 이해는 근본적으로 달라졌다.

지속적 영향력을 지닌 다음과 같은 사실들의 결과들이 신학을 변혁시켰다. 그 사실들을 간단히 언급해 보자.

ㄱ. 코페르니쿠스에서 다윈과 아인슈타인에 이르는 현대 자연과학은 우주 안에서 인간의 지위, 세상의 창조와 진화 그리고 창조자와 진화를 일으킨 자를 전혀 다른 빛에서 보게 한다.

ㄴ. 데카르트, 칸트, 헤겔에서 하이데거, 화이트헤드, 비판이론에 이르는 현대 철학은 인간의 이성, 자유, 역사성 및 사회성뿐 아니라 하느님의 역사성과 세상성도 새롭게 이해하게 한다.

ㄷ. 미국의 독립선언과 인권선언 그리고 프랑스혁명과 함께 시작된 현대 **민주주의**는 개인적 자유, 인권, 사회정의에 대한 새로운 이해에 이르렀으며 또한 국가, 사회 그리고 교회에 대한 새로운 이해에 이르렀다.

ㄹ. 언제나 종교는 반인간적 소외(포이에르바하), 불의한 사회구조의 강화(맑스), 인간의 도덕적 비하(니체) 그리고 인간의 유아기적 퇴행(프로이트)을 위해 악용될 수 있다는 것을 현대적 종교비판은 폭로했다.

ㅁ. 특히 19세기 이래 현대적 **인문과학**과 **사회과학**은 인간, 그의 심리(의식과 무의식), 그의 행태, 그의 사회성을 아리스토텔레스, 어거스틴, 토마스 또는 마틴 루터의 시대와는 전혀 다르게 구체적이고 세부적으로 이해할 수 있게 한다.

ㅂ. 스피노자, 시몬, 베일(Bayle) 이래, 라이마루스, 레싱, 세믈러(Semler), 슈트라우쓰 이래 현대적 주석과 **역사학**은 이스라엘 역사와 나자렛 예수뿐 아니라 교회사와 교리사를 비판적으로 새롭게 이해하도록 가르쳐 주었다.

ㅅ. 여성, 유색인종 그리고 제3세계가 온전한 정의를 누리도록 하기 위해 현대의 **해방운동들**은 이미 19세기에 ('부르즈와'만을 위한) 순전히 형식적인 자유에 대항해서, 성차별 및 불의한 사회구조에 대항해서, 인종주의와 제국주의 그리고 식민주의에 대항해서 투쟁했다.

현대신학적이고 참으로 에큐메니칼한 모형을 위해 주목해야 할 역사적 요소들과 발전들 가운데 몇가지(전부가 아니라)를 앞에서 제시했다. 새로운 신학적 모형의 발견표준들과 역사적 전제들이 이렇게 해서 밝혀진 셈이다. 현대인의 경험들을 비판적-건설적으로 받아들이는 신학만이 현대를 위한 신학일 수 있다. 우리는 새로운 모형의 몇

가지 상수를—역사의 흐름 속에서—찾으려 한다. 앞에서 말한 모든 내용을 이렇게 요약할 수 있다 : 새로운 신학적 모형의 첫째 상수는 오늘 우리가 경험하는 세상이어야 한다.

7. 첫째 상수 : 지평으로서의 세상

이로써 현대적인 에큐메니칼 신학 모형의 한쪽 중심점 좀더 정확히 말해서 그 신학의 지평이 밝혀졌다. **우리 자신의 현대적 경험세계 다시 말해** 애증이 교차하는 현대의 모든 역사적 현실적 경험들만이 지평일 수 있다.

그것이 **현실**인가? 그렇다. 그것이 현실적인 모든 것, 존재하는 모든 것, 모든 존재자, 존재자들의 총체, 실존하는 존재 일반이다. 물론 현실이 무엇인지를 여기서 자세히 분석할 수 없다. 처음부터 현실은 정의될 수 없는 것이다. 만물을 포괄하는 것은 개념 자체가 정의될 수 없고 한정될 수 없는 것이다. 추상적으로 또는 내용 없이 말하지 않기 위해서 이 다층적이고 다차원적 개념이 여기서 구체적으로 무엇을 의미하는지 간단히 언급되어야 한다.

신학이 관계하는 현실은 우선 세상과 시공(時空) 속에서 세상을 이루는 모든 것이다. 깊은 심연을 지닌 대우주와 소우주, 과거, 현재, 미래의 역사를 지닌 세상, 물질과 에네르기, 자연과 문화, 모든 기적들과 두려운 일들이 있는 세상, "흠 없는" 세상이 아니라 온갖 문제를 안고 있는 현실적 세상, 모든 구체적 제약과 자연적 재난, 현실적 불행과 모든 슬픔을 지닌 세상, 짐승들과 인간들이 생존투쟁을 벌이는, 생성하고 소멸하며, "잡아먹고" "잡아먹히는" 세상, 도스토예프스키가 『까라마조프 형제들』에서 서술했듯이, 매우 받아들이기 어려운, 양면성을 지닌 세상 전체 : 회의주의자 이반 까라마조프는 신앙심 깊은 동생 알료샤에게 이렇게 말한다 : "결론적으로 간단히 말해서 나는 이 신의 세상을 받아들이지 않는다. 신의 세상이 존재한다 하더라도 나는 그것을 인정하고 싶지 않다. 내가 받아들이지 않는 것은 신이 아니다.

나를 바로 이해해다오. 나는 신이 만든 세상을 받아들이지도 않고 받아들일 수도 없다."

현실 : 세상 안에서 특히 인간들, 온갖 계층과 계급들, 온갖 색깔과 인종 모든 민족과 지역의 인간들, 개인과 사회가 현실이다. 인간―가장 먼 인간들과 이웃이면서도 흔히 우리에게서 가장 멀리 있는 인간들, 인간적인 너무나 인간적인 모든 요소를 지닌 인간들, 이상적인 인간들만이 아니라 "수백만 명의 포옹"과 "온 세상의 입맞춤"에서 배제시키고 싶은 모든 것들까지 포함되는 인간현실. 크든 작든 우리의 삶을 지옥으로 만들 수 있는 모든 사람들도 포함된 현실. "지옥, 그것은 타인들이다"―이것은 장 폴 사르트르의 희곡 『폐쇄된 사회』에서 영원히 불켜진 하나의 방에 더불어 있도록 저주받은 세 사람의 주제이다. 사르트르는 방대한 철학서 『존재와 무』(L'être et le néant)에서 더불어 있음의 좌절을 철저히 분석한다.

현실 : 주체인 나 자신에게 객체가 될 수 있는 나 자신이 현실이다. 정신과 육체, 소질과 행태, 약점과 강점을 지닌 나 자신은 결코 이념적 인간이 아니다. 나는 높기도 하고 낮기도 하며 낮의 측면과 밤의 측면을 아울러 지니고 있는 인간, 융이 인격의 "그림자"라고 부른 모든 것, 인간이 밀어내고 억압하고 쫓아 낸 모든 것, 프로이트가 분석 수단에 의해 의식 속으로 끌어올려서 받아들일 수 있게 하려고 했던 모든 것을 지닌 인간이다. 나는 또한 사회 속에서 담당해야 할 상이한 사회적 역할들로 인해 분열된 인간이며 사회가 기대하는 특정한 사회적 기능들을 수행해야 하는 인간이다. 흔히 사람들은 현존하는 자기 자신 또는 다른 사람들에 의해 형성된 자기 자신보다 세상을 더 쉽게 받아들인다. 스위스의 문필가 막스 프리쉬(Max Frisch)의 소설 『위안자』(Stiller)는 "나는 위안자가 아니다"란 말로 시작된다. 이 소설은 자신을 받아들이기를 완강히 거부하는 한 사내의 이야기를 다룬다. 자신을 받아들이기를 거부하는 까닭은 타인들이 자신에 대해 만들어 놓은 모습들에서 벗어나고 싶고 타인들이 자신에게 강요하는 역할들을 떨쳐 버리고 싶기 때문이다. 또한 자신이 되고자 하는 대로 될 수 없고

되어야 하는 대로 될 수밖에 없는 사실이 역겹기 때문에 자신을 받아들이려 하지 않는다. 현대인에게 특징적인 정체성문제와 역할문제의 이러한 배경에 비추어 볼 때 인간의 자기수용은 어려운 문제로 된다. 따라서 융은 이렇게 말한다 : "단순한 것이 언제나 가장 어려운 것이다. 현실적으로 단순하게 존재하는 것은 최고의 예술이다. 그러므로 자기 자신을 받아들이는 것이 도덕적 문제의 총체적 개념이며 전체 세계관의 핵심이다."

이로써 다음과 같은 사실이 분명해질 수 있다 : 세상, 인간, 나 자신의 현실은 양면적으로 즉 성공과 실패, 아름다움과 추함, 행복과 불행, 구원과 재난, 의미와 무의미 속에서 뚜렷이 드러난다. 신학자들은 하느님의 활동을 부각시키기 위해서 세상을 비방해서는 안된다. 신학의 임무는 존재하는 것에 대해 편견 없이 검토하는 것이다. 신학은 현실을 창조하는 것이 아니라 해석한다.

이 모든 사상을 하나의 짧은 첫째 명제로 요약하자면 이렇게 말할 수 있다 : 비판적인 에큐메니칼 신학의 첫째 상수, 첫째 중심(Pol) 또는 지평은 양면적, 우발적, 가변적인 우리의 현재적 경험세계이다.

현대적인 경험지평에서는 엄격히 과학적이고 세계 개방적이며 현재와 관련된 신학만이 다른 모든 과학들과 함께 대학교에서 자리를 차지할 수 있다. 이런 신학만이 여전히 유행하는 교파주의적 폐쇄성을 극복하고, 교회 밖의 현실, 일반적 종교성, 인간적인 것에 대한 최대의 관용과 그리스도교적 특성을 부각시키는 일을 결합할 수 있는 참으로 에큐메니칼적인 신학이다. 이로써 우리는 현대신학의 현대적 모형의 둘째 중심점에 도달했다. 현대신학은 마치 타원형처럼 두 중심점 사이에서 움직여야 한다. 두 중심점 사이에 긴장이 있을 뿐 아니라 "비판적 상관성"(Paul Tillich) 속에서 끊임없이 움직여야 한다.

8. 둘째 상수 : 척도로서의 그리스도교적 사신

이러한 에큐메니칼 신학의 넓은 지평 앞에서, 수많은 개인적이고 집단적인, 역사적이고 일상적인 경험들의 모순 앞에서, 신학은 어디에 근거를 두어야 하는가 라는 중요한 물음이 제기된다. 신학의 표준은 무엇인가? 우리는 이미 기본적이고 표준적인 대답을 제시했다. 에큐메니칼 신학이 그리스도교적 신학이려고 하는 한에서 그 신학의 표준, 일차적 **규범**은 그리스도교 신학의 궁극적 토대인 그리스도교적 사신일 수밖에 없다. 구약성서와 신약성서에 서술되어 있는 그리스도교의 근원과 토대를 이루는 증거, 복음 자체가 에큐메니칼 신학의 토대이며 규범이다. 보편적 시공적(時空的) 지평이 그러한 에큐메니칼 신학의 **가톨릭적**(=보편적) 차원을 나타낸다면, 그리스도교의 근원적 토대적 증언(복음)에 대한 지향은 **복음적**(evangelische) 차원을 나타낸다. 가톨릭적 차원과 복음적(독일어 evangelisch는 개신교를 뜻하기도 한다—역주)차원, 가톨릭적 넓이와 복음적 깊이를 결합하는 데서만 참된 에큐메니칼 신학이 가능하다.

구약성서적 증언과 신약성서적 증언은 인간의 **신앙**에 호소하는 하느님의 **말씀**과 계시라고 우리는 주저없이 말한다. 이것은 신화적이거나 근본주의적으로 이해해서는 안 되고 역사적으로 이해되어야 한다. 왜냐하면 하느님의 계시는 하늘에서 뚝 떨어진 것이 아니다(정통 회교도들의 생각에 의하면 코란은 마호멧이 천사의 말을 그대로 받아쓴 것으로서 오늘도 고대적 형법의 규정들까지 문자적으로 받아들여지고 반복되고 적용되어야 한다). 하느님의 계시는 이스라엘과 나자렛 예수의 역사 안에서 그리고 그 역사를 통해서 일어나며, 믿는 사람들이 이 역사 안에서 매우 다양한 방식으로 그들의 하느님과 만나는 **경험들** 안에서 그리고 그 경험들을 통해 하느님의 계시는 들려진다. 따라서 구약성서와 신약성서도 코란이 내세우듯이 직접 하느님의 말씀은 아니다. 성서는 하느님의 말씀을 증언하고, 매우 개별적으로 해석한 인간들의 말이다. 상징적으로 말하면 계시는 물론 "위에서" 하느님으로부터 온다. 그러나 기적적이고 초자연적인 "개입"을 통해 오는 것은 아니다. 위에서 온 계시는 오직 "아래로부터", 온전한 삶의 실천 속에서 인간에 의해 경험되고 표현될 수 있다.

그러므로 이스라엘의 역사적 경험과 예수에 대한 경험이 중요한데 이 경험들은 상이한 성서저자들에 의해 각기 상이한 방식으로 흔히 심오하게 해석되기도 하고 피상적으로 해석되기도 했다. 이스라엘과 예수 안에서 하느님으로부터 받은 구원에 대한 공통적 기본경험은 "단순하고" "순수하게" 주어진 게 아니라 다양한 인간적 해석, 다양한 개념들과 상징들, 도식들과 이해모델들을 통해 주어진다. 그것은 사람의 아들이나 하느님의 아들과 같은 개념들일 수도 있고 지옥순례나 승천과 같은 상징들일 수도 있고, 속죄론에서 피문은 속죄물이나 노예의 속전과 같은 개별적 도식들일 수도 있고 묵시문학적—종말론적 모델이나 교회적—구원사적 모델과 같은 전체적인 이해모델일 수 있다. 이 모든 것들은 오늘 우리에게는 직접 타당하지 않은 당시의 경험세계와 언어세계에서 유래한 것이다. 따라서 이 모든 것들은 늘 새롭게 전달되어야 하며, 내용 자체를 보다 잘 이해하기 위해 구분되어야 하고 때로는 대체되기도 해야 한다. 어쨌든 내용 자체, 즉 그리스도교적 사신(使信), 복음이 모든 본문들을 통해 늘 새롭게 들려지고 이해될 수 있어야 한다. 그래서 내용에도 충실하고 시대에도 충실한 신학이 되어야 한다. 유다—그리스도교적 경험전통이, 하느님, 구원, 은총, 구속(Erlösung)과 같은 말들이 우리의 현대적인 경험과 결부될 때만, 우리는 우리 자신의 경험들을 성서의 경험들과 결부시킬 수 있다. 신학은 소위 영원한 가르침을 단순히 "적용하는 것"이 아니다. 신학이란 역사적 사신(使信)을 당시의 경험세계로부터 우리의 현대적 경험세계로 "옮겨 놓는 것"이다.

그러므로 신학은 비판적으로 서로 관련시키는 위대한 과제를 맡고 있으며, 이 과제는 흔히 우리 자신의 경험을 유다—그리스도교적 경험과 관련시키고, 유다—그리스도교적 경험사의 빛에서 해석하고 모순될 경우에는 교정하는 비판적 대조의 형태를 지니게 된다. 성서적 경험들과 현대적 경험들이 근본적으로 모순될 때, 나치스 시대처럼 다시 우파적(또는 좌파적) "영도자", 어떤 정치적 "구원운동" 또는 비슷한 "결과들"이 우리에게 발생할 때, 인간과 인류의 결정적이고 궁극적인 물음에 대해 결정적인 역할을 하는 것은 무엇일까? 그것은 성서적 경험들, 그리스도교적 사신, 복음, 예수 그리스도 자신이다! 왜냐하면 이 예수 그리스도는 친히 "그리스도교의 본질", "그리스도교적 사신" "복음 자체" "성육된" 하느님의 "말씀"이기 때문이다.

둘째 명제를 다음과 같이 요약할 수 있다 : 비판적 에큐메니칼 신학의 **둘째 상수, 둘째 중심점 또는 기본규범은 유다—그리스도교적 전통인데 이 전통은 결국 그리스도교적 사신, 예수 그리스도의 복음에 근거한다.**

내가 보기에는 이것들이 새로운 신학적 범례의 본질적 구조들이다. 새로운 신학은 현대적 경험세계의 지평에 근거하면서도 비판적으로 그리스도교적 사신 속에 근거한다. 이것은 새로운 세대에 동시적으로 두 가지의 것을 다 포함하려고 하는 신학이다.

ㄱ. "가톨릭적"이므로 끊임없이 "전체"교회, "보편"교회를 추구한다. 그리고 동시에 "복음적"(=개신교적)이어서 엄격히 성서, 복음에 관련된다.

ㄴ. "전통적"이므로 항상 역사에 대해 책임적이다. 그리고 이와 동시에 "현대적"이어서 현대의 물음들을 진지하게 받아들인다.

ㄷ. "그리스도중심적"이어서 결정적으로 그리고 단호하게 그리스도교적이다. 그러면서도 "에큐메니칼"해서 "세계" "사람이 사는 세상" 전체, 모든 그리스도교회, 모든 종교, 모든 지역들을 지향한다.

ㄹ. 이론적—과학적이어서 이론, 진리를 다루면서도 동시에 실천적—목회적으로 삶, 혁신 그리고 개혁을 추구한다.

이 강연에서 나는 비판적인 에큐메니칼 신학의 오랫동안 성숙된 모형의 기본특징들을 가능한 한 정확히 요약하려고 노력한다. 이러한 새로운 모형의 효율성, 설득력 그리고 진실성은 실천적인 신학작업을 통해서만 확인될 수 있을 것이다. 그러나 신학, 교회 그리고 사회의 온갖 문제들과 난점들 속에서 —모든 차이들에도 불구하고— 신학에 있어서 기본적 합의에 이르는 길이 열리기를 바란다. 획일적인 신학적 학파나 일체를 포괄하는 이론이나 배타적 방법이 아니라 다양한 방법들, 이론들, 학파들 그리고 신학들을 허용하는 신학적 모형이 요청된다.

새로운 모형에 관한 해석학적 성찰

데이비드 트라시(David Tracy)

한스 큉의 논문은 "모형교체"가 이루어지고 있는 신학의 현대적 상황을 이해하는 일이 의미있고 유익하다는 것을 밝혀 주었다. 과학철학에 있어서 "모형교체"에 관한 토마스 쿤과 스테펜 툴민의 연구에 비추어 현대신학의 상황을 창조적으로 해석함으로써, 큉은 현실적인 차이들에도 불구하고가 아니라 이 차이들을 통해서 그리고 이 차이들 안에서 존재하는 현대신학의 가능한 합치점을 밝혀 주었다. 일반적으로 유동적인 "모형"이란 범주는 기본적인 합의 속에서 현실적 차이들을 단순히 감수할 뿐 아니라 기대해야 하며 그러면서도 합의를 추구할 것을 요구한다.

이 두번째 논문에서 나는 현대신학에 있어서 해석의 역할에 집중함으로써 신학의 현대적 모형교체의 "상수들"에 대한 나 자신의 성찰을 제시하려 한다. 스테펜 툴민의 새로운 저서는 과학철학이 참된 해석학적 성격을 지니고 있음을 보여 주었다. 물론 해석학은 신학을 포함한 "인문과학들"에 대해서는 더욱 중요하다. 큉과 램(Lamb)의 경우에도 그렇지만 나의 관심은 신학을 위한 나 자신의 특수한 모형을 제시하는 데 있지 않다는 것을 상기할 필요가 있다. 오히려 나의 관심사는 상이한 신학들 속에 나타나는 해석학적 요소를 부각시키는 것이다.

해석학은 큉이 현대신학에서 확인한 두 "상수들"에 나타나는 한 요소이다. 이 두 개의 상수들은 모두 "해석"을 요구한다. 버나드 로너간(Bernard Lonergan)이 "고전적"의식에서 현대적 "역사적"의식으로의 변천으로 서술했던 그러한 교체에서는 해석학의 역할과 요구들이 중요해진다. 왜냐하면 우리의 신학이 아무리 특수한 신학이라고 하더라도 모든 신학자는 두 "상수들"을 해석해야 하기 때문이다("상반된 감정이 양립하고 우연적이며 변화무쌍한 현대적 경험세계"와 "그리스도교적 사신 즉 예수 그리스도의 복음에 기초한 유다 그리스도교적 전통"). 따라서 해석학이 무엇인지 그리고 현대신학에서 실제로 어떤 기능을 하는지에 대해 성찰할 필요가 있다.

이러한 필요에 따라서 이 논문은 세 부분으로 나뉘어진다. 1부는 해석학이론에서 질문이 갖는 위치를 서술한다. 2부에서는 해석학을 종교해석에 적용해 본다. 3부에서는 새로운 모형과 관련해서 신학 자체에 적용해 본다. 신학에 있어서 근본적인 "모형교체"에 대해 분석한 한스 큉의 논문과 이론실천 관계에 대해 분석한 매튜 램의 논문 사이의 중간단계에 있는 이 논문의 목적은 현대 해석학에 있어서 질문이 차지하는 위치와 신학에 있어서 새롭게 생성되는 모형을 위한 해석학의 중요성을 매우 일반적인 개념을 가지고 소박하게 분석하려는 것이다.

그리스도교적 신학이 그리스도교적 전통의 해석과 현대적 경험의 해석 사이에 비판적 상관성을 밝히려는 시도라면, 해석 자체가 어떤 것인지를 숙고하고, 이 해석이 모든 종교해석과 새로운 역사의식적 모형을 지닌 모든 신학에 어떻게 영향을 미치는지 숙고하는 일은 매우 중요하게 된다.

1. 새로운 모형의 해석이론으로의 전환

1) 그리스도교는 다른 모든 종교와 마찬가지로 매우 해석하기 어렵다. 그 까닭은 하나의 종교로서 그리스도교는 종교가 반드시 관계해야 할 인간의 다른 중심적 현상들(예술, 과학, 형이상학, 윤리—정치학)을 철저화하고 강화하고 흔히 그 경계를 넘어서기 때문이다. 어떤 종교를 해석하려면, 종교적 특성의 차이를 이해하기 위해 의식적이든 무의식적이든 결국 이러한 다른 현상들도 해석해야 한다. 현대의 창조

적인 신학자들의 글만을 읽어보면, 해석에 있어서 거의 무한한 창조성을 지닌 다원주의를 발견하게 된다. 현대의 신학서적을 읽어보면 (또는 중요한 잡지들 가운데 한 잡지를 훑어보거나 전문신학자들의 회합에 참석해 보면) 철저한 다원주의 즉 성실한 해답이 없는 것 같은 해석상의 깊은 갈등을 확인하게 된다.

해석의 다원주의 자체가 그러한 창조성의 가장 분명한 표현이다. 신학계의 이러한 다원주의 안에서 서로 다른 입장을 지닌 사람들이 어떤 것이 보다 낫고 어떤 것이 보다 못한 것인지, 어떤 것이 참으로 창조적이며 어떤 것이 단순히 "반짝이는 관념들"인지 어떻게 합의할 수 있을까?

몇몇 전문신학자들의 해석이론으로 전환함으로써, 해석에 있어서 요구되는 적합성의 표준들을 외면하지 않으면서, 해석의 창조성을 고취시키는 방법이 제시된다.

하나의 문제로서 또는 분명한 쟁점으로서 해석은 문화적 위기의 시대에서 중심적인 물음이 된다. 그리스·로마의 신화들을 새롭게 해석한 스토아학파의 경우에도 그러했다. 그리스도교 신학에서 알레고리를 발전시켰을 때도 그랬다. 역사의식이 대두된 이후 유다인들과 그리스도인들의 경우도 그렇다. 서구의 모든 현대인들이 서구문화의 고전적 표현양식들에 대해 느끼는 거리감이 오늘날 해석과정에 대한 관심을 불러 일으키지만 반드시 그 관심을 규정하지는 않는다. 그러나 우리가 우리 문화의 고전적 표현양식들에 대한 역사적 거리감에 집중하거나 다른 문화의 고전적 저자들과의 거리를 온존시키는 서구문화적 지역감정에 집중한다면 우리는 해석의 문제를 무엇보다도 오해를 피하는 문제로 규정하게 될 것이다. 현대 해석학의 "창시자"로서 추앙받는 슐라이에르마허도 흔히 해석학의 문제를 그렇게 규정하는 경향이 있었다. 해석학에 대한 슐라이에르마허의 복합적 논의의 한 측면(감정이입과 예감에 대한 강조)은 낭만적 해석학의 발전을 촉진시켰다. 슐라이에르마허 해석학의 다른 측면(오해를 방지하기 위한 방법적 제어의 발전에 대한 강조)은 엄격히 방법론적(먼저 역사주의적인, 그 다음에 형식주의적인) 제어의 발전을 촉진시켰다.

이러한 복합적 논술로 인해 야기된 난점들이 여전히 우리에게 남아 있다. 많은 해석이론들을 위한 중심적인 사실은 역사적 문화적 간격에 대한 통찰(따라서 고전적 저자들로부터 우리의 "소외")이다. 중심문제는 오해를 방지할 필연성의 문제이다. 그리고 중심적 희망은 우리 자신의 문화와 다른 문화 또는 다른 시기의 낯선 문헌들을 우리의 현대적인 자기이해의 낯설고 이질적인 지평 속에 억지로 집어 넣는 것을 방지해 줄 방법론적인 제어에 있다.

(약간의 숙고할 만한 예외들이 있지만) 대부분의 현대 주석자들은 역사적 방법들이 현대의 주석자들에게 부여한 제어와 분명한 성과들을 받아들일 뿐 아니라 요구한다. 분명히 역사비판적 방법의 수용과 적용은 신학에 있어서 새로운 모형의 결정적 특징이다.

현대 해석학에 대한 복잡한 그리고 아직 진행 중인 논쟁을 이처럼 좁은 지면에서 설명하는 것은 불가능한 일이다. 새로운 모형에서 해석학이 차지하는 탐구적 역할을 분석하는 이 논문에서는 나 자신의 입장과 내가 서 있는 해석학적 전통을 해명하는 것으로 만족할 수밖에 없다. 앞에서 내가 언급한 내용에서도 드러났고 다른 데서 글로 주장했듯이 나는 해석에 관한 슐라이에르마허의 창조적이고 고전적인 성찰로부터 물려 받은 해석학의 두 줄기 가운데 어느 하나가 적절하다고 생각하지는 않는다. 보다 정확히 말해서 민감하고 예지적인 대가(또는 천재)로서 이 주석자는 몇가지 업적을 남긴 낭만주의적인 위인이다. 그러나 원칙적으로 창조성과 상상력에 대한 낭만주의적 개념들은 여러 부류의 사람들 사이에 창조성을 낮게 평가하는 일종의 지적 황폐화를 초래할 수 있다.

방법론적(역사주의적 또는 형식주의적) 제어가 바른 이해를 "보장" 하리라는 희망은 결국 정당화되지 않는 것 같다. 물론 신학은 역사비판적 방법을 필요로 한다. 실제로 그러한 제어는 모든 주석자들이 옛 본문들에 대한 중요한 (예컨대 연대착오적) 오해를 방지하는 데 도움을 주며 해석해야 할 진정한 본문을 재구성하는 데 도움을 준다(예컨대 현재의 비유본문들에서 재구성된 예수의 비유). 현대적 역사의식은 우리에게 본문(Text)뿐 아니라 우리 자신의 역사성을 의식하게 한다. 그러나 비역사적(a-historisch) 오해를 피함으로써 고전적 문헌들의 물음과 대답에 대한 적절한 신학적 이해에 도달한다는 신념은 잘못된 것처럼 보인다.

현대의 해석이론을 둘러싼 논쟁에 있어서 바로 이 대목에서 한스—게오르그 가다머(Hans-Georg Gadamer)의 논문은 중요한 의미를 지닌다. 그러므로 내가 가다머 자신의 존재론적인 독일어 어휘들을 나 자신의 영미적 경험적 사실적 언어로 옮겨 놓는(따라서 번역하는／해석하는) 것을 양해해주기 바란다. 이렇게 옮겨 놓을 수 있는 나의 기본적인 자격은 실제로 가다머 자신의 주장에 의해 보장된다. 그의 기본주장은 신칸트학파처럼 해석을 위한 규칙들의 법적 수집록을 제공했다는 것이 아니다. 그의 두드러진 주장은 어떤 본문을 주석하든 모든 주석자가 따라야 할 사실적인 해석과정을 밝히 드러냈다는 것이다.

하나의 본문을 해석하고 이해할 때 실제로 일어나는 것은 일어나야 하는 것(이를테면 방법론적 제어에 의해 오해를 방지하는 것)과는 논리적으로 구별되어야 한다.

현대 해석학의 내용은 매우 다양하지만, **해석에 관한 세 가지 기본적인** (규칙이 아니라!) **단계를 말할 수 있고 이 단계들에 대한 가다머 자신의 정식화를 보완하는 두 가지 사항을 말할 수 있다.**

2) 첫 단계에서 모든 해석자는 **본문의 대상에 대한** 일정한 **전이해를** 가지고 해석의 과제를 시작한다. 역사의식(그리고 오늘날 이 역사의식의 상관개념인 사회학적 표상능력)은 주석자의 전이해라는 복합적 현실을 밝히는 데 도움을 준다. 결론적으로 역사의식은 계몽주의 이후적인 그리고 어떤 의미에서 반계몽주의적 현상이다. 주석자가 모든 "편견"을 원리적으로 제거할 수 있고 실제로 제거해야 한다는 계몽주의적 신념은(많은 "방법론들"속에 아직도 살아 있지만) 기껏해야 반토막 진리밖에 못된다. 계몽주의의 "편견들에 대한 편견" 속에 담긴 반토막 진

리를 나는 가다머보다 존중한다는 것을 밝혀야겠다. 왜냐하면 계몽주의의 진리는 칸트가 "대담하게 사유하라"(aude sapere)는 말로써 고전적으로 정식화했던 해방적 요청에 지나지 않기 때문이다. "대담하게 사유하라"는 말은 독자적으로 용감하게 사유함으로써, 모든 전통 속에 불가피하게 들어 있는 신비주의적 요소들과 몽매한 요소들에서 벗어나라는 말이다. 계몽주의에 의해 새롭게 주어진 비판이성과 실천이성의 해방적 충격은 현대정신의 지평(전이해)의 일부를 이루는 해방적 요소이다.

역사의식을 지닌 사람은 이 창조적인 진리가 반토막 진리에 불과한 이유를 알 수 있다. "역사성"이란 표현이 단순히 존재론적 추상개념이 아니고, "사회화"나 "문화적 통합"(Inkulturation)이란 말들이 전문적 은어가 아니라면, 이 모든 것들은 "편견들"과 "전통들"에 대한 계몽주의의 논쟁 때문에 간과된 다른 사실적 진리를 지시한다. 실제로 하나의 본문을 이해하려고 노력하는 주석자는 자기 문화의 영향사로 인해 생겨난 편견들에서 벗어날 수 없다. 실제로 주석자는 계몽주의에서 주장하는 것처럼 그렇게 완전히 자율적이지 않다. 전통을 인정한다는 것은 해석작업을 하는 모든 해석자가 뗄 수 없이 우리와 결합되어 있는 전통들의 영향사를 의식적이든 무의식적이든 끌고 들어온다는 것을 의미한다. 우리는 이러한 전통들의 영향의 역사에 속해 있다. 다시 말해 역사가 우리에게 속해 있는 이상으로 우리는 역사에 속해 있다. 그리스도교적 전통을 해명하려고 노력하는 모든 신학자는 이러한 진리를 확실히 인정해야 한다.

모든 사상가는 (개인적으로 문화의 지배적인 전통들로부터 아무리 벗어나 있다고 하더라도)자신의 전이해 속에 전통의 영향사가 **실제로** 남아 있음을 인정할 수 있다. 우리 자신의 언어사용에 대해 성찰하면 그 점을 가장 잘 알 수 있다. 왜냐하면 우리가 사용하는 언어는 영향사 즉 그 언어의 전통들을 내포하기 때문이다. 영어에서 "종교"란 말 자체도 "국가종교"라는 로마적 개념의 영향사뿐 아니라 "신앙"이라는 유다 그리스도인적 개념과 "자연적"종교 및 "실증적"종교라는 계몽주의적 개념의 영향사를 내포한다. 특수한 언어 안에서 그리고 그 언어를 매개로 생각하는 사람은(누가 그렇게 하지 않는단 말인가?) 어쩔 수 없이 그 언어 속에 현존하는 전통(영향사)에서 벗어나지 못한다. 따라서 우리는 모든 해석자들 앞에 있는 첫번째 사실에 마주치게 된다. 어떤 해석자도 어느 정도의 편견 없이는 해석의 과정 속에 들어갈 수 없다. 이미 우리가 사용하는 언어를 통해, 이 언어가 형성한 전통들의 영향사는 그 편견들 속에 포함되어 있다.

해석자가 해석의 과정 속에 "들어간다"고 말한 것은 그 과정 속에 **둘째** 단계가 있음을 시사한 것이다. 이 둘째 단계를 보는 가장 분명한 방법은 어떤 고전적인 본문, 형상, 상징, 사건, 의식(**儀式**) 또한 한 인물과 함께 우리의 현실적 경험의 실재를 관찰하는 것이다.

예를 들어 어떤 고전적 본문을 서구적 전통 속에서 해석할 때 우리는 이 본문이 하나의 "확정적"해석에 저항하는 어느 정도 지속적이고 다양한 의미를 지니고 있음을 알게 될 것이다. 고전적 본문을 실제로 읽어보면 진지한 관심이 자극되고 촉발되며 요청된다. 그리고 고전적 본문에서 요청된 이러한 진지한 관심은 우리 자신의 전이해에 대해서 두 가지 인식을 요구한다 : 우리의 전이해가 어떻게 "형성"되었는가에 대한 인식 그리고 이와 동시에 관심을 요구하는 본문의 "자극"하거나 "촉발"하는 것에 대한 인식, 이러한 인식을 할 때 비로소 해석자는 이해하기 위해서 제대로 해석할 수가 있다. 관심에 대한 이러한 요청을 받고 실제로 겪게 되는 경험은 본문에서 제기된 물음에 대한 일차적 공감에서부터 소중하다는 느낌에까지 이를 수 있으며 이 고전적인 본문을 인정하거나 혐오하는 충격적인 감정에까지 이를 수 있다.

이 점에서 해석자는 발견적 모델을 추구할 수 있으며, 본문이 관심을 요청함으로써 시작된 본문과 해석자 사이의 상호작용의 복잡한 과정을 발견적 모델을 매개로 해서 보다 잘 이해할 수 있다. 실제적인 해석과정을 위한 발견적 모델을 추구하는 데서 해석의 **셋째** 단계가 나타난다. 이 해석과정을 위한 **대화 "놀이"**(Gesprächspiel)의 모델에 대한 가다머의 유명하면서도 논쟁적인 이념이 여기에 적합한 것 같다. 대화

모델이 어떤 새로운 **율법적인** 방법, 규범 또는 규칙처럼 우리의 현실적인 해석경험에 강요되는 것은 아니다. 오히려 대화의 현상이 어떤 고전적 본문을 해석할 때의 경험을 적절히 서술해 준다. 왜 그런지를 이해하기 위해서는 특수한 "대화의 놀이"를 서술하기 전에 "놀이"자체의 일반적 현상을 상기해야 한다. 모든 놀이의 열쇠는 놀이하는 놀이자의 자의식이 아니라, 자의식을 나아가고 물러서는 운동(=놀이) 현상의 의식으로 바꾸는 것이다. 놀이를 하는 놀이자의 태도는 무엇보다도 놀이 자체의 이러한 자연스런 전진-후퇴 운동에 의존하는 현상이다. 실제로 어떤 놀이를 할 때, 우리가 놀이를 한다기보다 놀이가 우리를 놀이한다.

놀이의 전진-후퇴 운동에 우리 자신을 맡길 수 없으면 우리는 놀이를 할 수 없다. 우리가 놀이를 할 수 있을 때 우리는 우리 자신이 놀이의 운동에 사로 잡힌 것을 경험한다. 우리는 우리의 일상적 자의식이 놀이의 열쇠일 수 없음을 깨닫게 된다. 진정한 놀이를 통해 생기는 새로운 자기감정 다시말해 놀이의 나아가고 물러서는 운동에 참여함으로써 생기는 새로운 자기감정을 잠시나마 맛볼 수 있다.

놀이의 이러한 일반적인 인간적 경험이 해석의 "놀이"와 관련된 대화의 기본모델을 위한 열쇠일 수 있다(단순히 좋은 분위기, 토론, 잡담 또는 대질심문과는 달리). 참된 대화는 질문논리와 대답논리의 이러한 진퇴(進退)운동에 사로잡히는 능력에 의존하는 것이 아닌가? 모든 놀이의 주체자가 놀이를 하기 위해서 자의식에서 벗어나야 하는 것과 마찬가지로 모든 참된 대화의 주체자도 토론재료에 대한 질문과 대답의 진퇴운동을 통해 해방되어야 한다. 물론 대화는 살아 있는 두 주체자 사이의 현상이거나 하나의 물음에 대해 숙고하는 한 주체자의 현상이기도 하다.

그러나 가다머가 정낭하게 강조했듯이 대화의 모델은 본문해석의 경험에도 적용될 수 있다. 주의 깊은 관심을 요구하는 본문이 우리의 질문을 불러 일으키면 우리는 본문에 표현된 대상의 질문논리와 대답논리 속에 들어가게 된다. 우리의 전이해와 본문의 관심에 대한 요구

사이의 상호작용에 관한 보다 일반적 모델은 이러한 대화모델을 매개로 해서 보다 특별한 대화적인 상호작용으로 이해될 수 있다. 대화를 할 수 없을 때, 어떤 고전적 저자의 어떤 대상 앞에서, 관심을 요구하는 본문에 의해 촉발된 질문과정이 자유롭게 전개될 수 있도록 하지 못했을 때, 바로 그런 때에만 우리는 해석할 수 없다. 그러나 한번 참된 대화 속에 들어가기만 하면, 이 (대화)모델이 해석과정을 위해 얼마나 유익한가를 충분히 인정할 수 있게 된다.

우리는 제어의 방법론들이 약속한 것처럼 대상을 궁극적으로 제어할 수 있다는 거짓된 희망에 매달릴 필요가 없다. 저자의 정신 속에 감정을 이입하거나 본래적인 청중 또는 본래적인 사회적 상황을 재구성함으로써 본문의 의미를 직관적으로 재구성하는 유능한 해석자에 대한 낭만주의적 표상으로 되돌아가서도 안된다. 우리는 일정한 대상—본문의 질문과 대답—하고만 대화해야 한다. 우리가 고전적인 본문과 대화할 경우에 우리는 우리 자신의 전이해와 편견이 대화 속에 불가피하게 존재함을 인정하게 될 것이다. 왜냐하면 진지한 관심에 대한 본문의 요구는 우리의 관심에 대한 요구이기 때문이다. 따라서 본문의 "자율성"(Autonomie) 속에서 우리 자신을 잃어버리려고 해서는 안된다. 오히려 본문을 통해 제시된 주제에 대한 질문의 논리에 자신을 맡김으로써 먼저 자신을 얻도록 해야 한다. 해석은 창조적일 수밖에 없다. 본문의 의미는 본문의 "배후"에 (저자의 머리 속에, 본래적인 사회배경 속에, 본래적인 청중 속에) 있지 않고 본문 자체 "속에" 있지도 않다. 오히려 본문의 의미는 본문 앞에—본문과 해석자의 공동적인 질문, 공동적인 주제 속에—있다. 본문의 (그리고 이제 우리의) 질문을 이해하기 위해서 우리는 단순히 본래적인 의미를 반복하고 재생산하려고 하지 않는다. 본문의 의미—본문 앞에 있는 의미—를 우리 자신의 지평 속에 전달하고 옮겨 놓고 해석하려고 할 때 창조성이 포함되어야 한다. 흔히 오해되고 있는 가다머의 명제를 따라서 우리는 지평(본문 앞에 있는 의미의 지평)을 우리 자신의 지평과 융합하려 한다. 좀더 원칙적으로 말하면 우리는 고전적 본문 안에서 발견되고 표현된 주제와 대화를 나누려 한다(신학에서는 바르트, 불트만 그리고 라너가 이런 해석학적 원리를 적용하고 있음을 상기하라). 간단히 말해서 우리는 이해하기 위해 해석하려고 한다.

해석자와 본문의 상호작용에 대한 현실적 경험을 대화경험으로 인정함으로써 우리는 가장 **훌륭한** 해석작업의 경우에도 창조성뿐 아니라 불가피한 유한성과 역사성을 인정하는 것이다. 왜냐하면 모든 고전적 작품들에 대한 모든 해석의 이러한 성격은(대화로 받아들여질 경우에) 운명적인 성격으로 인정되기 때문이다. 이 운명은—모든 고전적인 대화에서 특히 플라톤의 대화에서 그리고 모든 창조적인 해석자들에게서 나타나는데—우리가 우리의 유한성과 역사성 안에서 그리고 그것을 통해서 해방적 통찰을 가지고 산다는 것, "사람들이 이해할 경우에 (원래의 저자와는) 달리 이해한다"(Hans-Georg Gadamer, Wahrheit und Methode, ²1965, 280 Ⅱ, i, c)는 것을 인정하는 것이다.

3) 내 생각으로는, 해석과정에 대한 **가다머의 해석**에는 개정되어야 할 두 가지 **결정적인 난점**이 있다. 첫째 난점은 가다머의 지나치게 낙관적인 **전통개념**이다. 가다머에 대한 여러 비판자들(특히 위르겐 하버마스)과 함께 가다머의 전통개념이 그 나름의 위험을 내포한다는 것을 강조하기 위해, 모든 이해 속에 불가피하게 전통이 들어 있음을 논박하는 계몽주의적 주장으로 돌아가서는 안된다.

이 위험을 제거하는 길은 내가 앞에서 했듯이 계몽주의의 해방적 진리, 다시 말해 비판적이고 실천적인 이성의 해방적 추진력에 대한 계몽주의적 신념을 다시 확인하는 것이다. 그러나 이것은 계몽주의에 대한 가다머의 특별한 해석을 비난하는 데는 충분하겠지만 가다머 자신의 일반적인 해석원칙에 대한 비난으로서는 충분치 않다. 계몽주의에 대한 가다머의 해석이 어떤 것이든 간에 (내가 보기에 그것은 "전통"에 대한 소박한 계몽주의적 거부를 보완하려는 부분적인 진리인데 간단히 말해 아도르노와 호르크하이머의 좌파적 비판과 유사하게 "계몽주의적 변증법"에 대한 일종의 보수적인 휴머니즘적 견해이다), 해석에 대한 그의 입장은 이러한 특수한(계몽주의에 대한) 해석의 진리와 함께 서며 넘어지지 않는다. 하버마스처럼 그를 비판하는 사람들과 마찬가지로 가다머도 비판적 성찰을 포함한 창조성의 요소를 해석과정 자체에 본질적인 것으로서 허용할 뿐 아니라 요구한다. 그의 입장이 (단순히 "본문"에 근거하지 않고) 본문과 해석자 사이의 대화에 근거한다는 사실은 이 점을 밝히는 데 충분할 것이다. 특히 가다머가 인정한 창조적인 "비판적 성찰"은 (그에게는) 현대의 비판이론에서보다는 플라톤의 대화와 아리스토텔레스의 현상학에서 범례적으로 표현된 것과 같은 종류의 성찰이다. 나는 "비판적 성찰"의 이러한 개념들이 여러가지 중요한 점에서 서로 구별된다는 것을 인정한다.

서로 차이가 있기는 하지만 가다머는 창조성에 반대하고 모든 해석과정에 있어서 비판적 성찰의 필요성을 인정하지 않는 단순한 전통주의자는 아니다. 내 생각에 의하면 현실적인 난점은 다른 데 있다. 모든 언어 속에 불가피하게 전통이 현존해 있으므로 우리의 전이해가 풍성해진다는 것을 가다머가 재발견했기 때문에, 대화 속에 있는 오류와 거짓을 지양할 수 있는 그런 형태의 비판적 성찰이 요구된다. 그러나 해석자가 할 수 있는 비판적 성찰에 대한 가다머의 이해가 오류가 아니라 착각을, 표준적인 인식적 도덕적 모호성이 아니라 체계적 왜곡을 제거하는 데 필요한 비판적 이론들을 실제로 고려할 수 있는가 하는 문제는 그대로 남아 있다. 이 점에서 가다머의 반계몽주의적 논리가 그의 이론적 내용을 손상시킨다. 비판이론으로의 모든 접근은 신화적인 "전제없는" 해석자를 만들어 내려는 또 다른 무익한 시도로 될 수밖에 없다고 가다머는 우려한다. 이러한 우려 때문에 그는—고전적 저자들과의 대화를 포함해서—어떤 대화들에서는 비판이론이 필요하다는 것은 고려하지 않는 것 같다. 근대 이후(계몽주의 이후-역주)의 해석학적 전통에 있어서 기본적 발전은 실제로 해석이론의 발전이었는데 이 해석이론들의 분명한 목적은 본문에 잠재된 의미들—특히 단순한 오류가 아니라 착각, 우연한 난점들이 아니라 체계적 왜곡을 빚어내는 잠재적 의미들—을 밝힐 여러가지 비판이론들을 정식화하려는 것이었다.

그러나 가다머의 입장은 이러한 의심스러울 수밖에 없는 접근들(과 거기 수반된 비판이론들)이 해석의 변증법 안에서 비록 제한된 역할 이라고 하더라도 그 나름의 역할을 하는 것을 허락하지 않는다. 그러 나 대화로서의 해석에 대한 경험 자체가 비판적 이론의 필요성을 일깨 워 준다. 인간과 인간 사이에 이루어지는 대화의 모델에 잠시 눈을 돌 려보자. 대화가 진행되는 과정에서 대화상대자가 정신병자라는 의혹 (Verdacht/여기서는 이 말이 적절하다)이 생길 때 우리는 잠시 대화 를 중단할 수 있다. 우리의 개인적인—그리고 우리의 문화적이고 사회 적인—삶 속에서 체계적으로 왜곡된 것들을 인식하고 극복하는 데 의 혹이 필요하고 비판적 이론(예컨대 정신분석이론)이 필요하다는 것 은 모든 현대적 해석자의 전이해의 지평에서 그리고 창조적 해석의 가 능성의 지평에서 불가피한 사실로 되었다. 체계적인 왜곡을 야기시키 는 잠재되고 은폐되고 억눌린 의미들에 대한 이런 해석은(정신분석에 힘 입어) 사회적 문화적 역사적 지평에서보다는 개인적 지평이나 인 격적 관계의 지평에서 더욱 쉽게 적용될 수 있는 것이 사실이다. 그러 나 이 지평에서도 여러가지 형태의 '맑스주의적 "이데올로기 비판"과 근자에 이르러 푸코(Foucault)와 같은 사상가들의 경우에는 여러가지 형태의 니체적인 "계보를 따지는 방법들"—해방신학과 정치신학에서 이와 유사한 신학적 방법들을 찾아 볼 수 있다—이 해석학적 보조수단 으로 사용된다. 사람들은 이러한 해석학적 보조 사단을 사용해서 해석 자의 전이해 속에서 그리고 고전적 본문과 전통 속에서 착각들, 은폐 되고 억눌리고 무의식적인 왜곡들을 확인하고 제거하려 한다. 이러한 "의혹의 해석학"이 단지 대화모델에 머물지 않고 이 해석학을 확고하 게 전개하기 위해서는 비판적 이론들을 필요로 한다.

한 특별한 전통 속에 착각들, 억압된 체계적 왜곡들이 있을 수 있다고 추측하기만 하는 모든 해석자의 경우에도 이러한 의혹의 감정을 갖는 일이 반드시 필요하게 된다. 체계적 왜곡이 있다고 추측될 경우 대화 모델은 해석과정을 온전히 서술하는 데 충분치 않다. 분석자와 분석되는 대상이 실제로 하나의 대화 속에 온전히 참여하지 못한다. 오히려 그들은 하나의 해석과정 속에 참여하게 되는데 이 해석과정에서 한 "대화 상대자"(분석자)가 다른 상대자의 경험을 해석하고, 그 경험 속에 있는 체계적이고 억눌린 그러나 작용하는 왜곡들에서 이 다른 상대자를 해방시키기 위해 비판적 이론(정신분석 이론)을 사용한다. 이러한 해방이 이루어진 후에 비로소 대화가 다시 가능해진다. 어떤 전통을 해석함에 있어서 이러한 의혹의 요소를 필요한 요소로 받아들이지 않으면, 근대 이후의 시대가 우리에게 허용한 그리고 해석에 있어서 참된 창조성이 필요로 하는 해석학적 보조수단을 자기도 모르게 포기하게 된다.

가다머의 입장에 대한 나의 첫째 난점은 그의 해석모델에 대한 원칙적인 가정으로 이끌었다. 그러나 이와 동시에 전체 해석과정에서 "비판적 이론"의 역할에 대한 그의 비판은 개정이 요구된다. 내가 이제 다루려고 하는 둘째 난점은 대화모델에 관련되기보다 가다머가 정식화한 "본문과 그 주제"에 대한 개념에 관계된다.

결정적인 문제는 다음과 같다 : 해석과정에서 해석자와 본문의 공동적인 주제는 관심에 대한 요구를 본문의 형태로 표현하는 것이다. 해석과정을 보다 포괄적으로 이해하기 위해서는 이 점이 강조될 필요가 있다.

주제가 표현되는 그리고—가다머의 어법에 따르면—본문 앞에 있는 의미가 진지한 관심을 요구하는 형식과 구조의 중요성을 가다머가 전혀 의식하지 못한 것은 아니다.

그러나 가다머의 보완적 진리(방법론주의에 반대하는)는 지나친 논리전개(모든 방법에 반대하는)로 인해 위태로와졌다. 본문이 주제를 한 작품, 질서있는 전체, 한 본문 속에 구조화하고 형식화함으로써 관심을 유발한다는 것을 인정한다면 그리고 그 사실을 인정하는 한 우리는 해석과정에서 몇가지 설명방법들을 적용하는 것이 정당하고 필요하다는 사실도 인정해야 한다. 가다머와 함께 뽈 리꾀르(Paul Ricoeur)가 강조하듯이 "이해"는 전체 해석과정을 "포괄"한다. 그러나 리꾀르가 가다머에 반대해서 정당하게 강조하듯이 설명방법들(설명)이 본문의 형식과 구조를 통해 어떻게 의미가 제시되는가에 대한 우리의 이해를 "발전"시킬 수 있다.

이로써 더욱 포괄적인 대화모델이 제기된다 : 전체 해석과정은 처음의 이해과정을 포함하는데 이 이해과정은 의미내용(Sinn)과 의미관련대상(Referens)[2] (본문 앞에 있는 의미의 세계)이 어떻게 본문의 형식과 구조 속에 있는 의미들을 통해 제시되는지를 설명할 수 있는 여지를 제공한다.

이러한 설명의 요소들에 의해 독자는 이러한 요소들 없이 이해한 해석자보다 주제(형식화된 주제)를 더욱 잘 이해할 수 있다. 본문의 구성내용을 분석하는 문학비판의 방법들이나 의미론적(semiotisch), 구조주의적 방법들과 같은 설명방법들을 사용하지 않으면, 가다머 자신의 명시적 의도와는 달리 해석자가 본문이 나타내는 복합적인, 구조화되고 형식화된 주제에서 직접 "사신(使信)들"("주제"라는 표제 아래서)을 이끌어내는 위험을 벗어나기 어렵다.

모든 본문은 하나의 구조화된 전체이다. 모든 주제는 형식과 구조 안에서 그리고 그것들을 통해서 우리의 진지한 관심을 요구한다. 단어의 의미론적 지평에서 문장의 의미론, 작품의 본문 안에 질서 지워진 구조화된 전체(이러한 전체성은 주로 구성과 장르를 통해 달성된다) 그리고 개성있는 문장력에 이르는 본문의 표현이 어디서 유래했는지를 밝혀줄 수 있는 설명방법들을 거부하는 것은 결국 이해와 창조성을 거부하는 것이다(Ricoeur).

그런데 바로 이런 일이 방법에 대한 가다머의 반론에서 일어나는 것 같다. 설명(Erklären)이 공동적 주제에 대한 본문과 해석자 사이의 대화를 파괴하는(따라서 해석학적 이해를 파괴하는) 수단으로 될 수 있다는 염려 때문에 가다머는 해석하는 데 있어서 설명방법의 필요성을 충분히 주목하지 못하게 되었다. 좀더 정확히 말해 보자 : 가다머가 간략히 서술한 해석과정에 참여한 모든 해석자는 모든 설명방법들을 사용할 수 있다. 왜냐하면 주제가 구조와 형식 안에서 그리고 그것들을 통해 어떻게 표현되는가에 대한 최초의 이해는 실제로 설명방법들을 통해 더욱 발전되고 촉구되고 심지어 변화되기도 하기 때문이다. 리꾀르의 정식(定式)에 의하면 이 설명 방법들은 구조화된 의미들과 의미내용이 어떻게 작품의 의미관련 대상을 제시하는지 밝혀 줄 수 있다. (진리와 방법처럼) 이해와 설명은 양립할 수 없는 적이어서는 안된다. 모든 해석자들에게 있어서 양자는 동맹자들―비록 의심스럽고 불안정한 동맹자들이기는 하지만―일 수 있다. 오늘날 해석이론에 관해 논쟁을 벌이며 폭 넓게 대화하는 사람들은 서로 공격하는 전투적인 소동을 기피해서는 안된다. 모든 학문분야의 모든 해석자들이 해석의 상대적 적합성에 관한 대화에 참여할 수 있는 창조적 가능성이 열려 있다.

2. 해석이론과 종교해석

1) 신학에서 해석이론의 역할을 직접 다루기 전에 우선 모든 종교해석에서 해석이론의 역할을 일별해 보기로 하자. 오늘의 상황에서 "새로운 모형"을 가지고 신학자가 자기의 종교전통에 대해 해석한 내용들이 종교해석과 결부되도록 하려면 먼저 종교해석에 관해 다루는 것이 중요하다. 그러나 신학자는 개별적인 종교에 대한 생생한 형태의 해석을 하는데 이 해석은 해석으로서 내적으로 다른 모든 종교해석들과 관련되어 있다. 따라서 우리는 앞에서 분석한 해석의 **"다섯 단계들"**이 종교라 불리는 혼란스럽고 다원적이고 모호한 현상에 대한 해석에 어떻게 적용될 수 있는지 살펴 보려고 한다. 이 점이 밝혀질 때 우리는 그리스도교적 신학의 특성을 다룰 수 있다.

신학자를 포함해서 모든 해석자가 각자의 종교에 대해 내려야 할 첫째 선택은 그가 해석하려는 종교현상에 대한 선택이다. 이 해석자는 종교가 인간정신의 위대한 능력 가운데 하나이든가, 이를 데 없이 혼란스러운 것이라고 가정할 수 있다. 어떤 종교를 선호하든 간에 해석자들은 그들이 참으로 종교적인 현상을 해석하고 있음을 확신해야 한다. 그 현상이 종교적이라는 것을 보장하는 한 가지 길은 해석을 위해서 특정한 종교의 고전적 작품을 선택하는 것이다. 해석자가 하나의 인정된 종교적인 고전적 작품(하나의 본문, 하나의 상징, 하나의 신화, 하나의 儀式, 하나의 인격, 하나의 사건, 하나의 가르침)을 선택할 때 그는 두 가지 소득을 얻게 된다. 첫째 어떤 내용이든 간에 그 현상은 종교적일 것이다; 둘째 고전적인 종교적 표현으로서 이 현상은 전혀 표현되지 않은 경험들에 대한 요구를 직접 다루지 않고 경험의 **표현들을** 다루어야 할 해석이론에 적합할 것이다.

다원적인 종교적 현존방식들 가운데서 그리고 이 현존방식들을 표현한 수 많은 종교적 고전을 선택함으로써 해석이 시작된다. 그리고 나서 이 고전적 표현들을 고전적 종교적 표현들로서 해석하기 위해서는 표현들에 대한 해석과정의 구성요소로서 이미 지적되었던 세 "단계들"을 적용할 수 있을 것이다.

모든 고전과 마찬가지로 종교적 고전이 진지한 관심을 촉발하고 자극하고 요구한다는 것을 해석자는 알게 될 것이다. 이러한 촉발을 통해 다른 두 단계가 요청된다. 첫째 그 현상이 종교적이라면 보통 그것은 인간정신에 대해 어떤 기본적인·실존적 물음(예컨대 유한성이나 죄책에 대한 물음;근본적 신뢰나 의미에 대한 물음)을 촉발할 뿐 아니라 이 물음에 대해 특정한 종교적 본문 속에 주어진 특정한 대답에 대한 어떤 특정한 최초의 이해를 촉발하게 된다. 촉발이 주어졌다고 해석자에게 인정되면 해석과정은 둘째 단계에 이른다. 우리는 하나의 고전에 의해서 마치 하나의 타자(흔히 하나의 낯선 타자)에 의해서 촉발되듯이 단순히 촉발되는 것만은 아니다. 우리는 이러한 타자성을 통해서 우리 자신의 전이해를 인정하도록 강요되기도 한다. 종교적 고전의 타자성, 이질성은 종교적 전이해에 대한 해석자의 의식을 고양시킨다. 우리의 문화전통이 종교에 미친 영향의 역사와 특별한 종교단체 또는 (특별한 종교전통들에 의해 좋든 나쁘든 영향을 받는) 특별한 문화전통들에 속하거나 속하지 않은 것이 미친 영향의 역사가 이제 우리에게 더욱 분명해진다. 헤겔의 견해와는 달리 영향사는 완전히 의식되지 않는다. 그러나 그것은 종교적 고전 자체에 의해 촉발되기 이전에 있었던 영향사 즉 부분적으로는 의식되지 않고, 부분적으로는 의식된 영향들의 역사보다 더 의식적으로 된다.

종교적 본문을 통해 촉발된, 진지한 관심에 대한 요구와 해석자의 전이해(편견을 포함한) 사이에 이루어지는 상호작용의 이러한 초보적 형태는 보다 전문적인 대화형태를 취할 때 참된 해석이 된다. 이러한 상호작용의 놀이에서 해석자는 이 고전적 본문의 질문과 대답의 진퇴운동에 참여할 태세를 갖춘다. 그 질문이 해석자 자신의 질문으로 될 때 우리도 본문과 해석자 양자에게 공동적인 주제와 대화 속에 있게 된다. 다른 모든 고전적 본문의 해석에서 그렇듯이 이것은 해석자가 이 공동적인 질문에 대한 자신의 비판적 성찰능력을 포기해야 하는 것을 뜻하지 않는다. 오히려 그것은 종교현상을 종교현상으로 해석하려는 해석자들이 자율성과 중립성에 대한 비현실적 요구를 하거나, 이런 질문들은 이해될 수 없고 해석될 수 없다고 주장함으로써 그들의 전제된 가치판단들을 그 현상에 강요할 수 없다는 것을 뜻한다. 그러나 당위적인 접근은 본문이 해석자에게 질문을 제기하고 이 질문에 대한 대답을 고려하도록 촉발하자마자, 대화로서의 해석과정이 이미 시작되었다는 사실에서 좌절된다.

전체 해석과정에서 해석자의 응답은 매우 다양할 수 있다. 그것은 어떤 흥미이거나— Dorothy van Ghent의 적절한 말대로—"경우가 다를 수 있다"는 느낌에 대한 공감일 수 있으며 좀더 부정적인 혐오이거나 적극적인 긍정의 "충격"일 수 있다(신학은 마지막 응답을 "신앙"의 선물로 본다).

어쨌든, 요구된 관심이 유지되는 한, 본문과 해석자의 항상 교류되는 해석과정 즉 상이성 안에 있는 동일성들 사이의 대화인 해석과정은 공동적 주제의 공동적 질문에 의해 규정되는 대화의 진퇴운동 속에 있는데 이는 다원주의적인 모든 가능한 대답들의 내용적 다양성에 따라 계속 진행된다. 해석자나 본문이 아니라 공동적 주제가 참된 대화를 주도한다. 예견적인 해석자가 이 대화가 희망이 없다는 것을 이미

"알기" 때문에 본문의 촉발을 허용하지 않으려 하면, 대화로서의 해석은 일어나지 않을 것이다. 해석자가 자신의 대답을 해석과정인 대화의 일부로 간주할 수 없을 정도로 "본문"이 자율적이라는 결론에 이를 경우에도 역시 대화는 일어날 수 없다. 본문의 참된 의미는 본문 자체를 매개로 해서 발견될 수 있는 게 아니라 본문의 "배후"에서—저자의 정신 속에서, 본문의 사회—역사적 조건들 안에서 또는 본문에 대한 본래적 청중의 대답 속에서—찾아야 한다는 결론에 해석자가 이를 경우에도 대화로서의 해석은 일어나지 않을 것이다.

2) 전체 해석과정이 성립되고 설명방법들의 온전한 적용이 허용되도록 하려면 앞에서 분석했던 두 가지 "개정"이 필요하다. 종교적 고전을 해석할 때, **표현들**(기록된 본문들만 포함되는 것은 아니지만 특히 기록된 본문들)을 해석하는 것이므로, 우리는 구성, 장르 그리고 문체와 같은 수법들을 통해 우리의 관심을 요구하는 구조화된 전체를 해석하게 된다. 하나의 작품으로서 본문은 세상 안에서 가능한 존재양식으로서 본문 앞에 자신의 의미의 세계를 창조한다. 이로써 본문은 실제로 우리의 표상능력을 위해 참된 가능성을 창조한다. 먼저 이 가능성은 단순히 관심을 요구하면서 우리에게 다가온다. 이러한 본문의 요구가 우리의 관심과 전이해로 하여금 공동적인 주제에 대해 대화를 시작하도록 하기 때문에 해석자는 이 주제가 항상 이미 형성된 주제라는 것을 인식하게 될 것이다. 이 주제는(기록된 본문들, 행위들, 생활양식들, 그림들 또는 상징들에 표현된) 하나의 표현으로서 다가온다. 이것은("본문"으로서, "구조화된 전체"라는 일반적 의미에서) 하나의 표현이므로 해석자는 자신의 초보적 이해를 발전시키고, 설명방법들을 사용함으로써 이 초보적 이해를 검토하고 교정하고 바꾸기 위해서 설명방법들을 사용할 필요가 있음을 알게 된다.

그러한 모든 방법들—역사·비판적, 의미론적, 구조주의적 또는 문학비판적 방법들—은 이 초보적 이해를 발전시키고 검증하고 교정함으로써 그리고 이 초보적 이해에 도전함으로써 기여할 수 있다. 관심을 촉발하는 본문의 요청이 실제로 본문 앞에 있는 의미의 세계(지시대상)로서 어떻게 본문 자체를 통해 창조되는지를 보여줌으로써 이 방법들은 이러한 해석학적 모델에서 그 기능들을 가장 잘 수행한다.

따라서 종교해석학은 신약성서의 비유들에 대한 루이 마랭(Louis Marin)의 분석과 같은 의미론적 설명들이나 신화의 구조들에 대한 끌로드 레비 스트로쓰(Claude Lévi-Strauss)의 분석과 같은 구조주의적 분석들을 금지해야 한다고 생각할 이유는 없다. 물론 앞에서 서술한 종교해석학은 이 해석들이 전적으로 충분하다고 보지는 않는다. 그러나 이 종교해석학은 이런 해석들이 전체 해석과정에서 설명을 위한 정당한 요소들임을 강조한다. 본문이 자신의 의미내용과 지시대상을 어떻게 창조하는지 밝히는 데 도움을 주는 모든 설명방법들은 무조건 종교해석학에 적합하다. 슐라이에르마하가 문법적 방법을 강조하고 가다머 자신은 구조와 형식의 역할을 인정하며 요아힘 바흐(Joachim Wach)가 고전적인 종교적 표현들을 존중하는 데서 알 수 있듯이 해석학적 전통에 있어서 처음의 해석을 발전시키고 검토하고 교정하고 이 해석에 도전할 수 있는 설명방법들의 사용을 원칙적으로 금지할 이유는 없다. 해석에 있어서 창조성은 설명과 방법을 배제하지 않는다. 오히려 종교의 다원론적 현상 자체는 보다 포괄적인 해석과정에서 많은 설명방법들을 사용하도록 격려한다. 이 방법들은 **모든** 형식—모든 장르나 문체—의 종교적 사용이 종교적 고전의 지시대상을 종교적인 것—세계 내적 존재의 한계적 형식—으로서 산출하는 한계적 사용이라는 사실을 밝히는 데 도움이 될 수도 있다.

앞에서 분석했던 **둘째** 개정은 종교해석학에서도 적용되어야 한다. 모든 고전적 종교본문에는 다양성과 인식적 애매성이 있고, 모든 고전적 종교본문과 고전적 종교전통의 영향사는 억압된 체계적 왜곡이 될 수 있는 도덕적 모호성을 포함하므로, 비판적 이론들과 함께 다양한 의혹의 해석학들을 발전시키고 종교적 고전에 적용할 필요가 있다.

앞에서 해석이론을 분석한 내용에 따라서 그리고 종교현상 자체의 다양성과 내적 모호성을 인정하는 입장에서, 우리는 이 둘째 개정의 필요성을 주장할 수 있다. 모든 위대한 의혹의 해석학들(맑스, 프로이트, 니체)은 적절한 해석방법들로 남는다. 자신의 의혹의 해석학에 형태를 부여하기 위해 각기 비판적 이론(정신분석이론, 이데올로기비판, 계보적 방법)을 발전시켰다. 고전적 종교전통들을 통해서 고전적 종교본문들과 이 본문들의 영향사 속에서 작용하는 억압된 무의식적 왜곡들을 드러내고 지양하기 위해서 비판이론들이 사용된다. 재획득의 해석학과 더불어 의혹의 해석학의 이러한 필요성은 이러한 일반적 해석이론에 의해 허용될 뿐 아니라 종교현상의 본질 자체에 의해서도 허용되고 요구되기까지 한다.

흔히 다양한 의혹적 해석학들은 세속적 대가들에 의해 받아들여졌고, 후에 종교를 해석하기 위해 종교고전의 해석자들에 의해 사용되었다고 자주 주장된다. 물론 프로이트의 정신분석, 맑스주의의 이데올로기비판 또는 니체의 계보적 방법들과 같은 의혹적 방법들이 종교적 전통들 안에서 사용되기 전에 먼저 종교적 전통들 밖에서(보통 이 전통들에 반해서) 발전되었던 만큼, 그 주장은 역사적으로 옳다. 그러나 현대의 정치신학자들, 해방신학자들, 그리고 여성신학자들이 정당하게 강조하듯이 이러한 의혹적 방법들은 특히 종교적 영역에서 사용하기에 적합하다. 나는 그 이유가 유다적 그리스도교적 전통들에서 분명히 드러난다고 생각한다. 왜냐하면 이 전통들의 가장 중요한 차원들—도식적으로 말해서 예언자적 차원과 신비적 차원—은 바로 이 전통의 종교적 영역 안에서 전통을 통해 끊임없는 자기개선과 자기질책(자신에게 의혹을 둠)을 요구하는 분명히 종교적인 의혹의 해석학을 내포하기 때문이다.

그리스도교의 예언자적—종말론적 차원(단순히 "현대성"의 문제가 아니라)이 그리스도교를 통한 그리스도교의 탈신화화를 요구한다고 순수히 해석학적 이유에서 불트만이 강조한 것은 정당하다. 모든 예언자적 전통의 중심에는 억압된 착각들—유다적, 그리스도교적 종교고전들에서도 작용하는 성차별주의, 인종주의, 계급주의 등의 (단순한 오류가 아니라) 억압된 착각들을 포함해서—을 드러내는 데 도움이 되는 비판적 이론에 대한 개방성과 그 이론에 대한 요청이 있다. 종교전통들의 신비적 차원에도 고유한 형태의 의혹적 해석학이 없지 않다. 유다적 전통과 그리스도교적 전통을 포함한 모든 전통들에서 위대한 영성개발은 오류들 뿐 아니라 체계적인 무의식적 착각들을 밝히기 위해 이루어졌다. 그리스도교적 영성의 전통들에서 "분별"이란 말이 사용되고, 유다교 신비주의에서 카발라(중세기에 생겼던 신비주의적 유다교 —역주)적 해석방법들이 발전되고, 불교전통에서 "깨달음"이란 말이 사용된 것은 신비주의적 전통들이 "엑스타시"나 "환상"과 같은 "종교적"경험들에 사용되어야 할 위대한 의혹적 방법들을 포함하고 있음을 말해 준다. 간단히 말해서 종교적 전통들의 신비적 차원과 예언자적 차원에는 이미 분명히 종교적인 의혹적 해석학들이 있다. 다층다양한 종교현상의 이러한 해석방법들은 종교내적인 의혹적 해석학에 사용될 수 있으며 다른 모든 "외적인"의혹적 해석학과 비판적 이론들을(종교적 영역 안으로)끌어들이도록 격려한다. 다층다양한 현상으로서 종교는 재획득의 해석학과 의혹의 해석학을 허용할 뿐 아니라 요구한다.

3. 신학의 새로운 모형과 해석학

1) 앞에서 간단히 서술한 현대해석학에 동의하고 이 다층다양한 종교현상의 해석에 있어서 특별한 난점들과 가능성들을 인정한다면 신학에 있어서 해석학의 역할에 대해서도 이제까지 말한 내용의 타당성을 인식할 수 있다. 다른 학자들과 함께 에드와르 쉴레베크(Edward Schillebeeckx)가 환기시켜 주었듯이, 현대신학은 일반적으로 현대적 경험과 그리스도교적 전통의 상호비판적 상관성을 마련하려는 시도라고 말할 수 있다.

이 두 가지 현실들—한스 큉의 논문에서 지적했던 두 가지 "상수들"—은 모두 필연적으로 해석학적 요소들을 포함한다는 점을 언급하는 것이 유익하다. 그렇다. 실제로 신학은 처음부터 끝까지 숙고된 해석학적 작업이다. 왜냐하면 두 "상수들"은 모두 직접 접근할 수 없고 해석될 경우에만 이해되기 때문이다. 그뿐 아니라 이 상수들 가운데 하나를 해석할 경우에 언제나 다른 상수가 현존해 있다. 현대적 경험과 그리스도교적 전통에 대한 신학적 해석자들로서 신학자들은 불가피하게 각 현실을 다소간에 다른 현실의 빛에서 해석한다.

신학은 현대적 경험과 그리스도교적 전통의 상호비판적 상관성을 전개시킨 것이라고 말한 것은 신학적 발전의 각 단계에서 신학의 특수하게 해석학적인 성격만을 **명시적**이고 의식적으로 부각시킨 것이다.

물론 신학이 현대에 이르러 비로소 해석학적으로 된 것은 아니다(H. de Lubac 과 G. Ebeling 참조). (앞에서 해석학에 관한 단락에서 살펴보았듯이) 슐라이에르마하 이후 명시적으로 해석학에 열중했는데 이런 현상은 17세기의 과학혁명과 18세기의 계몽주의로 인해 종교전통으로부터 문화적으로 유리됨으로써 생겨난 정신적 위기 때문에 초래된 것이다. 이러한 의식은 19세기에 역사의식이 대두 됨으로써 드러나게 되었다(E. Troeltsch 와 B. Lonergan). 이 의식은 20세기에 위대한 해방운동과 여기에 수반된 의혹적 해석학(성차별주의, 인종주의, 계급주의 등)의 등장에 의해 더욱 강화되었다. 이 의식은 (다른 세계종교들의 현실과 함께) 북남관계와 동서관계에 있어서 긴장, 갈등 그리고 가능성을 지닌 전세계적 문화의 등장으로 야기된 서구문화적 지역감정에 의해 더욱 강화되었다.

이 모든 획기적 사건들이 모든 학문분과들(심지어 과학철학까지도)의 해석학적 성격에 대한 분명한 성찰의 필요성을 자각시켰다. 특히 신학의 경우에 그렇다. 두 상수에 대한 한스 큉의 분석에 다시 눈을 돌릴 때 우리는 이 점을 매우 분명히 확인할 수 있다.

2) 첫째 상수는 상반된 감정이 교차하고 우연적이며 변화하는 우리의 현재적 경험세계이다(Küng). 이 세계를 이해하기 위해—더 나아가서 이 세계를 경험하기 위해—우리는 이 세계를 해석해야 한다. 해석은 경험과 이해에 첨가되는 것이 아니라 언제나 이해 자체 속에 현존해 있다. 이것은 특히 우리의 현재적 경험을 신학적으로 해석하는 데 해당된다. 왜냐하면

신학은 우리의 현대적 경험과 언어 속에 있는 참된 종교적 차원을 밝히는 근본적인 물음들(유한성, 소원[疎遠], 소외, 억압, 근본적 신뢰 또는 근본적 불신, 충실, 불안, 사멸 등)을 분별하고 해석하려 한다. 틸리히와 함께 우리는 이러한 신학의 해석학적 과제를 "상황"에 대한 분석 다시 말해 종교적 차원을 드러내는 우리의 경험에 대한 창조적 해석이라고 말할 수 있다. 이 "첫째 상수"에 대한 신학적 분석을 "둘째 상수"(그리스도교적 사신 자체)에 대한 신학적 분석과 구별할 수 있지만 분리해서는 안된다. 이 두 분석을 분리할 수 없는 까닭은 현대적 경험에 대한 모든 다른 해석자나 그 경험의 종교적 차원에 대한 모든 다른 해석자와 마찬가지로 신학자도 자기 전통, 즉 그리스도교적 전통의 영향사에 의해 영향을 받기 때문이다. 예컨대 해방신학자들과 정치신학자들이 최근에 종말론적 상징들을 다시 사용하게 된 것은 단지 소외감정이나 억압감정의 기본적인 물음에서 비롯된 것만은 아니다. 그것은 소외와 억압에 대한 현대적 감정의 해석자들인 신학자들의 그리스도교적 감수성에 유다교적이고 그리스도교적인 종말론적 상징들이 작용함으로써 비롯된 것이기도 하다.

이런 의미에서 "첫째 상수"를 해석하는 모든 신학적 작업은 언제나 현대적 경험과 그리스도교적 사신의 "상호비판적 상관성"을 만들어내려는 해석학적 작업이다.

그리고 이러한 경험에 대한 신학적 분석으로서 선택된 이 시대의 다양한 신학들 속에 있는 중요한 근본적 물음들이 포괄적이고 다양하다는 사실은 이러한 상이한 해석들을 통해 빚어진 현실적 차이들 그리고 참으로 다양한 신학들이 있고 또한 있을 것이라는 점을 보여준다. 기본적인 신뢰의 강한 감정이 아니라 억압과 소외의 강한 감정이 현대적 경험을 위한 유일한 해석학적 열쇠라고 말해질 때 등장하는 여러가지 신학들을 주목해 보라.

또한 현대신학에서 과학혁명, 계몽주의 역사의식의 등장을 통해 야기된 인식론적 위기가 계시론을 새롭고 다양하게 형성하도록 한 사실을 주목해 보라. 그리고 계시론을 새롭게 형성하려는 이런 노력들을,

계시가 아니라 종말론을 다시 끌어들이려는 해방신학과 정치신학의 최근의 노력들과 비교해 보라. 이 신학들은 보통 우리의 현대적 경험을 (예전의 신학이 대체로 그랬듯이) 인식론적 위기의 빛에서 해석하지 않고 거대한 전세계적 고난에 "대한 경험"의 위기의 빛에서 해석한다.

이 해석들에 있어서 차이들(갈등들)은 현대경험에 대한 해석의 현실적 차이들로 남는다. 해석학적 이론 자체 속에서 작용하는 그러한 현실적 차이들은 불가피하게 신학 안에서도 존재한다. 따라서 "첫째 상수"에 대한 해석들은 "상반된 감정이 양립하고 우연적이고 변화 많은" 현재적 경험세계의 종교적 차원(그리고 "기본적 질문들")에 대한 "해석들의 갈등"에 이르게 된다. 신학의 통일성은 한 특수한 해석의 통일성이 아니라 이 첫째 상수를 해석하고 전체 신학계 안에서 그 해석을 다른 해석들에 대해 옹호하려는 공통적이고 숙고되며 명시적인 욕구의 통일성이다. 모든 신학이 이처럼 불가피하게 해석학적 성격을 지니고 있다는 점을 인정하는 것은 ("새로운 해석학"의 몇가지 정식화에서 볼 수 있는) 특정한 개별적 신학모델을 관철시키는 것을 뜻하지 않는다. 그것은 모든 신학이 이 첫째 상수에 대한 해석을 내포할 공동적 필요성을 인정하는 것이다. 이로써 신학의 현대적 범례는 모든 전통적 신학 속에도 암묵적으로 포함되어 있던 것을 밝혀 드러낸다. 왜냐하면 신학적 모형교체에 있어서 가장 기본적인 연속성들 가운데 하나는 두 상수들에 대한 해석의 현실성이기 때문이다.

3) 신학의 "둘째 상수"를 분석할 경우에도 분명한 해석학적 성찰의 필요성이 생겨난다. 이 상수는 한스 큉이 일반적 개념을 가지고 잘 정식화했다 : "궁극적으로 그리스도교적 사신, 예수 그리스도의 복음에 근거한 유다 그리스도교적 전통".

해석학적 과정을 간략히 서술한 내용(1부)에 비추어 보거나 모든 종교가 불가피하게 다층다양하다는 점(2부)을 상기하면 모든 신학자가 그리스도교적 전통의 궁극적 규범에 대한 자신의 이해를 분명히 밝히는 것이 절실하게 필요해진다. 이런 해석학적 작업은 신학적 과제의 공동성을 공동적 일치로서 나타나게 한다: 모든 신학자는 반드시 두 상수를 해석해야 한다.

역사의식이 대두하고 실천의 우위성이 인정된 이래, 그리스도교적 사신의 해석을 위한 매우 상이한 해석들이 있었다(예컨대 "역사적 예수" "원래의 사도적 케리그마" "바울로와 요한의 그리스도-케리그마", 전체적인 전통, 그리스도를 모방하는 실천 등; "경전 속의 경전" "경전 밖의 경전" "연구의 표준" "분별" 전통으로서의 전체적 영향사 등). 현대적 경험을 해석할 경우에도 그렇지만, 그리스도교적 사신의 특수한 해석에 기초해서 일치에 이르기는 어려울 것이다. 그러나 이 둘째 상수를 해석하고 자신의 해석이 전체 신학계에서 평가받도록 할 필요성은 공통적으로 인정되고 있다. 둘째 상수에 대한 모든 해석에 있어서 이러한 공통적인 해석학적 작업을 강조함으로써 현대신학의 참된 차이성과 유사성을 해명하는 데 기여할 수 있다.

예컨대 신학계는 "오늘날 경험-역사적 방법들을 매개로 해서 역사적 예수가 인식되거나 인식될 수 있는 한," "역사적 예수"라는 흔히 혼란을 일으키는 표현이 "생존했던 그 예수"를 가리킨다는 점에 원칙적으로 합의할 수 있을 것이다.

이런 견지에서 "역사적 예수"는("원래의 사도적 증언"과 같은 다른 보완점들과 함께) 그리스도론의 보완점으로 사용될 수 있으나 둘째 상수의 해석학적 토대로서 사용될 수는 없다. 그런 토대는 이런 보완점과 저런 보완점을 이용하는 "그리스도교적 사신, 예수 그리스도의 복음"에 대한 하나의 특수한 해석에 지나지 않을 것이다.

이 둘째 상수에 대한 분명한 해석학적 관심은 전체 신학계가 공통적인 해석학적 관심을 가지고 그들의 상이한 해석들을 토론할 것을 허용할 뿐 아니라 요구한다. 그리고 한 특수한 해석의 상대적 적절성에 대한 신학계에 널리 받아들여진 논증들은 격려되기도 하고 보장되기도 할 것이다. 현재 우리는 상이한 제안들이 서로 갈등을 일으키는 상황에 있다. 그러나 대화는 우리에게 희망을 열어 준다. 해석학 자체가 대화와 참된 연구공동체에 기초하고 있으므로, 해석학은 공동적인 새로운 모형 속에 있는 개별적 신학들 사이에 가능한 합의를 촉진하고 그 신학들의 진정한 차이들을 평가하도록 촉진한다.

4) 이 둘째 결정적인 상수를 명료하게 표현하는 것은 해석하는 것이며, 두 상수의 상호비판적 상관성을 발전시킬 방법을 암묵적으로 적용하는 것이다. 위에서 살펴 보았듯이, 우리가 현대적 경험을 신학적으로 해석하고 있는 한, 신학적 해석자들인 우리를 형성시킨 그리스도교적 사신의 영향사도 해석하는 것이다. 그리고 그리스도교적 사신을 신학적으로 해석하는 한 우리는 그 사신을 현대적 경험에 적용하게 된다. 두 가지 해석을 신중히 수행하는 한, 우리는 이 두 가지 서로 다르지만 분리되지 않는 해석들을 서로 관련시키게 한다. 간단히 말해서 우리는 이렇게 함으로써 그리스도교에 대한 해석의 전문적인 신학적 과제를 수행하게 된다. 이 과제는 현대적 경험에 대한 해석과 그리스도교적 사신에 대한 해석의 상호비판적 상관성을 마련하는 것이다. 실제로 이러한 정식화는 새로운 모형을 따르는 모든 신학의 일반적 해석학적 과제를 비교적 적절하게 서술해 준다.

따라서 쉴레베크가 선택한 "상호비판적 상관성"이란 표현은 새로운 모형을 위해서 유용하다. 두 상수의 신학화가 불가피하게 해석학적 성격을 지닌 것에 대해 분석할 때 살펴 보았듯이 모든 신학적 해석작업은 이미 두 상수의 일정한 상관성을 포함한다. 이 서로 다른 두 해석작업을 구분하는 것은 방법론적으로 유익하다. 그러나 해석자는 두 작업을 사실적으로 분리할 수 없다. 그리스도교적 사신을 신학적으로 해석할 때마다 우리는 그 사신을 이해하기 위해서라도 우리의 현대적 경험에 적용시키게 된다.

따라서 신학을 하나의 해석학적 작업이라고 부르는 것은 특정한 신학적 해석의 개별적 작업에 이르기 위해서 이 두 해석작업의 상관성이 항상 성립함을 인정하는 것이다. "상관성"이란 말에 "상호비판적"이란 수식어를 덧붙임으로써, 모든 해석을 지배하는 것은 결국 어떤 방법론이 아니라 주제 자체이어야 한다는 해석학적 사실이 강조된다. (그리스도론과 같은) 특별한 주제를 구체적으로 해석할 경우에 두 상수의 상관성의 종류에 대한 최종적 결정은 방법론적 규칙이 아니라 주제 자체에 의해 내려져야 한다. 해석학적 과정의 다섯 "단계들"은 유효한 가능성들을 밝혀 준다(예컨대 '전통의' 회복과 또는 비판, 의혹, 설명과 이해). 그러나 우선 구체적인 주제가 각기 특수한 경우에 필요한 실제적인 상관성의 종류를 결정할 수 있다.

"상관성"이란 말은 선택할 수 있는 모든 논리적 가능성들을 포괄한다. 그러므로 특별한 주제에 대한 해석은 상수들(쌍방)의 대질이거나 이 특별한 주제에 있어서 두 상수의 동일성에 대한 주장이거나 두 상수의 유사성 또는 유비(상이성 속에 있는 유사성)에 대한 주장으로 입증될 수 있다.

두 상수의 상호비판적 상관성을 발전시키는 신학적 해석은 혼란스럽고 의미가 다양한 종교현상에 대한 의식적으로 해석학적인 해석이어야 한다. 이처럼 의식적으로 해석학적인 작업을 수행하는 신학자는 해석되는 주제와의 올바른 상관성을 산출하려 할 경우에 의미와 진리에 대한 요구를 외면할 수 없다. 흔히 그리스도교적 사신의 의미와 진리에 대한 옛 해석들은 현대적 경험의 분석과 대립된다(예를 들면 창세기에 대한 엄밀히 문자적이고 근본주의적인 읽기는 진화론과 대립하며 그리스도론의 전통적인 신학적 고정문(固定文)들은 현대의 역사비판적 또는 사회과학적 방법들이 밝혀낸 새로운 내용들과 대립한다). 흔히 현대적 경험에 대한 통상적 이해는 그리스도교적 사신의 분석과 대립된다(예를 들어 세속주의는 세속화신학과 대립되고 발전이론은 해방신학자들과 정치신학자들이 묵시문학을 다시 끌어들이는 것과 대립되며 전통적인 성차별주의와 반유태주의는 현대의 해방운동과 이데올로기 비판적인 현대적 비판이론을 수용하는 것과 대립된다).

따라서 신학자가 두 상수의 관계에 상응하는 특별한 형태의 상관성을 특정한 주제를 위해 산출하려고 한다면 모든 참된 신학적 해석은 의미에 대한 물음뿐 아니라 진리에 대한 물음도 진지하게 다루어야 한다. 해석학적 방법은 (해석)과정에 형식을 부여하고 구체적인 주제는 해석을 규정한다.

그리고 새로운 모형을 따르는 신학의 과제에 대한 이러한 해석학적 이해는 **공동적인 참여에 바탕을 둔 공동연구로서의 신학**에 대한 이해를 강화하게 된다. 모든 진정한 연구공동체에서는 다원주의가 관용될 뿐 아니라 촉진된다. 그러나 이 다원주의가 무분별한 호의나 단순한 "백화제방" (百花齊放)의 "강요된 관용"으로 전락하지 않으려면 대화적이고 책임적인 신학연구공동체가 필요하며 이 공동체에서 모든 신학자들은 그들의 제안들이 그럴 듯하게 정립되기를 기대한다.

새로운 모형의 현대신학이 지니고 있는 이러한 두드러진 해석학적 요소는 전체 신학공동체 안에서 책임적 다원주의를 보장해준다. 따라서 두 상수의 상호비판적 상관성을 발전시키는 작업으로 신학을 이해함으로써 현대신학 안에 많은 차이들이 있음에도 불구하고 진정한 합의가 성립됨을 분명히 드러낼 수 있다. 해석학에서 물러서는 것은 두 상수의 거짓된 이해에 근거한 근본주의로 물러서는 것이다. 새로운 모형이 사용될 경우에, 다른 현대과학 분야들에서와 마찬가지로 신학에서 해석학적 성찰에 집중하는 것은 현대신학의 다원주의를 평준화하기 위해서 하나의 원칙적인 방법론을 독단적으로 고집하는 것은 아니다. 반대로 신학의 해석학적 성찰은 다른 학문분과들에서처럼 **현대신학들 사이의 현실적 차이들에도 불구하고 이미 성립된 실제적인 기본합의**를 분명히 드러내준다.

그러나 새로운 상황 속에서 신학이 단순한 취미, 유행 그리고 대가들로 이루어진 혼돈스러운 작업이 아니라 진정한 공동연구로 되려면, 이러한 다원주의적 공동연구 속에 작용하는 실제적인 해석학적 성격에 대해 우리 모두가 반드시 성찰해야 한다. 왜냐하면 이론적으로나 실천적으로 새로운 모형을 따르는 신학은 그리스도교적 사신과 현대적 경험의 상호비판적 상관성을 산출하기 위해 제시된 여러가지 개별적인 제안들을 놓고 벌이는 참된 대화로 되었기 때문이다.

현대적 모형교체는 확실히 새롭고 중요하다. 그러나 이 논문에서 내가 밝히려고 했듯이 이 교체는 그리스도교 신학에 함축된 위대한 해석학적 전통과 연속되어 있다. 우리 사이에 다른 실재적 차이들이 있음에도 불구하고 우리는 새로운 일반적 모형을 공동적으로 따라야 한다. 그렇지 않으면 우리는 저 위대한 전통에서 분리될 뿐 아니라 우리 서로가 분리될 수도 있다. 다행히 우리의 선택가능성은 혼돈이나 근본주의와 같은 바람직하지 않은 선택으로 끝나지 않는다. 더욱이 우리는 함께 연구하고 참여하는 신학적 공동체 속에 있다. 이 공동체 안에서 우리는 개인적으로 그리고 공동체적으로 이 시대의 절실한 신학적 물음들과 관련해서 그리스도교적 사신과 현대적 경험 사이에 가능한 한 적절한 상호비판적 상관성을 마련하려고 한다. 해석함에 대한 분명한 성찰은 해석학의 당연한 상관개념인 이론과 실천에 대한 분명한 성찰(Lamb)과 마찬가지로 우리의 이러한 노력에 도움이 될 수 있다.

1) 데이비드 트라시는 영어본문에서 직업과 관련된 인칭대명사를 이중으로 즉 남성과 여성으로 사용함으로써(예컨대 그 / 그녀) 가능한 한 모든 성차별적 표현을 피하고 있다.
   그러나 독일어에서는 명사와 형용사의 어미도(성이 바뀜에 따라) 바뀌어야 하기 때문에 아쉽게도 저자의 정당한 노력을 따를 수 없었다.
2) Referens(지시대상)은 Odgen과 Richards의 의미론적 어법(1923)에서 유래한 말인데 그들의 어법에 의하면 하나의 Referenz(지시)와 Referens(지시대상)가 모든 상징(Symbol)에 상응한다.

모형분석에 있어서 이론과 실천의 변증법

매튜 램 (Matthew Lamb)

한스 큉의 논문은 자연과학의 모형변경과 신학의 모형변경 사이에 여러가지 유비점이 있음을 예리하게 지적했다. 그는 신학의 역사를 모형적인 대모델의 개념들에 의해 재구성할 가능성을 제시한다. 데이비드 트라시의 논문은 모형분석의 가장 중요한 전제들 가운데 몇가지를 탐구한다. 서로 대화를 나누는 신학자들의 진정한 차이들을 주목하는 현대적인 신학적 합의를 촉진하기 위해 해석학적 번역이 모형분석의 범주들을 어떻게 마련할 수 있는지를 트라시는 창조적으로 서술한다.

모형분석을 현대 과학철학자들과 신학자들의 실천에 대한 관심과 관련시키는 과제는 더욱 문제이다. 그것은 해석학에서 변증법과 이데올로기 비판으로의 교체, 역사의식의 일차적으로 해석적인 관심에서 변증법적 의식의 일차적으로 사회적이고 해방적인 관심으로의 교체를 내포한다. 트라시는 위르겐 하버마스와 뽈 리꾀르가 한스 게오르그 가다머의 해석학적 철학에 제시한 비판적 보완의 형태로 이 물음들을 다루었다.

문제는 바로 이데올로기가 의미하는 내용 속에 있다. 해석학적 사상가들이 신화란 개념을 사용할 때 그렇듯이 변증법적 사상가들은 이데올로기란 개념을 매우 다양하고 불확실하게 사용하는 경향이 있다. 예컨대 칼 포퍼의 영향을 강하게 받은 과학철학자들은, 모형분석을 신학에 단순히 적용한 데서, 토마스 쿤의 발견들이 "이데올로기적" 또는 "비합리적"성격을 지니고 있다는 증거를 확인하려 한다(Agassi, 1981 :

457 ff Lakatos, 1974 : 90, 1982a : 241 ; Popper, 1974 : 57 ; Watkins, 1974 : 31-37, 1980 : 344). 모형분석이 자연과학의 역사 이외의 다른 영역에 널리 적용될 수 있는지에 대해서는 쿤 자신도 "당황스러워"했다(1981 : 219). 그리고 리차드 번스타인(Richard Bernstein)은 쿤의 작품이 과학적 모형과 이데올로기적 모형을 구별하는 데 실제로 도움이 되는지 묻는다(1979 : 188 ff).

과학철학을 신학적 방법과 관련시키는 데 흥미를 가진 신학자들은 모형분석을 철학적 해석학으로 보충하거나 (예컨대 W. Pannenberg, D. Tracy), 과학이론을 교류적인 상호작용의 이론—후에 역사의 희생자들과의 정신적 연대성에 관한 근본적 물음들로 심화된다—으로 지양시키려 한다 (예컨대 H. Peukert, M. Lamb). 이 신학자들은 고 (故) 임레 라카토스(Imre Lakatos) 와 같은 저명한 과학철학자가 "과학 자체는 사회적 책임이 없으며" 자유를 지키자면 "군대를 위해 연구하는 핵과학자들의 높은 사회적 지위가 유지되어야 한다"(1982a : 251f) 고 말하는 것을 들으면서 누가 "이데올로기적"인지 숙고하게 된다.

아직 해방신학자들이 그들의 관심사를 영미의 과학철학과 관련시키지는 않고 있지만, 포퍼가 생각하듯이 "제 3 세계"에서만이 아니라 제 3 세계 국가들에 대한 제 1 세계와 제 2 세계 국가들의 실제적인 정치경제적 통제력과 관련해서 과학과 기술공학이 어떻게 이데올로기로 사용될 수 있는가 하는 물음을 해방신학자들이 제기하리라고 추측할 수 있다. 이 물음은 칼 맑스와 프리드리히 엥겔스의 책 『독일 이데올로기』(*Deutsche Ideologie*) 를 상기시킨다. 이 책에서 맑스와 엥겔스는 100 여년 전에 정치혁명들을 "장난"처럼 보이게 하는 "순수철학"분야의 "유례 없는 혁명들"에 대해 비웃었다. 현대 자유주의 사회에서 소위 과학의 우위성에 관한 이러한 물음들은 랭든 질키(Langdon Gilkey) 가 말하듯이 과학체제 안에서 새로운 "신경과민과 불확실성"을 초래하기 시작한다(1981 : 75 − 89).

경험주의 이후적인 현대과학철학에 있어서 이론과 실천의 변증법을 모형분석에 따라 서술함으로써 질문의 **상황**(status quaestionis) 에 대해 일별하는 것이 나의 과제이다. 그리고 더 나아가서 이것이 현대신학에서 실천과 변증법으로 옮겨 갈 때 일어날 수 있는 유비적인 발전들을 어떻게 밝혀줄 수 있는지 지적하고자 한다.

제1부에서는 큉과 트라시가 말한 "새로운 모형" 안에서 실천과 변증법으로의 전환에 대해 불완전하게나마 서술하려고 한다. 여기서 경험주의 이후적 과학철학에 대한 지식을 전제할 수도 있겠지만, 이 과학철학에 대해 일별해 보는 것이 중요하다고 생각한다. 왜냐하면 쿤의 모형분석에 의해 결정적으로 역사의식이 과학철학에 도입되었다고 해도, 이 분야에서 이루어진 계속적 발전에 대해 서술함으로써만 이론과 실천의 변증법이 여기서 어떻게 작용하는지 밝힐 수 있기 때문이다. 실천과 이데올로기비판을 매우 존중한 쿤의 업적을 변증법적으로 심화시키려 한다면 그의 해석학적 혁신은 대륙과 영미의 과학철학자들의 노력에 의해 보완되어야 한다. 이러한 발전에서 문제된 것은 과학과 이데올로기를 이분법적으로 착각한 현대인들의 근본적인 자기이해이다. 그러나 현대 이후적인 이러한 발전이 폴 페이여아벤드(Paul Feyerabend)의 인식론적 무정부주의에 이르지는 않는다.

제2부에서는 현대신학에 있어서 느슨한 유비적 발전들을 간략히 다룬다. 보수주의적 입장과 자유주의적 입장의 전형적으로 현대적인 이분법에 고착되어 있는 한, 해석학적 신학도 정치신학이나 해방신학도 충분히 이해될 수 없다는 것을 여기서 입증하려 한다. 경험주의 이후적인 과학철학이 현대인들의 기본전제들을 뛰어 넘듯이 해석학적이고 변증법적인 신학들도 그런 전제들을 뛰어 넘는다. 그리스도교의 역사적 전통과 많은 현대적 인간경험 속에 있는 폐쇄성들에 대한 정치신학자들과 해방신학자들의 변증법적 비판들에서 특히 이 점이 분명해진다. 왜냐하면 모든 상징체계나 이념체계는 지배권력을 합법화할 만큼 이데올로기적으로 될 수 있기(있다고 주장되기) 때문이다.

1. 새로운 모형 안에서 실천과 변증법으로의 전환

신학에 있어서 큉과 트라시가 제안한 새 모형의 한가지 중심적 특징은 물론 모형분석 그 자체이다. 자연과학과 신학에서 모형 또는 이해 모델(학문의 기본틀)이 교체될 때 유비점들이 있음을 밝힘으로써 큉은 일련의 대모델들을 신학사적으로 간략히 서술한다. 그는 신학사의 대모델을 그리스-알렉산드리아적 대모델, 라틴-어거스틴적 대모델, 중세-토마스주의적 대모델, 종교개혁적 대모델, 개신교-정통주의적 대모델 그리고 현대적, 해석적 대모델로 나눈다. 그의 논문은 새 모형의 형식적 전제들-참되고, 자유롭고, 비판적이며 에큐메니칼한-이 실제로 규범적이지만 새 모형의 운명을 보장하거나 예언할 수 없다는 것은 인정한다. 새 모형은 예전의 모형 속으로 흡수되거나 받아들여지거나 밀려날 수 있다. 따라서 큉의 논문은 현대신학에 대한 모형분석이 어떻게 해석작업을 위한 발견적 범주들을 사용할 수 있는지 보여주는 본보기이다.

해석학적 철학의 범주들에 의해 모형분석을 보완함으로써 트라시는 이런 해석적 지향성을 강화시킨다. 한스-게오르그 가다머의 작품에 입각해서 트라시는 모든 신학적 상황에서 특히 현대신학의 다원주의적 상황에서 해석학적 연구가 불가피하다는 것을 지적한다. 모형분석은 "대화놀이"의 주고 받는 일에 참여하며 대화놀이에서는 해석자의 미리 내려진 판단과 고전적 본문, 형상, 상징, 사건, 의식(儀式) 또는 인물 사이에 서로 바로 잡아주는 교류가 일어난다. 트라시에 의하면 그러한 해석학적 작업은 위르겐 하버마스가 강조했듯이 전통과 현대적인 것의 체계적으로 왜곡된 전달에 대한 부단한 의혹(맑스, 프로이트, 니체)의 필연성이라는 점에서 그리고 뽈 리꾀르가 강조했듯이 해석학적 이해를 본문의 의미전달에 대한 구조적 설명으로써 보완할 필연성이라는 점에서 수정되어야 한다. 트라시는 이데올로기비판이 의혹의 해석학으로서 해석학의 공정 표준들을 내포한다는 점을 지적한다. 변혁을 위한 실천은 해석적 인식을 포기할 수 없다. 그러나 트라시가 알려 주었듯이 그러한 변혁적 실천은 해석적 인식으로 환원될 수 없다.

비록 역사적 해석에 적용되기는 하지만 모형분석은 단순한 서술작업 이상이라는 것을 큉과 트라시는 모두 인정한다. 후에 토마스 쿤이 인식했듯이 모형분석은 가치중립적 행위가 아니다. 그것은 이론들을 선택하는 데 적합한 표준들을 인식론적으로 전제한 가치평가들에 의한 객관성과 주관성의 매개를 포함한다(1977 : 320 - 39, 독어판 1977 : 421-445). 쿤은 이 표준들을 "사실적 일치성, 비모순성, 효력범위, 단순성 그리고 유효성"으로 서술한다(423). 미하엘 폴라니(Michael Polanyi 1962)와 비슷하게 쿤은 마치 그 표준들이 순수히 형식주의적으로 적용될 수 있는 논리적 도구에 지나지 않는 것처럼 융통성 없이 적용하는 것을 배격한다. 그 표준들은 인식적 선취(폴라니의 개념)의 행위 속에서만 깊은 의미를 지닌다. 역사적으로 그 표준들은 매우 다양하다(1978 : 423). 그러므로 쿤은 모형분석이 완전한 상대주의에 빠진다는 비판을 거부한다. 그에게 있어서 표준들은 주관적 요소들과 객관적 요소들 사이의 지속적인 상호작용 속에 있다. 주관적 요소들과 객관적 요소들 속에서 사실판단들과 가치판단들은 질문과 대답의 지속적 대화를 통해 끊임없이 도전받는다. "우리는 언제나 과학자에게 그의 선택에 대한 설명을, 그의 판단근거에 대한 해명을 요구할 수 있다. 이러한 판단들은 논의될 수 있다. 자신의 판단들에 대해 논의할 태세가 되어 있지 않은 사람은 자신이 진지하게 취급되기를 기대할 수 없다"(1978 : 441-442).

"해석학적 방법들"이 표준적인 과학과 특별한 과학에 대한 그의 관점에 깊은 영향을 끼쳤다는 것을 쿤은 인정한다(1978 : 34 - 35). 경험적으로 서술되어야 할 과학사와 규범적 의미를 지닌 과학철학이 서로 어떤 관련 속에 있는가에 대한 그의 통찰들은 분명히 시론적인 것이다. 그는 "대륙적 철학전통과 영미적 철학전통 사이에 오래 전부터 있었던 분열을 극복할"(1978 : 36) 필요성을 인정한다.

1) 순수이론의 이념에서 과학적 연구공동체의 인식적 실천으로의 경험주의 이후적 전환

이미 대륙철학과 영미철학 양쪽에서 다리를 놓으려는 노력들이 있어 왔다. 이 점과 관련해서 트라시의 논문은 가장 중요한 해석학적 노력들 가운데서 몇가지 노력들에 주목했다. 그러나 나는 (유럽대륙과 영미의) 언어적 차이를 넘어서 나타나며 모든 현대의 고도 산업사회들에 적합한 다른 "분열" 또는 근본적 이분법에 주목하고 싶다. "문외한"인 나의 눈에 두드러진 것은 쿤, 폴라니 또는 스테펜 툴민의 작품들을 통해 일어난 과학철학적 논쟁들이 이런 이분법의 몇가지 일반적 특징들을 나타낸다는 것이다. 그들의 작품들이—양쪽의 다른 과학이론가들과 함께—이 근본적인 이분법을 변증법적으로 극복하거나 초월할 수 있는 요소들을 제공한다는 점을 나는 지적하고 싶다.

과학철학적 논쟁에 관련된 이분법은 가치중립적, 과학적 합리성을 지닌 사고로 규정되거나 근본적으로 전(前) 합리적, 무합리적 또는 비합리적 가치결정들을 내포한 사고로 규정될 수 있다. 이 이분법은 깊은 뿌리를 지니고 있다. 이것은 비엔나 학파의 실증주의와 "**인정된 견해**"(Received View)를 전제한 논리적 실증주의 (예컨대 Carnap, Hempel, Nagel)가 사라진 뒤에도 살아 있었다. 따라서 쿤, 폴라니, 그리고 툴민이 모형분석, 무언(無言)의 지적 차원 그리고 과학적 관행의 생태학적 분석에 대한 그들의 견해를 제시했을 때 그들의 견해는 서로 모순되는 것처럼 보이는 두 방향에서 비판을 받았다. 칼 포퍼와 그의 영향을 많이 받은 학자들은—흔히 비판적 합리주의자들로 분류된다—역사의 철학적 의미에 대한 저들의 관심, 가치에 대한 속박 그리고 과학적 관행이 "비합리적"이고 "모호하고 혼란스러우며" "천민의 지배"를 지원한다고 비판했다(Lakatos, 1978 : 107ff, 224ff). 그러나 비판적 무정부주의적 입장을 취한다고 볼 수 있는 폴 페이여아벤드는 그들의 견해가 너무 "합리주의적"이고, "엘리트적 정신자세"와 거짓된 "절대주의"를 뒷받침한다고 비판했다(1981:61ff : 독어판 1981: 61 – 72, 153-204).

모순되는 것처럼 보이는 이 두 가지 비판은 모두 근본적인 이분법을 전제하고 있다. 포퍼는 합리적이려는 결정이 도덕적 결정 또는 가치결정이며 "이성에 대한 비합리적 신앙"으로 서술될 수 있다는 것을 인정한다(1958:301f). 페이여아벤드는 과학을 포함한 모든 전통에 대한 도덕적 평가를 배격한다. 그렇게 함으로써 그는 소위 "비합리성"을 개량하려는 모든 근거없는 노력을 배격한다. 그의 인식론적 무정부주의의 기본원리는 "모든 것을 그대로 두라!"는 것이다(1976;1979;1981:61ff, 202ff;영어판 1981:21ff, 202ff). 근본적 이분법의 공동적 전제를 밝히지 않기 때문에 비판적 합리주의와 비판적 무정부주의는 칼-오토 아펠(Karl-Otto Apel)이 "도덕적 양심의 자유와 사적 결정의 자의성(恣意性)을 혼동하는 인습주의적, 자유주의적 궤변"(1979:312)이라고 규정한 것으로 전락한다.

모형분석을 통해, 잠재적으로 우리를 속박하는 가치들에 대한 관심을 통해 또는 역사적인 과학적 관행에 대한 존중을 통해 발생한 과학철학이나 과학이론의 현대적 위기는 이러한 운동들 또는 경향들이 근본적인 이분법을 뛰어넘거나 초월하는 데서 성립된다. 아펠과 위르겐 하버마스(1981:25-71, 504ff)가 지적하듯이, 가치중립적, 과학적 합리성의 사고와 비합리적 가치결정의 사고 사이에 있는 이분법은 객관성과 주관성의 현대적 이분법에 깊이 뿌리박고 있다. 보통 이성, 진실에 대한 비평, 과학자 같은 일반적 개념들은 객관성에 소속시키고 신화, 견해, 교리, 종교와 같은 일반적 개념들은 주관성에 소속시킨다. 철학적으로 이분법은 데까르트의 "물질"(res extensa)과 "정신"(res cogitans)에서부터 현상과 실체의 칸트적 분리를 거쳐 현대의 수많은 일반적인 이분법 경향들에 이르기까지 확인할 수 있을 것이다. 현대의 이분법적 경향들은 객관과 주관의 이분법을 극복하려는 매우 다양한 노력에도 불구하고 일반적으로 이분법적인 것으로서 다음과 같이 예시될 수 있다. 경험주의와 관념주의, 자연주의와 실용주의, 논리적 또는 언어학적 분석과 실존주의, 구조주의와 현상학, 과학적 맑스주의와 비판적 맑스주의 등. 그리고 행동주의와 휴매니즘, 기능주의와 상징적 상호작용주의, 사회생물학과 인간학 사이의 근본적인 차이들에서 볼 수 있듯이 인문과학들의 특정한 경향들도 이러한 이분법의 흔적을 지니고 있다. 앤토니 기든스(Anthony Giddens 1977 : 29 – 134 ; 1979 : 145ff)와 다른 학자들이 지적하듯이, 사회적 행동에 대한 막스 베버의 분석은 특히 이분법적 사고에 의해 지배되었다. 예컨대 합리성을 규정할 때 "목적합리성"이 우선적이기 때문에 "가치합리성"은 불합리한(irrational) 것으로 그리고 권위에 대해 분석함에 있어서는 관료적(합리적)이거나 카리스마적(비합리적)으로 간주될 수 있다.

객관성과 주관성의 이러한 이분법을 조장하는 기본적 전제는 모든 주관성을 떠나서 "순수객관성" 또는 "순수이성"의 형식논리적, 비역사적 기법에 의해 자연과학의 방법들을 재구성하려는 바람이었다. 실증주의와 논리적 경험주의가 붕괴한 이후 포퍼의 "인식주관없는 인식론"은 이 전제의 요소를 유지하려는 마지막 노력이었다(1973 : 123 – 171). 그러나 포퍼에게서도 이 전제는 성립되지 않는다. 왜냐하면 포퍼 자신이 이성에 대한 그의 비합리적인 듯한 신앙을 위해 자세한 이유들을 제시하려고 했으며(1958 : 260–319) 결국 결정들이 합리적으로 내려질 수 있음을 인정해야 했기 때문이다(1958 : 319). 이성과 방법에 대한 페이예아벤드의 예리한 비판은 분명히 이성과 방법에 대한 포퍼와 라카토스(1975 : 165 – 294 ; 1976 : 230 – 391)의 —페이예아벤드가 보기에— 지나치게 객관적인 견해를 겨냥한 것이다. 그 자신의 인식작업은 자신이 인정하듯이 전통들에 대한 도덕적 판단들을 회피한다(1979 : 13 – 64 ; 영어판 1978, 154ff).

과학철학자들 사이에 많은 토론이 벌어지고 견해차이가 있지만, 자연과학에 있어서 논리적으로 순수한 객관주의에 대한 이러한 기본적인 전제가 착각이라는 점에는 합의가 이루어진 것처럼 보인다. 비엔나 학파의 실증주의와 "인정된 견해"를 받아들이는 논리적 경험주의는 오늘날 일반적으로 곤경에 빠진 것으로 인식된다(F. Suppe, 1977 : 6 – 118, 617 – 730). 문제는 더 이상 실증주의 또는 논리적 경험주의의 과학적 객관주의를 어떻게 수정하는가가 아니라 어떤 모형이 그 자리를 차지하게 될 것인가 하는 것이다. 과학적 객관주의와 거기서 결과된 이분법이 철학과 문화에 지배적 영향을 미쳤기 때문에 과학철학이 어떻게 발전해갈지 간단히 말하기는 어렵다(Habermas, 1981:504 그리고 특히 Toulmin, 1977:600 — 14).

그러나 그런 발전의 방향에 대해 일반적으로 받아들여진 두 가지 견해들이 있는 것 같다. (1) 더 이상 합리성이 수학, 논리학 또는 자연과학의 방법과 관련해서만 규정될 수 없다. (2) 이 분야들에서조차도 —다른 영역들에서는 더욱 그렇지만—관심이 이론에 대한 이론에서, 발견적 작업 또는 이론화하는 실천으로 옮겨진다. 합리성을 위한 일관성 있고 완벽한 표준들을 제공하는 이론을 통한 이론의 연역주의적인 이념들은 수학에서도 사라졌다. 쿠르트 괴델(Kurt Gödel)에 의하면 형식논리적 체계로서의 이론들은 불완전하면서 일관성있거나 완벽하면서 일관성이 없다. 합리성은 존재하지도 않고 가능하지도 않은, 이론을 통한 이론의 완벽하고 일관성있는 논거들에 입각한 이념들과 동일시될 수 없다. 내 생각에 의하면 과학적 객관주의로부터 연구자들의 공동체적 연구방식이나 실천에 대한 문제로 옮겨가는 것 같다.

이런 변화는 쿤과 툴민에게서 분명히 볼 수 있다. 쿤은 개인적 지식의 언표되지 않은 차원에 대한 폴라니의 관심을 과학자들이 지식을 얻고 증대시키는 공동체적이고 역사적 과정에 대한 분석으로 바꾸어 놓는다. 쿤은 포퍼의 비판에도 불구하고 그와 포퍼는 모두 "과학적 연구결과의 논리적 구조보다," "과학적 인식의 역동적 과정에" 더 관심이 있다는 것을 지적한다(1978:357). 이와 비슷하게 툴민은 칸트의 선천적인 개념론과 대결하면서 이성이 다차원적인 실행 또는 처리의 연속이며 이러한 실행 또는 처리의 연속과정 속에서 이성은 아직 완전히 현실화되지 않는 것임을 강조한다(1978:430ff, 478ff). 또한 상대주의와 절대주의가 좀더 적절한 질문을 제기하려는 새로운 관행을 무시하고 "합리성이 논리학의 일부"라는 거짓된 전제를 가지고 있다는 점을 그는 확인할 수 있었다(1978:562). 포퍼와 관련해서 쿤은 과학적 역사서술에 대한 자신의 입장에 포퍼의 소박한 오류입증주의(Falsifikationismus)의 거짓된 객관주의에 빠지지 않고 객관성과 논리사용을 요구할 수 있음을 지적한다(1978 : 357 - 388). 라카토스와 관련해서 툴민은 포퍼의 무시간적 "제 3 세계" 개념을 사용한 라카토스의 방법론적 이론이 모호하다는 것을 발견했다. "일단 '제 3 세계'를 위한 연구방법과 다른 실천적 요소들이 허용되면, 그것들의 시간적 또는 역사적 성격이 더 이상 은폐될 수 없다"(1976 : 674). 언어학적인 그리고 비언어학적인 과학적 관행을 존중함으로써 툴민은(물리적 대상의 세계 1 과 문화적 생산의 세계 3 의) 객관성과 (정신적 상태와 행위들의 세계 2 의) 주관성 사이에 포퍼가 설정한 이분법을 무너뜨린다는 것을 확인할 수 있다(Toulmin, 1976 : 655 - 75, 1976a).

객관주의로부터 연구자들의 공동체적 관행에 대한 질문으로 관심이 옮겨진 사실은 쿤, 폴라니 그리고 툴민에 대한 비판자들에게서도 더욱 두드러지게 나타난다. 포퍼의 소박한 오류입증주의나 오류론은 물리적 대상들(세계 1), 정신적 상태들과 행위들(세계 2), 그리고 문화적이며 언어적인 생산물들 또는 객관화된 사물들(세계 3)의 구분에 근거한다. 처음에는 이것들을 "세계들"로서 취급했으나 이제 그는 이것들을 유일한 세계의 차원들로서 이해한다. 그리고 최근에 이르기까지 그는 "실재"(Realität)를 단지 세계 1 과 관련시켜서 규정하는 경향이 있었다ー"단단한 물체들과 서로 작용할 수 있을 경우에만 '존재'하거나 '현실적'이라고 말할 것을 나는 제안한다"(1973 : 23). 그러나 오늘날에는 실재성과 객관성이 세계 2 와 세계 3 의 상호작용의 결과이기도 하다는 것을 그는 인정한다(Popper와 Eccles, 1982 : 47ff, 451f). 세계 2 가 현실적이며ー포퍼가 인정하듯이ー지속적인 물음과 비판의 원천이 세계 3 과의 상호작용 속에 있다면 왜 사람들은 지식과 행위의 "언어학적인 그리고 비언어학적인 관행"에 대한 툴민의 노력들을 따르지 않는 것일까? 재르비(I. C. Jarvie)가 말하는 "숨겨진 논리구조들" (그는 이 구조들이 어디 숨겨져 있는지 말하지 않는다)은 그러나 언어학적인 그리고 비언어학적인 관행 속에 숨겨 있을 수 있으므로 툴민의 논술에 배치되는 것으로 사용될 수 없다(Jarvie, 1976 : 311 - 33).

그렇지 않으면 하버마스가 포퍼와 재르비에 대해 논술하듯이 영속적인 비판을 위해 매우 중요한 물음과 평가의 비주제적인 관행과 세계 3의 이미 주제화되고 제도화된 생산물을 적절히 구별할 가능성이 없다(1981 : 114 - 26).

비슷하게 라카토스의 야심적인 방법론적 오류론도 지속적인 적절한 질문을 위해 객관주의를 거부한다. (결과에서 원인을 찾아가는) 무한한 소급의 문제와 수학의 논증들을 다루면서 그는 논리적이고 경험적이며 순수이론적인 도구들로써 무한한 소급을 억제하려는 노력들을 검토한 후에 모든 논증들은 "분명히 주관적"이라는 결론을 내린다. 이론적 증명이나 정의를 뜻하는 학문적 논증은 없다. 라카토스는 증명과 정의의 무한한 소급을 추정(Vermutung) 의 소급으로 대체한다. "추정의 무한한 소급에는 거짓이 없다"(1982a : 3 - 22). 이 회의적이면서 독단적인 딜레마를 피하는 유일한 길은 추정들이 계속 제시되는 적절한 물음에 대한 추론적인 대답이라는 것을 인정하는 것이다. 이 점은 라카토스의 과학적 연구방법론에서도 밝혀진다. 그의 방법론의 중심적 특성은 부정적이면서 긍정적인 발견술이다. 부정적 발견술은 전문적 연구기획의 방법들을 구성하는 기본법칙들이나 지적 상관성들에서 표현되는 기획들의 "핵심"이다. 긍정적 발견술은 연구기획의 '논박될 수 있는 변수들'이 어떻게 변하고 발전되는가에 대한 일련의 제안들이나 시사들을 연구한다(1982 : 49). 그러나 이 발견술이 단지 "부분적으로 명시"되는 한, 그러한 연구기획의 방법론은 세계 2와 세계 3의 상호작용을 내포한다. 다시 말해 관심을 표명하고 제안을 하는 것은 언제나 새롭게 제기되는 적절한 물음에 대해 대답하는 것이다. 진보적이고 이론적인 입장변경들이 "보다 경험적인 내용"을 지니는 한, 방법론은 세계 1에 관한 질문이 제기된다는 것을 의미한다. 라카토스는 쿤과 폴라니의 통찰들을 비판적으로 평가하기 위해서 과학적 연구기획을 위한 방법론을 발전시켰다. 따라서 합리성에 대한 라카토스의 구획이론(Demarkationstheorie) 이 "과학공동체의 기본적 가치판단들"에 기초하고, 연구기획을 위한 방법론이 윤리학이나 미학의 규범적 측면들에도 적용될 수 있다는 것을 인정한다고 해서 놀랄 것은 없다(1982:149-181). 긍정적 발견술을 인정함으로써 과학철학에서 객관성(세계 1과 세계 3)과 주관성(세계 2) 사이에 설정된 인위적인 이분법은 폐기된다. 그리하여 과학적 판단들이 더이상 발견의 맥락과 정당화의 맥락으로 엄격히 분할되지 않는다(Wartofsky, 1980:1-20; Nickles, 1977, 1980).

2) 자연과학과 인문과학의 해석학적 구분

영미의 과학철학자들이 과학적 객관주의에서 과학적 공동체들의 관행에 대한 물음으로 옮겨 간 것은 대륙의 과학철학자들이 과학이론을 의사소통 행위에 관한 이론으로 옮긴 것과 매우 유사하다(Apel, Habermas, Peukert). 그러나 영미의 과학철학자들은 대륙의 과학철학자들처럼 선험적 관념론과 그 철학적 객관주의의 유산에 짓눌려 있지 않다. 대륙철학에서는 모든 "주관으로의 전환"이 "가능성의 개념적 조건들"(Kant), "절대적 지식의 매체들"(Hegel) 또는 자아의 끝없이 퇴행적인 물질화(Fichte) 속에서 객관화된다. 대륙의 과학철학자들이 실천적인 합리성에 관한 모든 논의를 그러한 철학적 객관주의와 개념주의와 결부시키는 경향이 있는 반면에(Apel, 1973; Habermas, 1981:518-34; Henrich, 1976; Tugendhat, 1979), 영미의 과학철학자들은 의식적 실천과 주제화된 지식 사이의 상호작용에 관해서 훨씬 유연한 입장을 취하는 경향이 있다.

실천과 이론의 이러한 유연한 상호관계는 포퍼적 세계의 세 차원 사이에 교호적으로 일어난 상호작용들에서, 폴라니의 언표되지 않은 차원들에서, 모형을 위한 쿤의 해석학적 표준들에서, 라카토스의 부분적으로 명시된 긍정적인 발견술에서, 언어학적인 그리고 비언어학적인 과학적 관행에 대한 툴민의 주목에서, 일반화하는 경험적 방법에 대한 버나드 로네르간의 개념(1977, 1978)에서, 인간의 인식적 실천과 형이상학을 과학을 위한 발견술로 서술하는 맑스 바르토프스키의 글

(1979)에서 분명히 드러난다.

그러므로 영미의 과학철학자들은 대체로, "기술적 통제에 대한 준(準) 선험적 관심"(Habermas) 또는 "도구적이고 조작적인 선험적-실용적 합리성"(Apel)이 반드시 자연과학을 지배해야 한다고 생각하지는 않았다. 이 점은 실증주의와 논리적 경험주의에 대해서도 너무나 분명히 확인된다. 왜냐하면 실증주의와 논리적 경험주의는 객관성과 주관성의 현대적 이분법에서 초래된 경제적·문화적 형성물 속에 자연과학과 기술공학을 포함시키는 경향이 있기 때문이다. 이 경우에 자연과학과 기술공학은 독점계층과 민족국가에 봉사함으로써 자연을 착취하고 군국주의적 지배권력을 증대시킨다(Capra, 1983;Noble, 1977). 따라서 대륙적 과학철학자들이 "자연과학과 정신과학"의 거짓된 이분법에 너무 빠져 있기 때문에 후속-경험주의자들(Nach·Empirist)은 그들을 비판한다(Anthony Giddens, 1977:148ff; Mary Hesse, 1980:167-86). 영미의 학자들은 자연과학에 있어서의 합리성을 학문적 체계들의 작용으로 이해하는 경향이 있다. 이들의 경우에 간주관적 연구공동체들은 실험적 측정의 관찰기법을 통해 자연에 대해 질문을 제기한다. 이렇게 해서 획득된 경험적 지식의 성과들에 대한 합의에 도달하려는 발견적이고 가설적인 시도들이 연구자들의 논쟁적 대화의 실행을 통해 이루어진다. 따라서 객관성은 (실증주의와 논리적 경험주의처럼) 관찰기법 그 자체를 통해서나 (아펠과 하버마스처럼) 성공적 조작이나 통제를 통해서가 아니라 학문적 질문과 대화의 지속적 결합(Hesse, 1974)을 통해서 얻어진다. 학문적 물음과 대화는 자연 안에서 경험적으로 진위를 검증할 수 있는 모든 지적 사실들이나 법칙들을 산출하고 판별하는 기본토대이며 **실천적 원리들**이다(Patrick Byrne, 1981;Patrick Heelan, 1965, 1977, 1979, 독어판 1981). 자연과학과 기술공학에 대한 이러한 이해는 현대사회에서 생태학적 파괴와 군국주의를 초래하는, 소외되고 소외시키는 자연과학적 기술공학적 응용들을 피할 수 있는 길을 보여 준다. 그 이해는 과학과 자연의 대화적 관계(과학은 명령하기보다 듣는 편이다)에 주목하게 하고 자연공학이 실천과 시(詩)

의 모방적 가치들로 채워져 있다고 보기 시작한다(Gabor, 1970 ; Ihde, 1979 ; Wartofsky. 1979 : 338-69).

그러므로 해석학은 자연에 대해 질문을 제기하는 한, 자연과학을 위해 중요하다(Heelan, 1977); 그리고 쿤의 모형분석이 끼친 중요한 영향 가운데 하나는 처음부터 이 사실을 확정한 것이다. **자연과학사가로서 쿤은 자신의 모형분석에 의해, 관찰하는 측정언어와 설명하는 이론언어의 상호관계뿐 아니라 상이한 과학적 모형들에 있어서 이러한 상호관계에 대한 해석들까지도 제시한다**. 자연과학적 방법들(이를테면 질문을 제기하는 방식과 양식)의 **관련대상**은 이 방법들을 사용하는 관찰적 측정기법 때문에 관찰자료들이 얼마나 이론화되었든 간에—자연이다. 자연과학사가로서 쿤이 그의 모형분석에서 일차적 지시대상으로 삼고 있는 것은 자연이나 이론화된 관찰자료 자체가 아니라 관찰자료의 변동을 해석하는 일련의 서술적이고 설명적인 이론들이다. 이 점에서 쿤의 모형분석은 인문과학과 다른 학문분과들에 적용된 "이중적 해석학"이라고 기든스가 부른 것과 관련되어 있다(1976; 158). 말하자면 그의 모형분석이 역사적인 한에서 그것은 "이미 해석된 의미의 틀" (meaning-frames)에 대해 질문을 제기한다. 이러한 구분은 소위 비판적 합리주의자들(Popper, Lakatos 등)과 쿤, 폴라니, 툴민과 같은 과학철학자들 사이의 오해를 푸는 데 도움이 되는 것 같다. 또한 이것은 모형분석이 자연과학사 이외의 다른 많은 분야들에서 그처럼 다양하게 제시되는 이유도 설명해준다.

연구의 대상이 자연이나 이론화된 경험적 자료가 아니라 미리 해석된 의미의 틀을 지닌 역사적 전통들이라면, "내면적" 과학사와 "외면적" 과학사 즉 과학의 내적 이론적 발전과 연구의 발전에 대한 외적인 사회경제적, 문화적 또는 심리적 영향들을 구분하는 것은 덜 적절하게 된다(Toulmin, 1978 : 350-372, 583ff). 실제로 이것은 그라탄 귄네스(I. Grattan-Guinness)가 지적하듯이 수학적 분석의 역사에 대해서도 타당하다(1970 : ix-xi). 왜냐하면 지식의 역사적 발전은 "순수한 이념", "순수한 객관성" 또는 "순수한 이성"의 플라톤적 영역에서 이루어지지 않기 때문이다. 이런 발전들은 인간의 업적이며 질문이나 비판을 초월한 것이 아니다.

후속-경험주의자들이 역사의식과 함께 해석학을 역사철학에 도입함으로써 그처럼 예리한 논쟁과 오해를 불러 일으킨 이유를 이해하기는 어렵지 않다. 실증적 과학이 거짓된 이데올로기와는 다른 참된 지식을 제공한다는 것을 강조함으로써 첫 단계의 계몽주의는 종교적이고 형이상학적인 과거의 전통들로부터 분리되었다. 과학과 이데올로기의 이러한 분리는 오귀스떼 꽁뜨의 실증주의에서 완벽해졌다. 이것이 현대인의 자기 이해 속에 깊이 파고들었기 때문에 후대의 실증주의와 논리적 경험주의는 자연과학과 기술공학을 탈이데올로기적 객관성의 모형으로 간주했다. 이러한 과정이 현대의 문화와 사회에서 지속된, 주관성과 객관성의 이분법의 일부였다. 이러한 과학과 이데올로기의 분리의 흔적들은 비판적 합리주의자들에게서 찾아 볼 수 있는데 그들은 이 논문의 서두에서 논술했듯이 모형분석이 자연과학과 신학을 혼합한다고 비판한다.

트라시의 논문이 가다머와 관련해서 논술했듯이, 해석학이 "모든 편견에 대한 계몽주의적 편견"을 폭로한다고 하더라도 진리에 대한 탐구를 약화시키는 역사적 상대주의에 빠지지 않는다. 경험주의 이후적 과학철학의 경향과 유사하게 해석학은 객관성과 진리를 위한 표준들에 대한 우리의 이해를 이론에 의한 이론의 연역주의적 이상으로부터 계속 새롭고 적절한 질문을 제기하는 여전히 존속하는 전통들이나 실천적 상황으로 옮긴다. 질문, 대답 그리고 새로운 질문 사이의 지속적인 간주관적 대화와 함께 영속적인 실천적 상황으로서의 전통들은 합리성의 해석학적 차원들이 대화의 모든 영역에서, 일상적 "생활세계"에서만이 아니라 과학적이고 학문적 성찰의 보다 이론적인 세계에서도 어떻게 작용하는지를 보여준다. 질문과 대답의 지속적 교류에 진정으로 참여하는, 알면서 행동하는 인간주체들의 영속적인 "논리"와 "변증법"은 결코 포기될 것이 아니다. 이러한 논리와 변증법을 통해 진리의 객관성이 확보된다(Gadamer, 1979:45-56). 해석학의 세 단계 또는 차원들과 함께 새로운 모형과 관련된 해석학에 대한 트라시의 논구는 이 과정을 이해하는 데 중요하다.

알라스데어 맥킨타이어(Alasdair MacIntyre)가 지적했듯이, 전통과 이야기를 강조하는 해석학은 계몽주의에 의해 생겨난 거짓된 이분법을 간파한 과학철학에 있어 근본적이고 중심적이다(1980 : 54 - 74 ; 1981). 과학과 기술공학이 일상적 "생활세계"에서 생겨나고 그 세계로 다시 돌아가듯이, 논쟁적 대화의 논리적이고 이론적인 방법들도 역사적, 설화적 실천의 "상호일치"속에서 참여적인 "지평융합"에서 생겨나고 다시 거기로 돌아간다(Gadamer, 1976 : 54 - 109). 그렇지만 "해석과정에 대한 가다머의 해석이 안고 있는 두 가지 결정적인 난점들"을 트라시가 논구한 데서도 밝혀지듯이, 해석학적이고 역사적인 합리성의 차원들은 거기서 제기되는 모든 새로운 적절한 물음들에 대답하는 데 충분치 않다. 여기에는 일련의 유비들 또는 지양들이 있다. 경험적 과학들에서 활동하는 이성의 실천에 충실하기 위해서 관찰하고 설명하는 발견술이 해석학적이고 역사적인 분석에 의해 보충되어야 하듯이 해석학과 역사의 주석적이고 재구성적인 학문적 체계들에서 작용하는 이성의 실천에 충실하기 위해서는 해석적이고 재구성적인 발견술이 **변증법**에 의해 보충되는 것이 중요하다.

3) 해석학에서 변증법으로의 경험주의 이후적 전환—사회과학을 위한 토대

그 까닭은 이성의 실천이 늘 새롭게 제기되는 질문들에 근거한 일련의 지속적인 인간활동이기 때문이다. 이성의 실천은 그 자체로서 언제나 제약되거나 한정되어 있지만 새로운 적절한 질문과 비판에 대해서는 개방되어 있기도 하다. 제한과 개방의 긴장은 이성의 실천이 자동적으로 보장된 과정이 아니라는 것을 의미한다. 진리와 자유는 합리적 실천을 위해 모두 중요하다. 모든 새로운 질문과 비판이 알려진 것에 대해 **적절하거나** 그것과 관련된 경우에는 진리가 중요하고, 알려진 것

이 알려지지 않은 훨씬 큰 것과 지속적으로 관련되고 항상 새로운 질문을 위한 동기가 주어질 때는 자유가 중요하다. 이성의 실천은 성공신화라 부를 수 있는 것에 의해 항상 위협받는다. 사회적 상호작용이 이루어지는 일상적 생활세계이든 문화적이고 과학적인 또는 현학적인 성찰의 이론적 영역이든, 이러한 성공이 모든 새로운 질문이나 비판에 대한 적절하고 충분한 대답이라고 생각하기 때문에 성공적인 생활형태들, 전통들 또는 모형들이 너무 흔히 고정된다. 개별적인 성공들이 이데올로기적으로 보편타당하게 된다.

쿤의 모형분석은 과학사와 관련된 이런 과정을 표준적인 과학적 모형, 혁명적이고 비상한 모형교체라는 개념으로써 서술하기 시작했다. 경험적 자료를 관찰방법과 설명방법에 의해 탐구하는 경험과학의 관점에서 그리고 역사적 전통의 본문들과 다른 표현들을 해석적이고 재구성적인 방법에 의해 탐구하는 해석학적 또는 역사적 학문분야의 관점에서, 흔히 시간적으로 선후가 있는 모형들은 **비교될 수 없다**는 이의를 제시할 수 있을 것이다(Kuhn, 1981: 104-185, 209ff; 1974: 258-269; 1978: 278ff). 이것은 비합리주의와 상대주의의 무수히 많은 비판과 주장들로 이끌었다(Lakatos & Musgrave, 1970, 독어판 1974; Suppe, 1977). 페이예아벤드의 인식론적 무정부주의는 경험적이고 역사적인 비교될 수 없는 것이라고 여겨지는 것들을 제시함으로써 그런 비판을 더욱 복잡하게 만들었다. 여기서 그는 "이성의 권위"와 "과학의 우월성"이 철저히 비판되고 상대화되어야 한다는 결론을 내린다(1976, 1979, 1981).

해석학이 "연대적 자세와 행위"로서의 실천(Gadamer, 1976: 76f)과 "상호일치의 상황"(1978: 273f)을 전제하는 한, 해석학을 넘어서서 변증법으로의 전환도 요구된다. 근본적인 또는 인식론적인 질문들을 선험-관념론적 개념주의와 (내 생각에는 거짓되게) 동일시하는 폐쇄적인 해석학적 철학이, "서방의 대화"가 계속되도록 분명히 "휘그당"(영국 자유당의 전신—역주)적인 희망과 신앙에 의해 뒷받침된 해석학적 신앙주의로 전환될 수밖에 없다는 것을 리차드 로르티(Richard

Rorty)의 새로운 저서가 밝혀 준다(1981). 성공신화들에 대한 해석학이 없는 변증법은 개별적인 생활형태들이나 전통들을 모든 물음에 대한 유일한 대답으로 보편화하거나 전체화하는 데로 오도될 수 있다는 것은 사실이다(실제로 그런 일은 너무 자주 일어난다). (Enrique Dussel, 1974; Toulmin, 1978;384-397). 그러나 변증법없는 해석학은 새로운 적절한 질문을 단순히 제기하는 것조차 개인적으로 그리고 사회적으로 억압하고 억누르는, **잠재된 가치관적 갈등들과 권력 강박관념**에 대한 발견적 질문에 참여할 수 없다. 따라서 억압과 압제에 직면해서 해석학은 "자유롭고 한가한 대화"의 "이상"(理想)을 수립할 수 있을 뿐이다(Rorty, 1981 : 421).

대륙의 과학철학자들은 변증법을 존중하지만, 변증법의 가능성의 조건들에 대한 선험적—관념론적 성찰을 수정한다는 의미에서 또는 모든 탐구대상을 조작적 방법들에 의해 전적으로 객관화하는, 과학과 기술공학에 대한 전제들로서 변증법을 존중한다. 따라서 대륙의 과학철학자들은 더 이상 크게 진전할 수 없다(위 108f). 예컨대 "이상적인 의사소통공동체들"에 대한 아펠의 윤리는 단순한 "규정적 이념"으로서 가다머의 "질문과 대답의 변증법"을 보다 형식주의적인 형태로 변형시킨 것에 불과하다는 것을 입증할 수 있겠다(Apel, 1979 : 329-40; 가다머의 같은 책, 348ff). 경험과학과 기술공학의 "목적합리성"을 의사소통행위 구조들의 목적합리성과 구별하려는 하버마스의 훌륭한 노력들도 비슷하다. 콜베르그(Kohlberg), 미드(Mead), 뒤르껭, 그리고 삐아제(Piaget)에 대한 예리한 연구에도 불구하고 그의 노력들은 여전히 합리성에 관한 베버의 이론의 근본적인 이분법에 빠져 있다. 이리해서 여러가지 "저항운동들"이 엘리뜨적 문화전문가들과 엘리뜨적 형태의 경제적, 행정적 합리성에 대한 "생활세계의 내적 식민화"에 대해 이질적이고 비판석으로 반응한 운동으로 해석된다(1981a: 447-593, 특히 488, 518-47, 587ff). 기능주의적 이성에 대한 하버마스의 비판은 분명히 베버의 "목적합리성"과 통한다. 따라서 현대적, 현대 이후적 또는 반현대적 운동들에 대한 하버마스의 해석은 화폐—관료적 제도화의 억제할 수 없는 진전에 반대한 베버의 카리스마적, 전통적 또는 정서적 가치선택들을 약간 채색한 내용을 많이 지니고 있다. 기든스는 하버마스의 초기 저작이 "사회적 변천과 권력의 일반적 관계양식을 전혀"제시하지 않는다고 비판했는데(1977:161) 이 비판은 합리성에 대한 베버의 이론이 하버마스의 비판이론을 빗나가게 했다는 세일라 벤하빕(Seyla Benhabib)의 인식으로 반전된다. 베버의 합리성이론은 하버마스의 비판이론으로 하여금, 해방이념과 사회적 주체들의 해방실천 사이에 "구체적 변증법"이 드러나지 않는 개념론에 물들게 했다(1982). 그래서 벤하빕은 다음과 같은 결론에 이른다 : "가부장제적 가정, 학교, 문화를 벗어나서 개인의 새로운 사회화가 왜 불가능한지 그리고 산업적 생산양식을 벗어나서 자연과의 전혀 새로운 물질적 상호작용이 왜 불가능한지 분명하지 않다. 어떤 이론도 미래적 가능성의 한계에 대해 해명할 수는 있어도 그 한계를 확정할 수는 없다. 그 까닭은 이 가능성이 현실보다 시간적으로 앞에 있지 않고 뒤에 있기 때문이다. 이미 일찌기 아리스토텔레스가 실천과 관련해서 이 점을 말했다"(1981 : 69, 독어판 166).

이미 앞에서 시사했듯이 영미의 경험주의 이후적 과학철학자들이 실증주의적인 그리고 도구주의-기능주의적 편견들을 벗어난 경험적이고 역사적인 과학의 실천을 위한 전망들도 제시했지만 이 전망들은 단편적이다. 해석학에서 그랬듯이(실제로 지난 수십 년 동안 실증주의, 논리적 경험주의 그리고 언어분석에서 그랬듯이)보다 적절한 변증법의 발전이 대륙의 과학철학자들 특히 아펠과 하버마스와 같은 사람들과의 대화와 논쟁을 절실히 요구하게 될 것이다. 예컨대 과학을 평가함에 있어서 "선천적인 것과 후천적인 것"의 모든 영역에 대해 개방적인 "변증법"을 요구한 아브네르 시모니(Abner Shimony 1976:584ff)는 아펠의 노력에서 윤리학에 대한 자연과학적 이성의 잠재적 차이를 발전시키려는 매우 상세한 표현을 발견한다(1979, 1980).

"순수하지 않은 이성의 비판"(1978, 1980)에 대해 간략히 서술한 글에서 맑스 바르토프스키는 대륙적 전통과 대화하고 논쟁하는 일의 중요성을 강조한다. 바르토프스키에 의하면 이런 교류를 통해 영미의 후속경험주의자들은 "해석학파도 비판이론가들도 진지하게 자연과학과 대결하지 않았으며 자연과학을 '실증주의'의 희화로 만드는 경향이 있음"(1980 : 18)을 확인하게 된다.

대륙적 전통과 논쟁을 하든, 사회과학 및 사회이론과 자연과학 사이에 대륙적 전통이 설정한 경계를 인정하든(대륙적 전통과 영미전통의) 차이는 영국의 사회과학 이론가 안토니 기든스의 저술에서 분명히 파악되어 있다. 하버마스와 비슷하게 기든스의 연구는 맑스와 베버를 특별히 존중하면서 사회이론의 모든 중요한 형태들을 복구시키려 한다. 그 목적은 첫째 "다양한 생활형태들을 사회과학의 서술적 순수논리적 언어 속에 통합시키고 해석학적으로 설명하기"위한 것이며, 둘째 인간활동의 완성된 결과인 "사회의 생산과 재생산을 변증법적으로 설명하기"위한 것이다(1976 : 162). 그러나 하버마스는 실증주의에 대한 후속 경험주의자들의 철저한 비판을 진지하게 받아들이지 않고 관료주의적 합리성에 대한 베버의 이론 근저에 있는 이분법에 얽매이는 경향이 있으나 기든스는 실증주의에 대한 철저한 비판의 중요성을 인식했다(1977). 그래서 그는 이성에 대한 기능주의적 훼손에 관해서 그리고 "목적합리성"이라는 베버의 개념에 관해서 철저히 비판했으며(1977, 1979) 이로써 사적 유물론의 변증법적 비판을 위한 결론을 이끌어 냈다(1981).

기든스의 분석에서 중심적인 것은 활동(Tätigkeit)과 구조화라는 그의 개념들이다. 활동은 주객분열에 선행한다(1979 : 92). 이로써 활동은 지향성과 구조에 대한 예전의 분석들을 지양한다. 사회의 생산과 재생산은 일정한 구조 속에서 숙련된 작업활동을 수행하는 "주체들의 능동적 행위"로 이루어진다. 사회적 실행의 구조화에 대한 탐구는 "구조들이 행위를 통해 구성되고 행위는 구조적으로 구성되는"(1976 : 160f) 일이 어떻게 일어나는지 밝혀 줄 것이다. 이것은 주체/행위자와 객체/사회 양쪽에 관련되는 "구조의 변증법적 이원성"이 있음을 뜻한다(1979 : 70). 따라서 사회적 통전과 체제통전은 상호작용하는 권력집단을 위해 지배하거나 변혁하는 수단과 강제규정을 마련해준다 (76 - 95). 그러한 사회적 표현형식, 통치 그리고 적법화를 통한 제도적 재생산은 "사회과학의 대부분의 영역들이 매여 있는…주체/객체 이원론에서" 벗어나야 한다(96 - 130). 모순들이 권력과 지배 속에 있기 때문에 알고 행동하는 주체를 완전히 부정할 수 없다. 관료제와 자율성은 베버의 이론에서 말하듯이 대립될 수 있는 것이 아니다. 그 까닭은 관료제와 사회적 행위에 대한 경험적 연구가 밝혀주듯이, 관료화한 지배권력이나 능동적 사회적 주체들의 객관주의적 일차원성이 극복되고 효력을 잃는 "통제의 변증법"이 있기 때문이다(131 - 64). 베버의 이론이 전제하는 것처럼 후기 자본주의나 국가사회주의가 그렇게 비관적으로 관료적 합리성이나 기능주의적 이성의 권력에 예속되어 있는 것은 아니다(146ff: 1982).

그러므로 하버마스가 파악한 합리성의 사회적 체제들과 일상적 생활세계의 가치관들 사이의 모순들은 "체제와 생활세계 사이의 접합선"에서만 확인될 수 있는 게 아니라 합리성의 체제들 안에서도 확인될 수 있는 것이다. 후속 경험주의자들이 자연과학과 기술공학의 실천의 구조와 활동성을 밝혀냈다면 기든스와 같은 이론가들은 사회과학의 해석학과 변증법에 있어서 구조와 활동성을 명시적으로 표현했다. 기든스가 지적하듯이 인간의 사회활동에 있어서 인과적 규칙성은 해석학적 철학에 의해 확인하기 어려운 방식으로 잠재적으로 작용한다 (1979 : 196). 구조와 인간적 활동의 변증법적 이원성은 행위들의 무의식적 요소들과 의도되지 않은 결과들 속에서 사회적 주체들의 알려진 인식작업과 이 작업의 제약 또는 "한계"사이의 상호작용을 부각시킨다(250). 따라서 변증법은 인간의 행위에 있어서 인과적 규칙성을 설명하고 잠재적인 가치관의 갈등을 치유적으로 탐구함으로써 해석학을 보완해야 하며 이데올로기적으로 왜곡된 권력 강박관념에 대한 비판을 통해 보존되어야 한다. 객관주의적 합리성에 대한 베버의 환상을 깨뜨리고 주체들의 표준적인 상호작용을 분명히 표현하기 위해서 하버마스는 삐아제의 발생적 인식론과 콜베르그의 도덕적 발달단계를 포괄했는데 구조화와 활동이라는 기든스의 개념들은 하버마스의 이러한 포괄작업에 도움이 될 수 있을 것이다.

최근에 이르기까지 사회이론을 지배했던 "전통사회"와 "산업사회"의 이분법은 이제 근본적으로 수정된다. 기든스는 이러한 변화가 꽁트의 "세 단계법칙"과 어떤 관계가 있으며, 그 동안 파괴되었던 사회이론의 "정통적 합의"로 어떻게 해서 되돌아갔는지를 분석한다(234ff). 사회이론의 정통적 합의와 과학철학의 "인정된 견해"사이에 유사점들을 쉽게 이끌어낼 수 있다(238). 그렇기 때문에 기든스는 종교와 전통사회를 동일시하려는 하버마스의 경향을 비판하면서, 이데올로기 개념을 수정함에 있어서 맑스와 하버마스의 요소들을 받아들인다. "통치 자체가 은폐되면서" "헤게모니 집단의 당파적 이익을 적법화하기 위해서 의미의 구조들이 동원되는 한"(184-93), 과학과 기술공학을 포함한 모든 상징체계나 이념체계는 이데올로기적으로 될 수 있다. 이데올로기화는 주로 (1) 분파적 이익이 마치 보편적인 것처럼 서술되거나 (2) 모순을 부정하거나 변경시키는 수법을 통해서 그리고 (3) 변혁적이고 역사적인 조건들이 마치 자연적인 것처럼 대상화되는(193-197) 세 가지 과정을 거쳐 일어난다.

이러한 이데올로기 비판은 페이예아벤드의 인식론적 무정부주의에 의해 제기된 문제들을 해결할 수 있다. 그는 경험주의 이후적 과학철학들이 과학/이데올로기 이분법을 결정적으로 노출시켰다는 것을 인식하고 나서, 이성에 대한 관심을 포함해서 모든 관심이 분파적 집단과 관련되어 있기 때문에 모든 보편화는 이데올로기적일 수밖에 없다는 결론을 내렸다. 나는 이것이 "과학적 이성에 대한 그의 비판"(1981: 202-30, 독어판 1981)의 추진방향이라고 생각한다. 그러나 그의 무정부주의적 상대주의는 충분히 철저하지 않다. 마치 과학적 이성의 "본성"이 완전히 모형적 구조들 속에 파묻혀 있는 것처럼 다양한 모형(구조들)을 합리적 활동 자체와 완전히 동일시하는 이데올로기적 대상화에 대한 비판을 그는 잊고 있다. 이 비판을 부정하는 자는 이성을 부정하는 것이다. 이에 반해서 구조와 활동에 관한 기든스의 변증법은 지속적인 이데올로기 비판을 내세우는데 이 비판에서 대립하는 것은 절대주의와 무정부주의가 아니라 이 양자와 현대인을 그처럼 사로 잡았던 주객이원론을 초월한 이론과 실천의 변증법이다.

경험주의 이후적 과학철학에서 이론과 실천의 변증법은 과학연구단체들의 분파적 이익을 여러가지 방식으로 왜곡시키는 실증주의와 관념론의 거짓된 확실성을 훨씬 넘어 서서 과학철학의 경계를 확대한다. 이성은 계속 새로운 적절한 질문을 제기하는 실천을 통해 확립된다. 따라서 구체적인 연구단체들에 의해 이데올로기적으로 관찰방식이나 이론적 이론으로 전가될 수 없는 책임성을 이성 자체가 이성에 대해 요구한다. 모든 이념체계와 모든 상징체계는 이데올로기적으로 될 수 있다. 오늘날의 원자력시대가 미래를 기약할 수 있으려면, 현대의 과학 및 기술공학과 관련된 이데올로기적 왜곡들에 대해 매우 준엄한 평가를 내려야 할 것이다. 바로토프스키가 논하듯이, 과학의 무죄성에 대한 궁극적 착각은 히로시마와 나가사키에 불어닥친 원자탄 바람 속에서 사라져 버렸다(1980 : 5). 과학철학 또는 순수과학은 자연과학과 다른 과학 분과들 사이에서만이 아니라 이러한 과학적 실천과 인간적 생활세계에서 행해지는 모든 다른 형태의 합리적 실천 사이에서도 일어나는 교류적 상호작용의 공동적 실천을 촉진시키는 중요한 과제에 직면해 있다. 과학적 연구계획을 재정적으로 후원하고 추진하는 정치적, 경제적 단체들을 포함해서 "현대 과학적 실천의 사실들과 구조들 그리고 그 사회적 상황들을 고려하지"않고, "현대적인 과학적 합리성을 재구성하는 것만으로는 충분치 않다"(1980 : 21).

정신적인 학문분야들과 직업들(Toulmin, 1978)은 항상, 매우 적절한 새로운 질문을 가로막거나 억누르는 가치관의 갈등과 권력강박관념에 의한 이데올로기적 왜곡들에 빠질 염려가 있다. 모형분석과 경험주의 이후적 과학철학 자체가 주객분열에서 비롯된 이데올로기적 왜곡들을 사실적으로 폭로할 수 있는 "전환" 또는 "형태변화"를 더욱 요구한다. 이성의 이러한 변증법적 실천을 단순히 점진적인 적응으로 설명하는 것은 충분치 않다(Giddens, 1981 : 20 - 4, 90 - 1). 현대적 과학과 기술공학이 제공한 힘 자체가 순수과학으로 하여금 인간역사 속에 숨겨진 "이성의 간지"로부터 보다 분명하고 함께 일하는 참여로 나가도록 촉구한다. 과학과 기술공학은 우리의 사회문화적 기본틀과 이 기본틀 안에서 과학이 지닌 의미 또는 역학 사이를 매개할 수 있는 발견적 구조들과 활동들에 초점이 맞추어져 있다(Lamb, 1978 : 195ff;Lonergan, 1978 : 530-633 : Wartofsky, 1979 : 40-89, 119-39 ; 1980).

모형분석 및 경험주의 이후적 과학철학과 관련해서 **질문의 상황**에 대해 이제까지 불완전하게나마 살펴 보았다. 여기서 다음과 같은 세 가지 비교적 중요한 결론을 이끌어낼 수 있다 : (1) 순수논리적 지평에 대한 이러한 성찰은 "새 모형"을 완벽하고 일관성 있게 이론적으로 표명할 가능성을 배제한다. 이 성찰은 연역적으로나 귀납적으로 합리성을 완전히 표명하는 일원론적 순수이론적 절대적 성찰일 수 없다. (2) 이러한 근본적인 불완전성에 근거해서 "새로운 모형"은 불합리하거나 비합리적인 지리멸렬한 상대주의 또는 무정부주의를 지향한다고 결론을 내리는 것은 가능하지도 않고 적절하지도 않다. 왜냐하면 이런 결론은 합리성이 있다면 이 합리성을 완벽하고 일관성있는 순수이론으로 표명할 수 있어야 한다는 거짓된 가정을 전제하기 때문이다. (3) 그 대신에 순수학문적 지평에 대한 이러한 성찰은 공동체적인 이론 작업을 존중한다. 연구공동체들은 지속적인 이론화작업과 다른 모든 형태들(예컨대 통속적, 미학적, 도덕적, 종교적)의 합리적 실천 사이의 관련성들은 물론 이 연구공동체들 내부의 그리고 이 연구공동체들 사이의 발견적 관계들을—비록 불완전하지만—일관성있게 표명하기 위해서 경험적, 해석학적 그리고/또는 변증법적 연구에 참여한다. 순수논리적 과학에 나타나는 "새로운 모형"이 실천의 근본적 중요성을 존중하는 한, 이성의 다원론에서 비롯된 위기는 일차적으로 이성의 주체들과 기관들의 위기라는 결론이 나온다. 이 주체들과 기관들이 표준적 또는 특별한 연구기획들과 관련해서 항상 새로운 적절한 질문을 제기하는 이성의 실천을 촉진하지 않는 한, 그것들은 객관성과 주관성, 체계와 생활세계, 관료제와 자율, 분석과 이야기, 기술공학과 예술,

산업과 환경, 과학과 도덕, 진리와 자유의 이원론에 의해 생겨난 이데 올로기적 왜곡들에 빠지게 된다.

2. 새로운 모형에 있어서 종교적 실천과 신학적 변증법

과학철학의 발전과 현대신학의 발전 사이에 많은 유사점들을 이끌어낼 수 있을 것이다. 『과학혁명의 구조』(*Die Struktur Wissenschaftlicher Revolutionen*) 라는 쿤의 저서는 고전적 실증주의와 "인정된 견해"를 전제한 논리적 경험주의에 의존하는 사유형태들에 대해 불쾌감을 표하는 경향이 있다. 이 저서는 과학철학에 대한 역사의 근본적 의미를 서론적이기는 하지만 분명히 표명했다. 실증주의와 논리적 경험주의가 주체와 객체, 역사와 논리, 가치와 사실, 이데올로기와 과학 등의 사이에 수립한 벽들이 가속적으로 무너지기 시작했다. 이처럼 "정통적 합의"가 붕괴됨으로써, 이성의 권위의 죽음에 대한 페이예아벤드의 극히 자유주의적인 찬사로부터 과학적 합리성의 발견적 의미들을 재구성하려는 비판적으로 합리주의적이고 해석학적인 노력들을 거쳐 역사적인 과학적 실천에 영향을 미친 가치관의 갈등과 권력강박관념을 다루는 발견적 인식론에 대한 보다 변증법적인 관심에 이르는 일련의 사상노선이 생겨났다.

이것은 신학의 근현대적 발전들과 많은 유사점을 지니고 있다. 이러한 신학적 발전들은 "신앙과 이성"의 상호작용을 위해 또는 큉과 트라시의 보다 포괄적인 표현을 빌면, 그리스도교적 종교전통과 인간경험의 상호작용을 위해 역사과학과 다른 경험과학들(예컨대 종교심리학, 종교사회학, 비교종교사)의 넓은 영역을 포괄하려 했다. 이것들은 서로 환원되거나 분리될 수 없으므로 의식론적 의미에서 "상수들"이다. 그리고 이 상수들의 불변성은 큉이 제시한 대모델과 같은 현행의 기본모델 속에 있는 암묵적 관계성이다. 큉과 트라시가 이러한 상호작용의 역사적, 에큐메니칼적 그리고 해석학적인 측면들을 약술했으므로 나는 보다 실천지향적이고 변증법적인 차원에 집중하겠다.

1) "보수와 자유의 대립" 도식의 현대적 해체—정치신학과 해방신학을 위한 방향제시

"많이 언급되는 그리스도교의 정체성 위기는 일차적으로 그리스도교적 사신의 위기가 아니라 그리스도교적 주체들과 제도들의 위기이다"—요한 메츠(Johann B. Metz 1977 : xi)의 이러한 판단은 정치신학의 기획을 위해 중심적이다. 이것은 분명히 과학과 이데올로기의 이분법에 기초한 현대의 중후한 의혹적 해석학(맑스, 프로이트, 니체)에 배치된다. 여러 형태의 해방신학의 근저에 있는 해방적 실천의 경우도 비슷하다. 가난하고 억눌리고 버림받은 "비인간들"이 억압에 저항하는 변혁투쟁을 벌이기 위해 그리스도교적 사신을 받아들인다. 이것도 해방은 불가분하게 세속화 과정과 결부되어 있다는 현대적 주장(꽁트, 밀, 맑스)과 배치되는 것 같다. 이 종교적이고 신학적인 운동들은 실제로 많은 현대적 운동들과 배치된다. 그러나 종교적 신학적 운동들은 변증법적으로 또는 폐쇄적이고 전체주의적인 수법으로서의 변증법이란 용어를 피하자면—"전진적"(analektisch)으로 이루어진다(E. Dussel, 1974 ; J. C. Scannone, 1977). 이러한 발전들은, 마치 종교적 증언에 있어서 이성의 유토피아적 붕괴 또는 신앙주의적 붕괴를 초래한 것처럼, 계몽주의에서 시작된 비판적 성찰과 정치적 자유의 진보를 무시하는 것이 아니다(H. Maier, 1972;S. Ogden, 1979). 이 운동들이 그리스도교적 전통들에 대해서 그리고 현대적 인간경험의 형태들에 대해서 제기하는 매우 적절하고 새로운 질문들은 이것들을 "이중적 변증법"속으로 끌어들인다. 정치신학자들과 해방신학자들은 어떻게 **모든** 상징체계, 이념체계 또는 사회체계가 이데올로기적으로 될 수 있는가를 철저히 인식한다. 따라서 그들은 그리스도교적인 예배의식주의의 이데올로기적 왜곡뿐 아니라 현대적 세속주의의 이데올로기적 왜곡에 대해서 (폐쇄적이지 않은) 진정한 변증법적 비판을 가한다. 실천과 변증법을 지향한 경험주의 이후적 과학철학의 발전들에 대해 앞에서 약술한 내용은 이러한 신학적 발전들이 역사와 사회 속에서 더욱 실현되어야 할

이성 자체에 대한 관심을 어떻게 강화시키는지를 나타내 줄 것이다. 헬무트 푀케르트(Helmut Peukert)가 합리적 실천을 역사의 희생자들과의 생생한 연대성에 이르기까지 심화시키기 위해, 베버적인 그리고 하버마스에게서도 여전히 남아 있는 이분법을 완전히 벗어나서 비판적 성찰을 추구해야 했다는 점도 알아야 할 것이다. 또한 그는 자신의 비판적 성찰을 프랑크푸르트학파의 보다 고전적인 대표자들의 통찰과 그리고 과학이론의 영미적 발전을 통해 이루어진 통찰과 서로 관련시켜야 했다(1978 : 248 - 310).

정치신학과 해방신학은 과학과 생활세계에 대한 새로운 해석학적 성찰의 결실은 물론 현대적 역사비판과 경험적 종교연구의 결실을 거둘 수 있는 처지에 있다. 현대적 역사비판과 경험적 종교연구―독일의 역사학파에서 맑스와 프로이트의 저술들에 이르기까지―는 대체로 과학/이데올로기 이분법의 비호 아래 이루어졌다. 그리스도교적 전통들의 **모든 측면들**에 대한 많은 연구들은 흔히 그리스도교가 그리스도교 세계로 되었을 때 그리스도교적 상징들과 다른 체계들이 지배자적인 성직엘리뜨 그리고/또는 정치엘리뜨의 이데올로기적 적법화를 위해 어떻게 왜곡되었는지를 보여준다. 예배의식주의는 역사적 사회학적 그리고 심리학적 연구를 통해 이데올로기적 왜곡으로 비판되었다. 이러한 왜곡이 북반구의 산업화된 사회와 문화에 영향을 미쳤다. 이것은 종교를 사적인 것으로 또는 전역사적 전통사회의 잔재(이 경우에 역사는 혁명 이후부터 계산된다)로서 설명하는 세속주의로 이끈다.

이런 상황에서 신학자들은 그리스도교적 신앙을 낡은 형태의 신앙적 표현과 동일시하는 정통주의(예컨대 가톨릭 스콜라주의와 개신교 스콜라주의)를 보수적으로 고집함으로써 또는 신앙을 세속사회의 도덕적 문화적 가치들과 동일시하는 현대인들을 **자유주의적으로** 포용함으로써(예컨대 개신교 자유주의, 가톨릭 현대주의) 이분법에 저항하려 했다. 비과학적 이데올로기에 대한 비난들에 대해 보수적으로 대답하는 자들은 신앙전통들을 알아들을 수 있게 해명해 주는 논리학과 논리적으로 도출된 형이상학의 우선성을 강조했다(예컨대 교과서적 신학자들). 자끄 마리땡(Jacques Maritain)의 위계적 지식단계론에서처럼 이들은 흔히 현대과학과 이론 우선적인 과거의 견해들을 조화시키려고 노력하게 되었는데 이러한 노력의 보다 지속적인 유용성은 중세적 신학 전통들에 대한 진지한 역사적 탐구를 고취시켰다는데 있다. 이러한 역사적 탐구는 이 전통들의 풍부한 다원성을 밝힘으로써 교과서들의 단일한 이론적 주장들의 근거를 무너뜨렸다.

비과학적 이데올로기에 관한 현대적 고발들에 대해 자유주의적으로 대답하려는 자들은 대체로 과거의 논리적인 그리고/또는 형이상학적인 개념들을 벗어나서 그리스도교적 신앙이 의미와 가치에 대한 현대적 동경을 위해 매우 적합하다는 것을 보여주려 한다. 신앙적 전통들의 자료들을 해석하기 위해 중요한 해석학적, 윤리적 기본틀이 마련되었다(F. Schleiermacher, 리츨학파). 그러나 자유주의 학파에서도 좀 더 마음에 드는 세속적 의미들과 가치들을 위해 신앙전통의 비판적 잠재성을 약화시키는 순수한 실천적 이성에 우선성을 두는 경향이 있다. 따라서 자유로운 역사적 학파는 전통들의 의미와 가치를 너무 단순하게 그 전통들이 생겨난 문화적 모델들과 동일시함으로써 전통들의 다양한 표현들을 해석하거나(예컨대 하르낙은 그리스도교를 "헬레니즘화"한다), 연구자들이 소중히 여기는 의미들과 가치들을 과거로 투사시키는 경향이 있다(예를 들면, 칸트적이고 헤겔적인 색채를 뚜렷이 지니고 예수와 초기 그리스도교를 다양하게 재구성한 것들 또는 베버의 관료제/카리스마 이분법과 일치하게 교회/소종파 이분법을 예시했던 E. Troeltschs의 사회역사적 재구성, 또는 교회와 중류사회, 신학과 세속적 사회과학을 너무 쉽게 타협시키려는 사회복음의 시도—J Fishburn 참조). 자유주의 학파에 대한 정당한 비판이 많이 있겠지만 자유주의 학파는 역사적 연구기획과 윤리적 성찰양식을 시작했는데 이것들이 경험적 연구와 윤리적 비판의 매우 유익하고 자기교정적인 과정으로 발전했다.

20세기의 사건들은 불가피한 과학적 기계공학적 진보에 대한 신뢰를 매우 급속히 무너뜨리기 시작했다. 세계대전들이 그리고 조작과 통제의 더욱 세련된 방법들이 과학과 기술공학 자체가 지배를 이데올로기적으로 위장할 수 있다는 것을 보여주었을 때 과학과 이데올로기의 이분법은 무너지기 시작했다. 심리학적 연구는 종교적 상징체계들이 숨겨진 가치적 갈등의 적법화를 위해 이데올로기적으로 노이로제적 기능을 할 뿐 아니라 심리적 통전을 촉진할 수 있다는 것을 점차로 밝혀주고 있다(Adler, Jung, Frankl, Fromm). 이로써 사회학적 연구들은 지배에 대한, 현대의 주/객 이원론에 빠진 왜곡된 관심을 폭로하기 시작한다. 그리고 이 연구들은 현대 산업사회를 왜곡시키는 권력관계를 나타내는 상호교류작용의 요소들(George Mead)을 다룬다(예컨대 E. A. Ross, T. Veblen, T. Horkheimer, K. Mannheim). 한마디로 하면 보다 철저한 해석학적 성찰과 함께 이 요소들은 이데올로기에 관한 객관주의적 착각을 서서히 무너뜨렸다. 어떤 상징체계, 이념체계 또는 사회체계가 이데올로기적일 수 있다면, 지배의 반인간적 경향은 이데올로기적으로 간주된 한 체제를 이데올로기와 지배로부터의 자유를 자동적으로 보장하는 다른 체제로 대체함으로써 극복될 수 없다. 말하자면 이것이 봉건—종교—위계적 권위체제의 파국적 이행과정에서 일어난 근본적 오류였다. 체제를 재생산하는 주체들의 실행과는 독립적으로 체제들은 그 자체로서 존재하거나 적절히 이해될 수 있다(Giddens, 1979:49-130). 종교와 마찬가지로 과학도 이데올로기적으로 왜곡될 수 있고 예배의식주의에서처럼 세속주의에서도 인권을 유린하는 지배가 있다면, 철저한 이데올로기 비판은 거룩한 것과 세상적인 것을 구별해서 비판해야 한다. 종교적 체제들과 과학적 체제들에 있어서 제도들과 주체들의 지배자적인 상호작용과는 대립되는 진정한 상호작용들 사이의 모순들은 분명히 밝혀지고 제거되어야 한다(Giddens, 1971: 205-42; Gilkey, 1981).

앞 장에서 약술했듯이, 특히 합리적 실천을 완벽하고, 일관성있는 순수이론적으로 매개하는 것이 환상이라는 점이 인식된 이후에 경험주의 이후적 과학철학자들은 갈수록 이러한 과제에 몰두하게 되었다. 헤겔은 "개념"에 입각해서 이 과제를 해결하려 했으나 실패했다. 실증주의와 논리적 경험주의는 "자료"를 토대로 해서 시도했으나 실패했다. 신학에서도 유사한 발전이 발견될 수 있다. 그리스도교적 주체성에 대한 죄렌 키엘케고르(Sören Kierkegaard) 의 연구는 예배의식적 그리스도교뿐 아니라 세속적 과학주의에 대해서 비판적인 범주들을 제시하는 데서 시작한다. 인식적이고 종교적인 판단들과 결정들에 대한 존 뉴만(John Newman) 의 기술적(記述的) 인 발견적 인식론은 신(新) 스콜라주의적인 교과서적 신학의 삭막한 논리주의(Logizismus) 에 대한 매우 유용한 대안을 제시했다. 교과서적 신학자들은 그들의 시대에 속하지 못했는데 1차대전과 그 이후의 시대는 신학계를 그들의 보수-교리적이고 자유-진보적 잠에서 깨우기 시작했다.

칼 바르트의 위기신학은 하느님 말씀의 초월성을 강조하기 위해 신약성서학에 있어서 종말론의 재발견(예컨대 J. Weiss, A. Schweitzer)을 활용할 수 있었다. 바르트의 **신정통주의**는 보수/자유의 이분법을 넘어선 입지점을 마련해주었다. 하느님의 초월성에 대한 논의를 통해서 바르트는 그리스도교적 신앙과 인간적 역사적 경험의 역설적 비동일성을 밝혔다. 따라서 그는 그리스도교적 사신을 과거의 문화적 의미들 및 가치들 또는 현재의 문화적 의미들 및 가치들과 동일시하려는 성향 때문에 보수주의적 흐름과 자유주의적 흐름을 모두 비판하려 했다. 낮은 자들에 대한 강한 자들의 지배와 수탈의 무의미한 연속이 역사와 공동적 인간적 경험을 특징짓는다. 구약성서와 신약성서에서 하느님의 계시는 강한 자들이 아니라 가난한 자들과 낮은 자들을 "편드는"하느님의 계시이다. "왜냐하면 하느님은 유다인들과 이방인들의 하느님이기는 하지만 높은 자들과 낮은 자들의 하느님이 아니라 일방적으로 낮은 자들의 하느님이기 때문이다…우상들을 섬기는 곳에 내가 있어서는 안된다. 이 세상에서 위대해지려는 모든 사람들에 대해서 나는 하찮은 사람들의 입장을 취해야 한다. 하느님이 이들과 함께 일을 시작하기 때문이다"(1919 : 366 ; G. Hunsinger, 1976).

바르트의 이러한 신앙적 입장과 포퍼의 비판적 합리주의적 입장 사이에는 묘한 유사점이 있다. 왜냐하면 포퍼도 역사를 무의미한 것으로 간주하기 때문이다. "인류의 역사"는 없고 "국제적 범죄와 집단학살에 지나지 않는" "정치권력의 역사"만이 존재한다. 구체적인 인류역사는 고난의 역사를 내포할 수밖에 없다는 것이다 : "잊혀진, 알려지지 않은 개별적 인간들의 삶 : 그의 비애, 기쁨, 고난 그리고 죽음—이것이 모든 시대의 인간경험의 현실적 내용이다." 키엘케고르와 바르트에 의존해서 포퍼는 그리스도교적 신앙에 대한 자신의 이해가 자신의 역사이해와 일치함을 지적했다(1958 : 333 - 341). 정치권력의 종교적 이데올로기와 세속적 이데올로기가 "역사의 무대에서 영웅들이 이룩한 성공과 업적을 신격화하고" "역사에 아무런 의미가 없다고 하지만 우리는 역사에 의미를 부여할 수 있다." "어느 날엔가 권력을 우리가 통제할 수 있도록" 자유와 책임을 키우는 그런 형태의 교육과 윤리적 행위를 우리는 장려한다(1958 : 341 - 347). 역사는 "그러한 정당화(Rechtfertigung)를 절실히 필요로 하고 있다"(앞 글)는 것을 포퍼는 인정한다. 바르트도 역사 안에서 인간이 정당화를 필요로 한다는 것을 인정하지만, 수많은 죽은 자들과 잊혀진 자들 그리고 살아서 투쟁하는 사람들을 참으로 구원할 수 있는 유일한 의미는 예수의 죽음과 부활에 대한 신앙으로 우리를 부르는 하느님의 말씀과 영의 선물 속에 있다고 본다. 전적 타자인 하느님이 그리스도 안에서 역사의 세계를 단지 접선적으로 접촉한다는 점에서 바르트의 초기 "변증법"은 실제로 보다 역설적이었으므로, 하느님의 현실과 신적 계시에 대한 그의 논의는 (현대의 보수/진보적 이분법과는 달리) 오늘의 신학을 위해 언제나 두 부류의 질문을 제기한다고 보아야 할 것이다.

2) 오늘의 신학에 있어서 해석학적 구분들

첫째 부류의 질문들은 해석학적인 것으로 규정될 수 있을 것이다. 종교적 신앙의 선물이 인간의 이성이 역사 안에서 이룩한 것을 초월한다면, 설화적으로 표현되고 선포된 신적 신비의 구속적인 계시에 대한 이 신앙은 인간의 의미추구와 역사 안에서 이성의 실현에 대한 희망을 위해 중요한가 중요하지 않은가? 둘째 부류의 질문은 변증법적인 것으로 규정될 수 있을 것이다. 이미 해석학적 질문을 제기한 것 자체가 신앙과 이성을 완벽하고 일관성있게 순수이론적으로 매개하는 일이 불가능함을 인정한 것이다. 왜냐하면 초월적인 신적 신비만이 그처럼 완벽하고 일관성있기 때문이다. 따라서 역사 안에서 이루어진 하느님의 계시의 의미와 가치가 제자들의 변증 속에 내재해 있는 한 실천으로의 전향의 중요성이 인정된다. 여기서 신앙을 전달하는 주체들과 기관들은 항상 모든 지배권력의 이데올로기적 왜곡에서 벗어나서, 하느님이 선택한 자들 즉 역사의 가난하고 낮은 희생자들과의 연대성 그리고 그들 사이의 연대성을 지향하도록 촉구된다.

해석학적 물음들은 그리스도교적 전통과 현대적 인간경험이라는 발견적 "상수들"의 상호보완점과 갈등을 분명히 표현할 의무가 있다고 느끼는 일련의 신학자들에 의해 제기되고 지속적으로 다루어졌다. 대체로 이 신학자들은 바르트와 한스 우르스 폰 발타자르(Hans Urs von Balthasar)와 같은 신정통주의 신학자들이 강조한 그리스도교적 신앙과 그리스도교적 사랑의 초월적 비동일성을 받아들인다는 점에서 **해석적 또는 조정적**(mediationale) 신학자들이라고 불릴 수 있다. 그러나 그들은 이러한 비동일성을 지속적인 인간경험의 문화적 체계(기본틀) 속에 매개하는 일이 중요하다고 본다. 따라서 루돌프 불트만은 빌헬름 헤르만(Wilhelm Hermann)의 신학을 다양하게 창조적으로 적용함으로써, 율법과 복음을 구별함으로써 그리고 하이데거의 범주들을 통해서, 역사비판적 해석방법과 신앙적 결단의 실존적 요구를 서로 보완시키려 했다. 폴 틸리히는 인간적 유한성의 존재론에 의해 그리스도교와 현대문화를 비판적으로 서로 관련지으려 했다. 이 존재론은 하느님에 관한 물음에 대해서 개방적이며 따라서 그리스도교적 계시의 이야기들과 사건들로써 상징적 지평에서 대답되는 (질문하는) 이성의 신율적 차원을 받아들임으로써 타율적 이성과 자율적 이성의 이분법을 극복할 수 있다. 칼 라너는—칸트와 헤겔의 관념론에 대항해서—초월경험의 아직 주제화되지 않은 실존의 실존적 주제화를 통해 원경험과 그것의 개념화를 존재론적으로 매개하려 했는데 이 시도는 토마스 아퀴나스를 준하이데거적으로 선험적으로 재생시키려 한 것이다. 이렇게 함으로써 그는 오늘의 그리스도교에게 제기되는 다양한 물음들을 받아들이고, 우주론적 형이상학의 존재적 범주에서 인식적 형이상학의 존재론적 범주로 "질문의 상황"을 옮길 수 있었다. 샤르댕(T. de Chardin) 과 과정신학자들은 과학의 진보와 그리스도교적 계시의 상징 사이의 은유적, 형이상학적 상관성을 추구했다. 니버, 콩가르(Y. Congar), 루박(H. de Lubac), 에벨링 등과 같은 학자들의 업적도 그리스도교적 신앙과 계속되는 인간경험을 역사 속에서 완성시키는 의미들의 해석학적이고 역사적인, "다양성 안에서의 일치"를 분명히 표현하는 위대한 작업에 그 나름으로 기여했다. 현대신학의 이러한 해석학적이고 매개적인 노력들이 현대인들을 위협하는 주/객 이원론을 극복하려 했고, 전형적으로 근대적인 문제(보수적 경향과 자유적 경향의 대립)를 체계적으로 넘어섰다고 하더라도, 이런 체계적 업적들이 교회적 생활세계와 문화적 생활세계의 비체계적 교류와 상호작용 속에서 완전히 인정되지는 않았다. 이 점은 이러한 해석학적 매개적 신학에 대한 전형적 반응들(보수적 또는 자유적)에서 너무도 분명히 드러난다. 보수적 반응들의 예는 "순복음운동"(Kein·anderes·Evangelium·Bewegung), "인류"(Humani Generis)와 "인간생활"(Humanae Vitae)과 같은 교황칙서들, 쉴레베크(E. Schillebeeckx)와 큉에 대한 조치들이다. 자유적 반응들은 예컨대 세속화신학과 하느님 죽음의 신학에서 발견될 수 있다. 이 두 가지 반응양식들은 그리스도교적 신앙의 의미와 현대적 인간경험의 의미 사이의 근대적 대립으로 되돌아가려는 경향을 지니고 있다. 따라서 현대의 해석학적인 또는 매개적인 신학자들이 그리스도교적 신앙의 원천들이 현대적 인간경험에서 비롯된 물음들을 어떻게 변형시키는지를 특히 강조한 것은 놀라운 일이 아니다. 일반적으로 이런 강조는 신앙을 매개하는 주체들과 기관들에 대해 해석학적으로 더욱 주목하게 한다. 그래서 판넨베르그와 바버(I. Barbour) 같은 신학자들은 신학의 해석학적 "과학성" 또는 과학적 발견술을 보다 정확히 밝히기 위해 현대과학철학과 충분한 대화를 나눈다. 융엘(E. Jüngel)은 하느님의 죽음에 대한 본회퍼의 신학적 논술을 받아들여서 발전시킨다. 그는 십자가에 달린 자의 고난과 고통으로써 하느님의 죽음을 해석하는 성서적, 종교개혁적 상황과 현대적 형이상학적 상황을 구별한다. 부활을 통해서, 도래하는 하느님으로 확증된 십자가에 달린 분은 모든 이성에 반해서 하느님의 삼위일체적 신비에 대한 신앙으로, 사랑에서 생겨난 지식으로 우리를 부른다. 한스 큉은 무신론적 의혹의 대가들(맑스, 프로이트, 니체)과 그들의 보다 현대적인 후계자들이 종교에 대한 거부를 종교기관들에 대한 거부와 동일시하고 그리스도교에 대한 거부를 그리스도교 세계에 대한 거부와 동일시하고 하느님에 대한 거부를 교회에 대한 거부와 동일시하는 경향이 있음을 보여준다. 그들이 발견한 기관들과 주체들의 왜곡을 인정하고 복음의 빛에서 이 기관들과 주체들을 변형하는 데 능동적으로 참여할 때만 그들의 비판에 대해 적절히 대답할 수 있다. 실천과 이론의 해석적 통일성 속에서 역사가 이해되고 하느님과 관련해서 창조적으로 실현되는데 이러한 이론과 실천의 해석적 통일성을 분명히 표현하기 위해 길키(L. Gilkey)는 섭리, 그리스도론 그리고 종말론의 상징들을 새롭게 되살린다. 쉴레베크는 주석적 역사적 연구의 결과들을 체계적인 그리스도론 속에 충분하고 온전하게 통합시켰다. 그녀는 그리스도교적 신앙의 다원주의가 무정부주의로 이끌지 않고 제자직으로의 권고로 이끈다는 것을 보여준다. 신학들 사이의 매우 실재적인 차이들이, 다원주의가 자족적인 상대주의 또는 무정부주의이거나 그것들로 인도한다는 주장을 위한 근거가 될 수 없음을 밝히기 위해 트라시는 내용, 선포, 실천을 구상하는 데 참여했던 상이한 신학들의 상호보완점과 갈등을 연구했다.

신앙과 현대적 인간경험을 매개했던 신학자들의 해석의 매우 중요한 차이들과 갈등들은 보수적 지향과 자유적 지향의 근대적 이분법의 틀 안에서 적절히 규정될 수 없다. 경험주의 이후적 과학철학의 해석학적 전환은 현재의 과학적 연구들이 질문과 대답의 변증법을 포함하고 있다는 것을 보여 주었다. 여기서 연구기획들의 발견술은 페이예아벤드가 주장한 인식론적 무정부주의에 빠지지 않으면서 다원주의를 고취한다. 이와 유사하게 현대 이후적인 해석학적 신학들의 다원주의적 경향들은 보수적 저항과 자유적 투항의 전형적으로 현대적인 이분법 속에 학문적 연구결과들을 억지로 끼워 넣으려 했던 피터 버거의 주장을 배격한다(1977 ; 그리고 S. Ogden, L. Gilkey, D. Tracy, 1978 의 대답). 왜냐하면 이 신학자들은 신앙과 과학이 모두 이데올로기적으로 왜곡될 수 있음을 알고 있기 때문이다. 이데올로기적 왜곡을 인정하는 것은 어떤 다른 "순수한"의미의 영역을 발견하기 위해 신앙이나 과학을 전적으로 버리는 것도 아니고 반드시 무정부적인 혼란 속에 빠지는 것도 아니다. 오히려 그것은 변증법적 비판에 대해 개방적인 해석적 발견술을 존중할 것을 요구한다.

3) 해석학에서 변증법으로의 전환--정치신학과 해방신학을 위한 토대

이 변증법적 질문들은 정치신학자들과 해방신학자들에 의해 논의되었다. 그들은 다원주의의 경계가 어디 있는지를 가장 분명히 말한다. 바르트가 정식화했듯이 하느님은 유다인과 이방인의 하느님이기는 하지만 높은 자와 낮은 자의 하느님은 아니다. 역사의 고난받는 희생자들을 "편드는"하느님은 유월절-출애굽, 예수의 죽음과 부활의 사건들과 이야기들에서 계시되었는데 이 계시는 회심으로서의 신앙을 근본적으로 요구한다. 여기서 정치세력들이 지배하는 역사가 십자가에 달리고 부활한, 역사의 주에 의해 "깨지고"심판된다. 요한 메츠, 위르겐 몰트만, 도로테 죌레, 구스타보 구띠에레스, 혼 소브리노(Jon Sobrino) 그리고 레오나르도 보프가 여러가지 방식으로 지적했듯이, 구원을 통한 그리스도 지배의 이러한 계시는 다른 인간들에 대한 인간들의 모든 방식의 지배를 초월하고 변화시킨다. 하느님의 통치는 지배세력의 곤경을 드러내고, 자매들과 형제들 가운데 가장 작은 자들에 대한 사랑 안에서 그리고 그 사랑을 통해 신적인 신비를 자유롭게 사랑하고 숭배하도록 인류를 초대함으로써, 인간의 자유를 위축시키지 않고 해방

한다. 현재 진행되는, 유다 백성과 그리스도교적 백성의 역사들과 마찬가지로 옛 계약과 새 계약의 역사들은 지배세력의 적법화를 위한 종교적 상징체계들의 이데올로기적 왜곡으로 가득 차 있다. 계약들은 깨어졌고 위반되었다. 종교적 회심들은 순수한 그리고 자동적으로 보장된 사건들이 아니다. 가난한 자들과 힘 없는 자들을 위한 하느님의 선택을 통해 예언자적으로 고지된 하느님의 나라는 모든 가능한 세계들 가운데 최선의 세계의 계시가 아니었다. 오히려 그것은 죄들에 대한 참회의 지속적 실천(흔히 태만에 빠짐으로써 결과되는 소외들을 제거하는 일)으로서의 회개(metanoia)를 해야 할 필연성을 고지한다.

정치신학자들은, 그리고 어쩌면 더욱 분명하게 해방신학자들은 신앙이 역사 안에서 "순수한 종교"의 영역을 드러낸다는 환상을 가지고 있지 않다. 예를 들어 흑인적, 여성적, 남미적, 아프리카적, 아시아적 또는 아메리카적(아메리카 원주민적) 해방신학을 읽으면, 그리스도교가 끊임없이 억압과 수탈의 이데올로기에 의해 왜곡되었다는 예리한 변증법적 의식을 갖게 된다. 왜 왜곡들과 사신(使信)을 동일시하고 그리스도교적 전통들을 버리지 않는가? 그 까닭은 이 신학자들이 신앙의 기관들과 주체들이 지배와 통제의 객관주의적 구조 속에 있지 않고 기든스가 말하는 주체와 구조의 변증법적 상호작용 속에 있으며 이 기관들과 주체들이 그리스도의 신비 안에서 항상 가난한 자들과 낮은 자들에 대한 더욱 진정한 종교적 연대성을 갖도록 촉구되기 때문이다. 앞에서 이미 언급했듯이 종교의 비순수성을 벗어나서 이성 또는 이론의 소위 순수한 영역으로 도피하는 전형적으로 현대적인 입장은 환상적인 것이다.

모든 이념체계 또는 상징체계는 이데올로기적으로 될 수 있다. 몰트만이 지적하듯이 그리스도교적 신앙의 관점에서 "자유의 진리는 사랑이고"(1980), 로네르간(Lonergan)이 주장하듯이 진정한 신앙은 "사랑에서 우러난 지식"(1972)이라면 이 신학자들은 역사적으로 그리고 인격적으로 그 사랑을 좌절시키고 그 사랑이 산출할 수 있는 지식을 왜곡하는 잠재적인 가치갈등 및 권력강박관념과 드러난 가치갈등 및 권력강박관념을 변증법적으로 구분해야 할 현대 이후적 과제를 지니고 있다. 메츠가 밝혔듯이 이것은 주체성을 강화하는 신학 수행방식을 장려하는 것이다. 이 신학 수행방식은 과거의 전통들을 완성하는 혁신적 회상들을 존중할 뿐 아니라, 복음을 보수-가부장제적 매개 또는 자유-부르즈와적 매개와 동일시하는 모든 노력을 종결시키거나 중단시키는 정의와 사랑에 의한 하느님의 통치에 대한 종말론적 또는 묵시문학적 희망들도 존중한다(1977).

메츠(1977), 푀케르트(1978) 그리고 클로도비스 보프(Clodovis Boff) 등이 입증했듯이 정치신학과 해방신학의 설화적 실천지향적 성격은 신앙주의(Fideismus)의 비합리적 후퇴를 뜻하지 않는다. 오히려 그것은 신앙을 사랑에서 우러난 설화적 지식으로 이해하려는 노력을 뜻한다. 이 신앙은 모든 낮은 자들에 대한 신적인, 상기시키는 연대성을 드러내고 도구주의적으로 그리고 다른 방식으로 변질된 이성의 불합리성에서 인간의 이성과 경험을 구원해준다. 그 까닭은 변질된 이성은 합리적 실천을 현대적 형태의 과학주의로 왜곡시키고 지식은 두려움에 근거한 지배권력으로 되기 때문이다. 앞 장에서 나는 경험주의 이후적 과학철학이 데까르트적인 주객이원론을 어떻게 넘어서는지를 약술했다. 예컨대 알라스데어 매킨타이어(Alasdair MacIntyre)는 서로 다른 시기에 속한 모형들의 비교불가능성이 설화적 실천에서 어떻게 극복되는지를 대략적으로 서술한다. 그는 자체 안에 이야기들과 전통들을 이론들 및 방법들과 결부시킨 현재 진행되는 역사적인 이야기들 속에 모든 과학적 이론들이 들어 있음을 지적했다(1980). 이와 비슷하게 후안 스캐논네(Juan C. Scannone)와 다른 학자들도 이론과 실천의 해방신학적 매개가 대중을 위에서 조작하려고 하는 이론의 보수적 적용과 자유적 적용의 이분법을 극복할 수 있다는 것을 밝히기 위해서 뒤쎌(E. Dussel)과 프레리(P. Freire)의 범주들 뿐 아니라 뽈 리꾀르, 레비나스(E. Levinas), 하이데거, 라너의 범주들도 이용한다. 그들은 이데올로기 비판의 방법에 의해 과학적이고 학자적인 노력들을 남미의 수많은 가난한 사람들의-민중적 지혜의-이야기들과 전통들에 담긴 많은 가치들과 관련시킬 수 있었다(Scannone, 1976, 1977).

갓왈드(N. Gottwald), 엘리옷(J. Elliot), 쉬슬러 피오렌자(E. Schüssler-Fiorenza), 타이쎈(G. Theissen) 그리고 트리블(P. Trible)의 사회비판적, 재구성적 해석들에 나타나는 새로운 경향들은 성서의 이야기들과 관련된 것인데 선구적인 것으로 생각된다. 기든스가 지적했듯이 해석이론들은 본문의 의미를 저자의 의도로 환원시키는 낭만적 환원을 넘어설 뿐 아니라 의미를 공시적인 객관주의적 자취들로 환원시킴으로써 의도성(Intentionalität)을 완전히 배제하는 보다 자유적인 방법의 이분법을 넘어서야 한다. "주관주의에 빠지지 않는 주체의 구원"이란 말로써 기든스는 리꾀르와 유사하게, 본문들이 문화적 생산과 재생산의 현재 진행되는 사회적 실행 속에 있으며 이로써 시대적 간격을 넘어선 상호작용을 가능케 한다는 것을 지적한다. 의미들과 가치들은 본문 그 자체 속에 "포함되어"있지 않고 (본문 자체는 종이 위에 있는 부호에 지나지 않는다), 의도된 또는 의도되지 않은 의미들로 이루어진 상호교류작용 즉 현재 진행 중인 사회적 실천의 역사 속에 내장되어 있다(1979 : 9 – 48, 198 – 233). 지배와 해방의 변증법적 과정을 규정하는 가치갈등과 권력강박관념에 주목함으로써 현대의 성서학자들은 역사비판의 자유주의적 기획을 지양한다. 왜냐하면 보다 변증법적이고 사회비판적인 해석방법들은 본문의 의미들을 단순히 본문들이 형성된 문화의 개연적 구조들로 환원시키지 않고, 신앙공동체들이 그 안에서 그리고 그에 대항해서 성서의 이야기들을 생산하고 재생산했던 갈등의 영역들을 분명히 밝히기 때문이다.

엔리끄 뒤쎌이 말하듯이, 이 변증법적이고 사회비판적인 방법들은 더욱 치밀해져서 교회사와 교리사를 재구성하는 데까지 확대되어야 한다(1981 : 3 – 20 : 또한 Lamb, 1982:134 - 42).

앞에서 인급한 "이중직 변증법"은 정치신학자들과 해방신학자들로 하여금 소외와 이데올로기적 왜곡을 다양한 사회적, 학문적, 교회적 상황에서 이해하고 극복하려는 사람들과의 공개적이고 상호비판적인 공동작업으로 이끈다. 정치신학과 해방신학의 차이는 그들의 다양한 문화체계와 상이한 원래적 상황에서 비롯된 것이다. 최근에는 이 차이가 모순적이라기보다 상호보완적이라는 점이 일반적으로 인식되었다. 남미의 해방신학과 흑인해방신학은 계급정신과 인종주의에 대한 종교적 도덕적 투쟁을 다짐한 교회공동체들에 대한 비판적 성찰과 참여로서 생겨났다. 이러한 상황에서 신학자들은 사회적, 학문적 영역에서 상호 보완적 관점과 가치를 가지고 공동작업을 하기 시작했다(S. Torres, 1981;R. Gibellini, 1979;J. Cone, 1979). 여성신학과 생태학적 해방신학은 성차별주의와 인간중심주의에 대한 사회적 투쟁 속에서 교회영역과 학문영역에 혁신적 가치들을 전달하는 노력들로서 생겨났다. 이렇게 함으로써 이 신학들은 이러한 가치들과 무가치들의 빛에서 그리스도 교적 전통과 현대적 경험을 재평가하게 되었다(R. Ruether, 1979, 1981;J. Cobb. 1981, 1982). 유럽과 북미의 정치신학은 일차적으로 학문적 영역 안에서 생겨났다. 이 신학의 목적은 현존하는 그리스도교적 전통과 자유와 고난의 현대적인 역사에 대한 경험적, 해석학적, 역사적, 철학적 연구들에 의해 점차로 밝혀진 사회적, 도덕적, 종교적 지적모순들의 변증법적 비판적 잠재력을 분명히 표현하자는 것이다. 이러한 학문적 상황에서 이 신학자들은 여러 학문분과들의 새로운 형태의 공동연구를 이 상황 속에 끌어 들이고(Metz, 1971 ; Peukert 1978 ; Lamb, 1978), 인간화와 복음화의 변혁적 가치를 실현하는 다양한 교회적 사회적 운동들과 함께 공동으로 연구하는 일(G. Baum, 1979, 1980, 1982 ; J. Coleman,1982 ; L. Cormie, 1978, 1980 ; F. Schüssler - Fiorenza, 1977, 1982 ; Metz, 1977, 1980, 1981 ; Moltmann, 1977, 1980;S. Torres, 1976) 의 근본적 중요성을 파악했다.

해방신학과 정치신학에 있어서 이러한 진보적 발전은 이 신학들이 경험적, 해석학적 그리고 역사적인 연속성있는 연구방법들의 성과들을 거두어 들일 수 있는 수 있는 처지에 있음을 시사해준다. 왜냐하면 가치갈등과 권력강박관념에 대한 이 신학들의 관심은 서로 다른, 흔히 모순적인 역사적 재구성들, 해석학적 해석들 그리고 경험적 연구기획들의 근저에 있는 변증법적 차이를 비판적으로 취급할 수 있게 한다

(L. Lonergan, 1972:128-30, 235-66). 앞에서 언급한 해석학적 과제들과 마찬가지로 이러한 현대 이후적 변증법적 과제들도 보수적 반응과 자유적 반응의 전형적으로 현대적인 오해들을 피할 수 없다. 보수주의와 자유주의는 근본적으로 현상유지를 위한 동일성의 체계로서 폭로된다. 예컨대 정치신학과 해방신학에 대한 소위 "신보수적"비판과 사적(史的)—유물론적 비판을 비교해 보라. 양자는 모두 과학과 이데올로기의 현대적 이분법에 의해 그리스도교적 신앙의 동일성을 규명한다. 신보수주의자들은 후기 자본주의적 과학과 사회기구를 뒷받침하고 적법화하기 위해 그리스도교의 중요성을 강조하면서(예컨대 Edward Norman, 1979 ; Michael Novak, 1982) 정치신학과 해방신학이 국가사회주의(Staatssozialismus)를 위해 신앙을 "탈영성화"한다고 비판한다. 사적 유물론자들은—국가사회주의적 실천은 아니더라도—맑스주의적 과학을 적법화하면서 신앙의 중요성을 내세우는데 그들은 신학자들이 가난하고 억눌린 희생자들과의 연대성의 가치를 "탈물질화"한다고 비판한다(Alfredo Fierro, 1977). 보수적 비판과 자유적 비판의 이런 상반성은 초강대국들의 현대적 수사법에서도 나타난다. 미국의 언론들은 소련진영국가들에서 교회의 비판적 영향을 즐겨 찬양하면서 남미에서 교회의 비판적 영향에 대해서는 격렬히 공격한다. 소련의 언론들은 이와는 정반대로 찬양하고 비난한다.

이러한 비판과 수사법은 정치신학과 해방신학이 신앙과 이데올로기의 종교주의적 이분법뿐 아니라 과학과 이데올로기의 세속주의적 이분법까지도 초월하고 있음을 간과한다. 신앙의 기관과 주체들이 현대적인 자유의 역사와 오늘날의 고난의 역사에 참여하듯이 정치신학과 해방신학은 사회적, 교회적, 학문적 영역에서 종교적—성직계급적 지배와 통제의 형태로부터 세속주의적—관료적 지배와 통제의 형태로 옮겨가는 운명적 과정을 넘어서는 연대성과 공동작업의 가능성을 제공한다. 칼 바르트처럼 수탈당하는 희생자들과의 연대성의 가치를 사회주의적 전통에서 얻는 사람들도 이 가치들이 저 운명적인 현대적 이행과정에 의해 유린되었음을 충분히 알고 있다. 국가사회주의가 유물론의 이데올로기적 관념화라면 후기 자본주의는 관념론의 이데올로기적 물질화이다. 인종주의, 성차별주의, 경제적 수탈, 군국주의 그리고 환경오염에 대한 투쟁에 변증법적으로 참여하는 정치신학자들과 해방신학자들은 사랑에서 우러난 지식으로서의 신앙을 통해서, 두려움과 지배로 인해 초래된 사회적, 교회적, 학문적 소외들을 철저히 비판해야 했다.

교회 쪽에서는 전세계에 걸쳐 형성된 교회적인 바닥공동체들이 메츠가 "제2의 종교개혁"이라고 말한 것의 맹아를 엿볼 수 있게 한다. 이로써 이 해방적인 바닥공동체 교회들이 신앙주체들의 보수—가부장제적, 자유—부르즈와적 관료제도화로 인한 소외들을 초월할 수 있다. "아래로부터" 일어나는 이러한 새로운 에큐메니칼운동은 그리스도교 안에서 그리고 세계종교들 사이에서 공동적 대화와 행동을 위한 모형을 제공한다. 왜냐하면 이 운동은 그리스도인들을 다른 그리스도인들로부터 서로 깊이 소외시키고 다른 종교전통에 속한 형제, 자매들로부터 깊이 소외시키는 지배권력의 사용 즉 칼에 의해 십자가를 배신하는 일을 포기한다. 그런데 이러한 포기는 모든 종교제도들과 주체들에게 철저한 변혁을 요구하게 될 것이다. 수많은 인간들을 희생시켰고 여전히 희생시키는 권력의 우상으로부터 모든 존재자들 속에 초월적으로 내재하는 신적 신비로 나가야 한다. 학문적 측면에서는, 전통과 혁신, 과학과 도덕, 이론과 이야기, 질서와 자율, 기술과 예술, 산업과 환경을 인위적으로 분리시켰던 주객 이분법을 극복하려는 많은 노력들이 참으로 현대이후적인 사상적 변혁으로 이어져야 한다. 그 까닭은 그러한 사상적 변혁, 회개 또는 "형태변화"의 과정을 통해서만 이분법이 극복될 수 있고, 진리와 자유를 향한 공동체적 추구에 있어서 간주관적 창조성의 기본토대가 되는 역동적이고 섬세한 상호작용이 인식될 수 있다. 바로 이러한 섬세한 구분과 상호 작용의 맥락에서, 실천과 변증법으로의 경험주의 이후적 변천이 신학의 상보적 변천을 위해 중요하며 그 반대로 신학의 상보적 변천이 경험주의 이후적 변천을 위해 중요하다.

그러므로 순수과학과 신학에서의 모형분석은 일원론적 순수이론적 절대주의와 이분법적이고 이론적으로 잡다한 무정부주의의 환상을 폭로한다. 지적 종교적 실천은 이런 환상적 입장을 넘어서서 많은 형태의 해석학적 변증법적 공동연구로 나아간다.

신학에서의 새로운 모형분석은 이론과 실천의 신학적 변증법과 함께 교회 안의 비밀작업으로 생각되지 않는다. 그 까닭은 인류사에서 현재의 시기는 몰트만이 "미래를 위한 자유"로서 서술한 것의 매우 실재적인 위협 속에 있기 때문이다. 20세기 말에 이 지구 위에 사는 인류는 이제까지 없었던 엄청난 도전 앞에 있다.

처음으로 우리 인간들은 세계사의 무대에서 이제까지 지속된 인류 드라마의 스스로 초래된, 갑작스런 그리고 거의 묵시록적인—핵종말의 가능성—또는 개연성—을 보고 있다. 이 드라마가 계속되려면 이 드라마는 수정되어야 한다. 왜냐하면 이제까지 이 드라마는 몇 사람을 승리자로 만들고 대다수의 사람들을 희생자로서 죽이거나 노예로 만들었던 전쟁과 갈등으로 점철되었기 때문이다. 이 인간 드라마는 얻은 자와 잃은 자, 승리자와 희생자, 주인과 노예, 제국과 식민지 초강대국과 저개발국으로 규정할 수 있는 온갖 상이한 역할들로 특징지어진다. 핵무기 경쟁의 결정적인 아이러니는 지배권력의 치명적인 잠재력이 모든 것을 파멸시킬 수 있다는 것이다. 과학과 기술공학이 역사의 지배적인 초강대국들의 손아귀에서 벗어나고 이 드라마가 파괴보다는 구원에 의해 "중단"되어야 한다면, 언제나 지배권력을 적법화하는 데 이용되었던 그리스도교 신학은 그리스도 예수의 신비와 사신의 빛에서 모든 곳에서 희생자들의 투쟁과 자신을 동일시한 하느님에 대한 혁신적 기억들을 변증법적으로 매개함으로써 미래를 위해 기여할 수 있다.

참고문헌

Agassi, Joseph : 1981, *Science and Society : Studies in the Sociology of Science*, Reidel Publishing, Boston.

Apel, Karl - Otto : 1979, "Types of Rationality Today : The Continuum of Reason between Science and Ethics", in T. F. Geraets(ed.), *Rationality Today*, Univ. of Ottawa Press, Ottawa.

1980, *Towards a Transformation of Philosophy*, Routledge & Kegan Paul, Boston.

1973, *Transformation der Philosophie* Ⅰ : Sprachanalyse, Semiotik, Hermeneutik.

Ⅱ. Das Apriori der Kommunikationsgemeinschaft, Frankfurt.

Barbour, Ian : 1974, *Myths, Models, and Paradigms*, Harper & Row, New York.

Barth, Karl : 1919, *Der Römerbrief*, G. A. Bäschlin, Bern.

Baum, Gregory : 1979, *The Social Imperative*, Paulist Press, New York.

1980, *Catholics and Canadian Socialism*, Paulist Press, N. Y.

1982, *The Priority of Labor : Commentary on Laborem Exercens*, Paulist Press, New York.

Benhabib, Seyla : 1981, "Modernity and the Aporias of Critical Theory", *Telos*, St. Louis, Mo.

1982, Die Moderne und die Aporien der Kritischen Theorie. In : Wolfgang Bonss, Axel Honneth(Hrsg.), *Sozialforschung als Kritik. Zum sozialwissenschaftlichen Potential der Kritischen Theorie*, Frankfurt, 127 – 175.

Berger, Peter : 1977, "Secular Theology and the Rejection of the Supernatural", *Theological Studies*, Baltimore, Md.

Bernstein, Richard : 1976, *The Restructuring of Social and Political Theory*, Harcourt Brace Jovanovich, New York.

1979, *Restrukturierung der Gesellschaftstheorie*, Frankfurt

Boff, Clodovis : 1978, *Teologia e Prática : Teologia do Político e suas*

Mediações, Vozes, Petrópolis, Brazil.

1984, Theologie und Praxis. Die erkenntnistheoretischen Grundlagen der Theologie der Befreiung(*Gesellschaft und Theologie / Fundamentaltheologische Studien* 7), München — Mainz.

Boff, Leonardo : 1978, *Jesus Christ Liberator*, Orbis, Maryknoll, New York.

Byrne, Patrick : 1981, "Lonergan on the Foundations of the Theories of Relativity", in M. Lamb(ed.), *Creativity and Method*, Marquette Univ. Press, Milwaukee, Wi.

Capra, Fritjof : 1982, *The Turning Point : Science, Society and the Rising Culture*, Simon and Schuster, New York.

1983, *Wendezeit. Bausteine für ein neues Weltbild*, Bern — München — Wien.

Cobb, John : 1981, *The Liberation of Life : From the Cell to the Community*, with L. Charles Birch, Cambridge Univ. Press, New York.

1982, *Process Theology as Political Theology*, Westminster Press, Philadelphia, Pa.

Coleman, John : 1982, *An American Strategic Theology*, Paulist Press, New York.

Cone, James : 1979, *Black Theology*, with G. S. Wilmore, Orbis, Maryknoll, N. Y.

Cormie, Lee : 1978, "The Hermeneutical Privilege of the Oppressed", *Proceedings of the Catholic Theological Society of America*, Manhattan College, Bronx, N. Y.

1980, "The Sociology of National Development and Salvation History", in G. Baum(ed.), *Sociology and Human Destiny*, Seabury Press, New York.

Dussel, Enrique : 1974, *Método para una filsofía de la liberacion*, Sigueme, Salamanca.

1981, *A History of the Church in Latin America : Colonialism to Liberation*, Eerdmans, Grand Rapids, Mi.

Feyerabend, Paul : 1975, *Against Method*, Verso, London.
1978, *Science in a Free Society*, NLB, London.
1981, *Problems of Empiricism*, vol. 2, Cambridge Univ. Press, New York.
1976, *Wider den Methodenzwang. Entwurf einer anarchistischen Erkenntnistheorie*, Frankfurt.
1979, *Erkenntnis für freie Menschen*, Frankfurt. (Große textliche Unterschiede zwischen der englischen und der deutschen Ausgabe vgl. das Vorwort in der deutschen Ausgabe S. 7ff.)
1981, *Probleme des Empirismus. Schriften zur Theorie der Erklärung der Quantentheorie und der Wissenschaftsgeschichte* (Ausgewählte Schriften, Band 2), Braunschweig — Wiesbaden.
Fierro, Alfredo : 1977, *The Militant Gospel*, Orbis, Maryknoll, New York.
Fiorenza, Frank : 1977, "Political Theology as Foundational Theology", *Proceedings of the Catholic Theol. Society of America*, Bronx, N. Y.
1982, "The Church's Religious Identity and Its Social and Political Mission", *Theological Studies*, Baltimore, Md.
Fishburn, Janet : 1981, *The Fatherhood of God and the Victorian Family : The Social Gospel in America*, Fortress Press, Philadephia, Pa.
Gabor, Dennis : 1970, *Innovations : Scientific, Technological and Social*, Oxford Univ. Press, New York.
Gadamer, Hans-Georg : 1981, *Reason in the Age of Science*, MIT Press, Boston.
1976, *Vernunft im Zeitalter der Wissenschaft. Aufsätze*, Frankfurt.
1978, *Hermeneutik als theoretische und praktische Aufgabe*, in : Rechtstheorie 9, 257 — 274.
1979, *Das Erbe Hegels. Zwei Reden aus Anlaß des Hegel — Preises*, Frankfurt.
Gibellini, Rosino : 1979, *Frontiers of Theology in Latin America*,

Orbis, Maryknoll, New York.

Giddens, Anthony : 1971, *Capitalism and Modern Social Theory*, Cambridge Univ. Press, New York.

1976, New Rules of Sociological Method, *Basic Books*, N. Y.

1977, Studies in Social & Political Theory, *Basic Books*, N. Y.

1979, *Central Problems in Social Theory*, Univ. of California Press, Berkeley, Ca.(Deutsche Übersetzung in Vorbereitung. Erscheinung noch nicht bekannt.)

1981, *A Contemporary Critique of Historical Materialism*, Univ. of California Press, Berkeley, Ca.

1982, *Classes, Power, & Conflict*, with D. Held, Univ. of California Press, Berkeley, Ca.

Gilkey, Langdon : 1976, *Reaping the Whirlwind*, Seabury Press, New York.

1981, Society and the Sacred, Crossroad, New York.

Gratan — Guinness, Ivor : 1970, *The Development of the Foundations of Mathematical Analysis from Euler to Riemann*, MIT Press, Cambridge, Ma.

Gutiérrez. Gustavo : 1977, *Liberation and Change*, with R. Shaull, John Knox Press, Atlanta, Ga.

Habermas, Jürgen : 1981, *Theorie des kommunikativen Handelns, Bd. I*

1981 a, *Theorie des kommunikativen Handelns, Bd. II* , Suhrkamp, Frankfurt.

Henrich, Dieter : 1976, *Die Grundstruktur der modernen Philosophie*, in : H. Ebeling(Hrsg.), Subjektivität und Selbstverhaltung, Frankfurt, 97 — 143.

Heelan, Patrick : 1965, *Quantum Mechanics and Objectivity*, Nijhoff, Hague.

1977, "Hermeneutic of Experimental Science", *Interdisciplinary Phenomenology*, vol. 6, Nijhoff, Hague, pp. 1 — 51.

1979, "The Lattice of Growth in Knowledge", in : G. Radnitzky & G. Andersson(eds.), *The Structure and Development of Science*, Reidel Publishing, Boston.

1981, Verbandstheoretische Betrachtung des Erkenntnisfortschritts, in : G. Radnitzky, G. Andersson(Hrsg.), *Voraussetzungen und Grenzen der Wissenschaft*. Tübingen, 339 — 346.

Hesse, Mary : 1974, *The Structure of Scientific Inference*, Indiana Univ. Press, London.

1980, *Revolutions and Reconstructions in the Philosophy of Science*, Indiana Univ. Press, London.

Hunsinger, George : 1976, *Karl Barth and Radical Politics*, Westminster Press, Philadelphia, Pa.

Ihde, Don : 1979, *Technics and Praxis*, Reidel Publishing, Boston, Ma.

Jarvie, I. C. : 1976, "Toulmin and the Rationality of Science", in R. Cohen, P. Feyerabend & M. Wartofsky(eds.), *Essays in Memory of Imre Lakatos*, Reidel Publishing, Boston, Ma.

Jüngel, Eberhard : 1977, *Gott als Geheimnis der Welt*, Mohr, Tübingen.

Kuhn, Thomas : 1970, *The Structure of Scientific Revolutions*, 2nd enlarged edition, Univ. of Chicago Press, Chicago, Ⅱ.

1970a, "Reflections on My Critics", in I. Lakatos & A. Musgrave(eds.), *Criticism and the Growth of Knowledge*, Cambridge Univ. Press, New York.

1977, *The Essential Tension*, Univ. of Chicago Press, Chicago.

1974, Bemerkungen zu meinen Kritikern, in : I, Lakatos, A. Musgrave(Hrsg.), *Kritik und Erkenntnisfortschritt*. Braunschweig, 223 — 269.

1978, *Die Entstehung des Neuen. Studien zur Struktur der Wissenschaftsgeschichte*. L. Krüger(Hrsg.) Frankfurt a. M.

1981, *Die Struktur wissenschaftlicher Revolutionen*. 2. rev. u. um d. Postskriptum von 1969 erg. Aufl., Frankfurt a. M. ^{5}1981.

Küng, Hans : 1976, *On Being a Christian*, Doubleday, New York.

1980, *Does God Exist? An Answer for Today*, Doubleday, New York.

1974, *Christ sein*, München.

1978, *Existiert Gott? Antwort auf die Gottesfrage der Neuzeit*, München.

Lakatos, Imre : 1970, *Criticism and the Growth of Knowledge*, ed. with A. Musgrave, Cambridge Univ. Press, New York.

1978a, *The Methodology of Scientific Research Programmes*, Cambridge Univ. Press, New York.

1978, *Mathematics, Science and Epistemology*, Cambridge Univ. Press, New York.

1974, *Kritik und Erkenntnisfortschritt*, I. Lakatos, A. Musgrave(Hrsg.), Braunschweig.

Lamb, Matthew : 1978, *History, Method and Theology*, Scholars Press, Missoula.

1982, *Solidarity with Victims : Toward a Theology of Social Transformation*, Crossroad, New York.

Lonergan, Bernard : 1972, *Method in Theology*, Herder & Herder, New York.

1977, "The Ongoing Genesis of Methods", *Studies in Religion*, vol. 6, n. 4, Canada, pp. 341 — 55.

1978, *Insight : A Study of Human Understanding*, Harper & Row, eleventh printing, New York.

MacIntyre, Alasdair : 1980, "Epistemological Crises, Dramatic Narrative, and the Philosophy of Science", in G. Gutting(ed.), *Paradigms and Revolutions*, Univ. of Notre Dame Press, Notre Dame, In.

1981, *After Virtue : A Study in Moral Theory*, Univ. of Notre Dame Press, Notre Dame, In.

Maier, Hans : 1972, *Kirche und Gesellschaft*, Kösel, München.

Marx, Karl : 1976, *The German Ideology*, with F. Engels, in Collected Works, vol. 5, International Publishers, New York.

1932, *Die Deutsche Ideologie*, in : Marx / Engels Gesamtausgabe, Abt. I, Bd. V. Berlin.

Mets, Johann : 1971, *Die Theologie in der interdisziplinären Forschung*, with T. Rendtorff, Bertelsmann Univ. — Verlag, Düsseldorf.

1977, *Glaube in Geschichte und Gesellschaft*, Grünewald, Mainz.

1980, *The Emergent Church : The Future of Christianity in a Postbourgeois World*, Crossroad, New York.

1980, *Jenseits bürgerlicher Religion. Reden über die Zukunft des Christentums*, München — Mainz.

1981, *Unterbrechungen : Theologisch — politische Perspektiven und Profile*, Gerd Mohn, Gütersloh.

Moltmann, Jürgen : 1979, *The Future of Creation*, Fortress Press, Philadelphia, Pa.

1981, *The Trinity and the Kingdom*, Harper and Row, New York.

1977, *Zukunft der Schöpfung. Gesammelte Aufsätze*, München.

1980, *Trinität und Reich Gottes. Zur Gotteslehre*, München.

McCarthy, Thomas : 1979, *The Critical Theory of J. Habermas*, MIT Press, second printing, Cambridge, Ma.

1980, *Kritik der Verständigungsverhältnisse. Zur Theorie von Jürgen Habermas*, Frankfurt a. M.

Nickles, Thomas : 1977, "Heuristics and Justification in Scientific Research", in F. Suppe(ed.), *The Structure of Scientific Theories*.

Noble, David : 1977, *America By Design : Science, Technology & the Rise of Corporate Capitalism*, Alfred Knopf, New York.

Norman, Edward : 1979, *Christianity and the World Order*, Oxford Univ. Press, New York.

Novak, Michael : 1982, *The Spirit of Democratic Capitalism*, Simon & Schuster, New York.

Ogden, Schubert : 1978, "Responses to P. Berger", with L. Gilkey and D. Tracy, *Theological Studies*, Baltimore, Md., pp. 486ff.

1979, *Faith and Freedom : Toward a Theology of Liberation*,

Abingdon, Nashville, Tn.

Pannenberg, Wolfhart: 1976, *Theology and the Philosophy of Science*, Westminster Press, Philadelphia, Pa.

1981, *Ethics*, Westminster Press, Philadelphia, Pa.

1977, *Wissenschaftstheorie und Theologie*, Frankfurt a. M.

1977a, *Ethik und Ekklesiologie*: ges. Aufsätze, Göttingen.

Peukert, Helmut: 1978, *Wissenschaftstheorie, Handlungstheorie, Fundamentale Theologie*, 2. Aufl., Suhrkamp, Frankfurt.

Polanyi, Michael: 1962, *Personal Knowledge: Towards a Post — Critical Philosophy*, Harper and Row, New York.

Popper, Karl: 1966, *The Open Society and Its Enemies*, vol. 2, fifth revised edition, Princeton Univ. Press, Princeton, NJ.

1970, "Normal Science and Its Dangers", in I. Lakatos & A. Musgrave(eds.), *Criticism and the Growth of Knowledge*.

1973, *Objective Knowledge: An Evolutionary Approach*, Oxford Univ. Press, New York.

1981, *The Self and Its Brain*, with J. Eccles, Springer International, New York.

1958, *Die offene Gesellschaft und ihre Feinde, Band II : Falsche Propheten. Hegel, Marx und die Folgen*, Bern.(Kap. 15 : Hat die Weltgeschichte einen Sinn?, 320 — 347.)

1973, *Objektive Erkenntnis*. Ein evolutionärer Entwurf, Hamburg.

1974, Die Normalwissenschaft und ihre Gefahren, in : I. Lakatos, A. Musgrave(Hrsg.), *Kritik und Erkenntnisfortschritt*, Braunschweig.

1982, *Das Ich und sein Gehirn*, K. Popper, J. Eccles, München — Zürich.

Radnitzky. Gerard: 1978, *Progress and Rationality in Science*, edited with G. Andersson, Reidel, Boston, Ma.

1979, *The Structure and Develoment of Science*, edited with G. Andersson, Reidel, Boston, Ma.

1980, *Fortschritt und Rationalität der Wissenschaft*, G. Radnitzky,

G. Andersson(Hrsg.), Tübingen.

1981, *Voraussetzungen und Grenzen der Wissenschaft*, G. Radnitzky, G. Andersson(Hrsg.), Tübingen.

Rahner, Karl : 1974, *The Shape of the Church to Come*, Seabury Press, New York.

1978, *Foundations of Christian Faith : An Introdution to the Idea of Christianity*, Seabury Press, New York.

1972, *Strukturwandel der Kirche als Aufgabe und Chance*, Freiburg — Basel — Wien.

1982, Grundkurs des Glaubens. Einführung in den Begriff des Christentums, Freiburg — Basel — Wien 12. Aufl.

Rorty, Richard : 1979, *Philosophy and the Mirror of Nature*, Princeton Univ. Press, Princeton. NJ.

1981, *Der Spiegel der Natur : eine Kritik der Philosophie*, Frankfurt a. M.

Ruether, Rosemary : 1979, *Women of Spirit : Female Leadership in the Jewish and Christian Traditions*, with E. McLaughlin, Simon & Schuster, New York.

1981, *To Change the World : Christology and Cultural Criticism*, Crossroad, New York.

Scannone, Juan : 1976, *Tología de la liberación y praxis popular*, Sígueme, Salamanca.

1977, "Das Theorie — Praxis — Verhältnis in der Theologie der Befreiung", in K. Rahner(Hg.), *Befreiende Theologie*, Kohlhammer, Stuttgart.

Schillebeeckx, Edward : 1979, *Jesus : An Experiment in Christology*, Seabury Press, New York.

1980, *Christ : The Experience of Jesus as Lord*, Seabury Press, New York.

1975, *Jesus : die Geschichte von einem Lebenden*, Freiburg — Basel — Wien.

1977, *Christus und die Christen : die Geschichte einer neuen Lebenspraxis*, Freiburg — Basel — Wien.

Segundo, Juan : 1976, *The Liberation of Theology*, Orbis, Maryknoll, New York.

Shapere, Dudley : 1977, "Scientific Theories and Their Domains", in F. Suppe(ed.), *The Structure of Scientific Theories*.

1980, "The Structure of Scientific Revolutions", in G, Gutting(ed.), *Paradigms and Revolutions*, Univ. of Notre Dame Press.

Shimony, Abner : 1976, "Comments on Two Epistemological Theses of Thomas Kuhn", in R. S. Cohen, et al., *Essays in Memory of I. Lakatos*.

Sobrino, Jon : 1978, *Christology at the Crossroads*, Orbis, Maryknoll, New York.

1980, "Current Problems in Christology in Latin America", in W. Kelly(ed.), *Theology and Discovery*, Marquette Univ. Press, Milwaukee, Wi.

Suppe, Frederick : 1977, *The Structure of Scientific Theories*, second enlarged edition, University of Illinois Press, Chicago, II .

Torres, Sergio : 1976, *Theology in the Americas*, edited with J. Eagleson, Orbis, Maryknoll, New York.

1981, *The Challenge of Basic Christian Communities*, edited with J. Eagleson, Orbis, Maryknoll, New York.

Toulmin, Stephen : 1972, *Human Understanding : The Collective Use and Evolution of Concepts*, Princeton Univ. Press, Princeton, NJ.

1976, "History, Praxis and the 'Third World'. Ambiguities in Lakatos' Theory of Methodology", in R. S. Cohen, et al., *Essays in Memory of Imre Lakatos*, Reidel, Boston, Ma., pp. 655 — 76.

1976a, *Knowing and Acting ; An Invitation to Philosophy*, Macmillian, New York.

1977, "The Structure of Scientific Theories", in F. Suppe(ed.), *The Struture of Scientific Theories*, pp. 600 — 14.

1978, *Menschliches Erkennen, Bd. I : Kritik der kollektiven Vernunft.* Frankfurt a. M.

Tracy, David : 1975, *Blessed Rage for Order*, Seabury Press, New York.

1981, *The Analogical Imagination : Christian Theology and the Culture of Pluralism*, Crossroad, New York.

Tugendhat, Ernst : 1979, *Selbstbewuβtsein und Selbstbestimmung*, Suhrkamp, Frankfurt.

Wartofsky, Marx : 1978, "Is Science Contemporary Rationality? Historical Epistemology and the Critique of Impure Reason", in *Proceedings of the XVI International Congress of Philosophy*, Düsseldorf.

1979, *Models : Representation and Scientific Understanding*, Reidel Publishing, Boston, Ma.

1980, "The Critique of Impure Reason II : Sin, Science, and Society", in *Science, Technology, and Human Values*, No. 33, MIT Press, Cambridge, Ma., pp. 5 — 23.

1980a, "Scientific Judgment : Creativity and Discovery in Scientific Thought", in Thomas Nickles(ed.), *Scientific Discovery* : Case Studies, Reidel Publishing, Boston, Ma. pp. 1 — 49.

Watkins, John : 1970, "Against 'Normal Science'", in I. Lakatos & A. Musgrave(eds.), *Criticism and the Growth of Knowledge.*

1978, "The Popperian Approach to Scientific Knowledge", and "Corroboration and the Problem of Content — Comparison" in G. Radnitzky & G. Andersson (eds.), *Progress & Rationality in Science.*

1974, Gegen die "Normalwissenschaft", in : I. Lakatos, A. Musgrave(Hrsg.), *Kritik und Erkenntnisfortschritt*, Braunschweig, 25 — 37.

1980, "Die Poppersche Analyse der wissenschaftlichen Erkenntnis" und "Die Bewährung und das Problem des Gehaltvergleichs", in : G. Radnitzky, G. Andersson (Hrsg.), *Fortschritt und Rationalität der Wissenschaft*, Tübingen, 27 — 49 und 393 — 437.

Ⅲ. 역사적 분석

오리게네스, 어거스틴 그리고 신학의 모형교체

찰스 칸넨기써(Charles Kannengiesser)

서론

신학의 모형교체라는 개념을 논하기 위해서 이 개념을 초기교회의 모형적 사상가들인 알렉산드리아의 오레게네스와 어거스틴에게서 검토할 필요가 있을 것이다. 동방 그리스도교 전통과 서방 그리스도교 전통에서 이 두 사람은 그리스도교 신앙이 당시의 인간적 경험세계에서 지녔던 의미를 근본적으로 새롭게 이해할 수 있는 길을 열어 준 사상적 형식들의 위대한 창조자로서 언제나 찬양되었다. 그들의 생애와 신학적 편력에 대한 많은 정보들이 그들의 창조적 신학활동의 내적 과정을 탐구할 수 있는 어느 정도 확실한 단서를 제공한다. 그러므로 그들의 업적을 평가함에 있어서 우리는 모형적 의미를 지닌 그들이 엄밀히 영향사적인 견지에서 교회의 후세대들에게 끼친 영향만을 고려하도록 한정할 필요가 없다. 우리는 당시의 동료 그리스도인들에게 그들이 특별한 의미를 지닌 존재로 보이게 했던 그들의 천부적 재능과 예측할 수 없었던 운명, 교회 안팎의 사회적 환경을 함께 연구할 수 있고 연구해야 한다. 현대적 전기와 역사적 신학이 결합되는 이런 방식을 통해서만 우리는 오리게네스와 어거스틴이 항상 변하는 살아 있는 교회전통 안에서 수행했던 참된 역할을 우리 자신의 관심에 부합되게 인식할 수 있다.

피터 브라운(Peter Brown) 의 "히포의 어거스틴"(Augustine of Hippo)[1]

과 피에르 노텡(Pierre Nautin)의 "오리게네스. 그의 생애와 작품"(Origène. Sa vie et son oeuvre)[2]을 참고할 수 있다. 두 고대 그리스도교 신학자들에 대한 최근의 서술들에서 분명하고 확실한 것과 아직 모호하고 추론적인 것을 비판적으로 엄밀하게 구분하는 것은 확실히 매력적인 과제일 것이다. 브라운과 노텡의 저서들에 대한 가장 중요한 서평들을 수집함으로써 이러한 연구를 시작할 수 있을 것이다. 그러나 본 논문의 목적은 다른 데 있다. 나는 오리게네스와 어거스틴이 그리스도교적 가르침의 전통에서 실제로 모형적 인물이라는 사실을 밝히려 한다. "신학의 모형교체"에 관한 한스 큉의 논문이 참조될 것이다.

그리스도교적 전통에서 오리게네스와 어거스틴이 모형적 역할을 했다는 사실은 여기서 입증할 필요가 없다. 그러나 그 사실은 신학과 교회에서의 모형교체에 관한 이미 제시된 이론에 근거해서 그리고 그 이론의 개념에 비추어서 분명히 논술되어야 한다. 교회전통은 하나의 경계라고 말하는 큉이 (로마)가톨릭 신학자로서 굳건히 서 있는 전통적 지반이 이러한 새로운 논술을 하는 데 도움이 된다. 그러나 10년 전에 토마스 쿤이 훌륭하게 제시했고 한스 큉이 그리스도교적 가르침의 복잡한 역사에 적용한 문제성있는 "과학혁명의 구조"가 이러한 논술을 어렵게 한다. 달리 말해서 오리게네스와 어거스틴이 그들이 속한 그리스도교적 전통의 극히 생생한 역동성에 대한 증인들이었다는 것은 의심할 여지가 없다. 그리고 그 고대적 신학의 성과물이 교회전통과 그 전통의 다양한 신학형태들에 관해 새롭게 이론을 형성함에 있어서 고려되어야 한다는 것도 의심할 여지가 없다. 그러나 서방교회의 어거스틴 전통을 인습적으로 존중하거나 오리게네스의 주석과 영성이 동방교회에 끼친 폭 넓은 영향을 단순히 독자에게 상기시키는 것만으로는 부족하다. 사람들은 그리스도교적 전통에 대한 자신의 표상을 오리게네스의 저술과 어거스틴의 저술에서 이끌어낼 수 있는 이러한 의심할 여지가 없는 사실들에 대한 전문적 연구 및 평가와 비교함으로써 자신의 표상을 검토해야 할 것이다. 교회전통들의 지속적 구조와 관련된 기본개념들을 정식화하고 새 이론의 일면성과 한계에 대한 문제들을 다룰 때, 이렇게 비교하는 형태의 자기비판이 특히 적절할 것 같다. 왜냐하면 고대교회의 가장 뛰어난 신학자들이 그런 구조를 비판적으로 연구하지는 않았다고 하더라도 적어도 알고 있었다고 보아야 하기 때문이다.

천재적인 비상한 인물들이 고대교회에서 신학을 새롭게 형성하고, 새로운 그리스교적 자기이해를 위한 정신적 공간을 창조하고 교회 안에서 새 세대의 신자들을 위해 새로운 자기이해에 이르는 유망한 통로를 열어 놓았던 주도적인 활동은 여기서 제시된 "신학의 모형교체"이론과 어떤 관계에 있는가? 그리스도교 전통의 역동성과 구조에 대한 새로운 시각을 표명하기 위해 그리스도교적 전통의 교리적 토대로 돌아간다면, 우리의 현대적인 이론적 관점이 고대교회의 위대한 인물들에 의해 평가받게 된다는 것을 인정해야 한다. 우리는 그들에게 **우리의** 질문을 제시하면서 동시에 그들로부터 **그들의** 개념을 통해서 대답을 들어야 한다. 그들에게 올바로 질문할 때 그들은 그들이 지닌 최선의 것을 우리에게 전해줄 수 있다. 그들이 우리에게 주는 대답에서 우리의 질문의 메아리와 같은 것만을 듣는다면, 그들은 연대착오적으로 오용될 수 있다. 과거와 현재를 대면시키는 이론이나 판단은 항상 "에큐메니칼"해야 한다. 그리스도교적 전통의 한 시기에서 다른 시기에로 의사를 소통하는 수단들에 있어서 그리고 사회적 문화적 환경에 있어서 두드러진 정신적 차이들이 있지만 이 차이들이 대표적인 그리스도교적 신학자들의 활동을 방해하지는 않았다. 그들의 대답은 과거의 모든 그리스도교적 전통을 그 시대적 경험에 비추어 총체적으로 다시 적응시킬 절실한 필요성을 충족시켰다. 교리적으로나 제도적으로 다를 수밖에 없는 오랜 과거로부터 주어진 대답을 듣고 이 대답의 본질적인 내용을 그 고유한 상황 속에서 파악함으로써, 수많은 상이한 유형의 신자들과 교회들이 여러 세대에 걸쳐서 연속적인 그리스도교 전통을 수립하게 되었다. 그리스도교적 신학의 모형교체에 관한 이론의 핵심적 개념들을 고대교회의 중요한 대표자들과 적극적인 대화 속에서 찾지 않고 그 이론을 확립하려고 하는 것은 그리스도교적 전통과 관련해서 역사적 에큐메니즘이 완전히 결여된 것이다.

알렉산드리아의 오리게네스를 한스 큉의 제안에 적합한 인물로 생각하면서 이 필수적이고 풍요한 대화에 기꺼이 참여하고 싶다. 어거스틴과 관련된 사실을 몇가지 지적하면서 나는 1장에서 새로운 모형을 창안한 신학자 오리게네스의 생애와 경력을 역사적으로 요약함으로써 "모형교체"란 개념을 제시하고 2장에서는 오리게네스로 하여금 당대의 교회와 후대의 많은 그리스도인들을 위해 새로운 "모형"을 창안한 자신의 의도를 밝히도록 함으로써 "모형교체"개념을 탐구하려 한다.

1. 새로운 모형의 창안자 오리게네스

안티오키아의 이그나티우스(Ignatius)가 그의 서신들에서 그리스도교적 순교를 교회의 최고직분이며 완전한 헌신으로서 찬양하기 때문에 신학적 서정시의 창조자로 존경받아야 한다면, 이레네우스와 터툴리안이 서방에서 그리고 알렉산드리아의 클레멘스가 동방에서 각기 그 나름으로 반영지주의적인 그리스도교적 종합을 창안한 자로서 인정받아야 한다면, 그리스도교적 교리사가는 모두 초기교회와 교부시대에서 오리게네스를 과학적 신학의 창안자로 인정해야 한다.[3] 그는 이러한 신학을 위한 적절한 관행을 창안했고 그 신학이 필요로 하는 방법론적 이론을 창안했다. 오리게네스가 창조적으로 수행했듯이 그렇게 혁신적으로 새로운 모형을 창조해야 하는가?

1) 오리게네스의 경우에 관행은 일차적으로 그리스도교적 신앙의 전통적 영역에서 체계적 연구의 규칙들을 수립하는 것이다. 그것은 구약성서의 그리스어 본문을 모두 언어학적으로 검토하는 필생의 작품을 위해 그가 작성한 기획을 뜻한다. 이러한 헬레니즘화된 유다교적 성서에 대한 본문비판과 오리게네스가 전해 받은 유다-그리스도교적 신앙과 헬레니즘-그리스도교적 신앙에 대한 형이상학적 해석학이 "원리들에 대하여"(Peri archòn)라는 논문과 오리게네스가 20년 이상 몰

두해서 연구했던 성서의 여섯 가지 비판적인 본문들(Hexapla)에서 영속적인 구체적 형태로 나타났다. 무엇보다도 성서에 대한 개인적인 헌신에 근거한 풍부한 신학적 학식을 지닌 이러한 관행은 쉽게 생각할 수 있듯이 어떤 다른 학설로 간주되기보다는 성서의 주석서와 동일시되었다. 『요한복음주석』(Johanneskommentar)과 『원리에 대하여』는 대체로 동일한 시기에 즉 주후 220 – 230년 경에 오리게네스가 그의 나이 30대 후반 또는 40대 초반에 받아 쓰게 했던 상호연관된 작품으로 보인다. 『원리에 대하여』의 이론적인 그리고 흔히 단편적인 또는 생략된 설명들보다는 성서주석서들에서 우리는 오리게네스의 마음과 혼을 엿볼 수 있다.

이 관행의 한 가지 중요한 측면은 당시에 철학적 그리고/또는 종교적 분야에 종사한 대부분의 비그리스도교적 인물들과 마찬가지로 오리게네스가 비교적 사적(私的)으로 그리고 주로 말로써 그의 청중을 가르쳤다는 사실이다. 책들을 저술하기 전에 약 20년 동안 그는 이렇게 가르쳤다. 그가 28세 때 알렉산드리아의 감독에 의해 당시의 극적인 상황 속에서 교리문답학교장으로 임명되었을 때 그는 하나의 평신도였다.

셉티무스 세베루스(Septimus Severus) 황제가 박해하라는 명령을 내렸다. 그가 그의 지역교회 밖에서 한 팔레스틴 감독에 의해 사제로 서품되었고 그 때문에(다른 이유도 있지만) 그의 감독에 의해 추방된 후 30년 동안 그는 자신의 신학적 관행을 바꾸지 않았던 것 같다. 팔레스틴의 가이사리아에서 그는 다시 20년 동안 성공적인 교사와 생산적인 문필가가 되었다. 그는 이제 통상적인 교육활동을 규칙적인 설교로써 보충했다. 그는 1주일에 여러 차례 설교를 했다.[4] 그리고 유세비우스(Eusebius)가 보도하듯이[5] 그는 후대에 읽고 발행할 수 있도록 그의 설교들을 소위 "속기"로 기록하도록 했다.[6] 그의 경력을 약술한 다음에 그를 새로운 신학적 모형의 창안자로서 제시하려는 사람은 이 위대한 알렉산드리아인의 모든 형태의 목회적, 과학적 관행을 고려하는 것이 중요하다.

2) 관행보다도 모형변경과 더 긴밀히 결부되어 있는 이론이 오리게네스에게서는 매우 특징적인 성격들을 지니고 있다. 나는 이 성격들을 간략히 제시하고자 한다:

ㄱ. 신적 계시는 그 자체로서는 절대적이다. 그것은 우주(Kosmos)에 의해 부과된 또는 신성에 내재된 제약을 허용하지 않는다.

ㄴ. 하느님이 아닌 모든 존재자는 하느님으로부터 유래한다; 신성의 충만은 모든 사물의 "제 1 원리들"을 내포한다.

ㄷ. 신적 계시에 의해 일깨워지는 우리의 피조된 정신은 비록 피조물의 제한된 파악능력 안에서 이기는 하지만 신적 충만을 반영한다. 그 자신의 합리적 원리들에 힘입어 그(피조된 정신)는 궁극적으로 그의 존재와 행위를 구조화하는 신적 원리들에 따라 모든 것을 이해한다.

ㄹ. 이 원리들의 논리적 규명은 하느님의 내적(삼중적)구조에 접근할 수 있는 길을 열어주며 창조와 구원에 대한 신적 경륜을 온전하고 체계적으로 해석할 수 있게 한다.

ㅁ. 우리 인간이 이 체계를 전개하기 때문에, 그것은 반드시 **인간중심적**일 수밖에 없다. 그러나 이 경우에 우리는 현재 지상에 존재하지 않는 수 많은 인간영혼들, 무수한 종류의 천사들 그리고 신적인 세력들이 거하는 "영적"인 우주의 일부로서 자신을 이해해야 한다.

ㅂ. "인식적" 또는 "영적"우주에 거주하는 자들의 공동적인 본성은 —비록 이들이 신체적인 요소들을 지니고 잠시 물질적인 세상에서 산다고 하더라도—마음(Psyche) 이라 불리운다. 따라서 인간학적 관심은 심리—학적 물음에 집중하게 된다. 하늘의 천사나 별들과 같은 다른 "영적"존재들에 대해서 언급되기는 하지만 **마음**이 핵심적인 물음으로 된다. 형이상학적 또는 윤리적 물음들을 논하거나 성서를 해석하거나 비그리스도교적 논증들과 대결할 때 오리게네스는 이런 관점을 일관성 있게 따른다.

ㅅ. 매우 종교적인, 플라톤—중도파적인 배경에서 그리고 당시의 그

리스도교-영지주의적인 몇몇 학파들에서 전해 받은 여러가지 전제들에 근거한 그런 이론은 항상 성서에 의한 검증을 받아야 한다. 그리고 공동적인 그리스도교적 교리에 영향을 주기 위해서 성서의 언어는 이 이론의 매개를 필요로 한다.

0. 이러한 풍부하고 일관성있는 이론에 부합하는 근본적인 신학적 입장은 하느님에 대한 그리고 하느님의 창조 및 구원의 경륜과 결부된 모든 신비에 대한 체계적 해석자, 성서에 대한 주석으로 시작하는 해석자의 입장이다.

여기서 오리게네스의 모형을 매우 간략하게 요약했지만 이 요약은 알렉산드리아의 오리게네스에게서 드러난 바와 같이 "모형교체"가 교회의 전통에서 지닌 의미를 명확히 파악하는 데 도움을 줄 수 있다. 그리스도교적 교설을 가르치는 교사인 오리게네스가 왜 그처럼 혁신적인 작업을 하게 되었는지 그리고 그 작업의 결과인 "모형교체"를 그 자신이 어떻게 경험했는지에 대해서 그가 스스로 명확히 밝힐 기회를 가질 때 우리는 보다 분명히 그의 이론의 방법론적 결론들에 도달할 수 있을 것이다.

2. 모형교체에 대한 오리게네스의 경험

1) 고상한 순교

오리게네스는 양친이 그리스도교 신자인 유복한 가정에서 태어났고 아버지가 순교를 당한 후에는 보다 부유한 친구들의 보호를 받았다. 스무 살 이전의 험난한 시절에 그는 순교자가 되려 했으나 그의 어머니가 말렸다. 그는 친구들의 주선으로 고등교육을 받을 수 있었다. 그의 운명은 그의 공적 생애의 이러한 첫번째 사건에 의해 결정되었다. 처음에 순교자가 되는 것을 저지당한 그는 데치우스(Decius) 황제의 박해(250 – 251 년)를 받아 투옥되었을 때에도 순교자가 되지 못했다.[7] 그러나 순교자가 되는 데는 실패했지만 이 경험은 50 년 동안 오리게네스의 신비적 자극의 원천이 되었던 것이다. 한스 폰 캄펜하우젠 (Hans von Campenhausen)이 비교적 폭 넓게 분석했듯이[8] 이 젊은 알렉산드리아인은 엄격한 금욕의 이상(理想)이 순교의 철저한 희생을 대신할 수 있는 유일한 것이라고 보았다. 오리게네스가 그의 열정적인 정력을 대부분 지적 재능의 연마에 사용한 것은 그 자신이 내린 결단의 결과라기보다 사건들에 의해 그렇게 살도록 규정된 것이라고 볼 수 있다. 작은 그리스도교적 분파—당시 불안하고, 매우 다양한 계층들로 이루어진 알렉산드리아 교회에는 그런 분파들이 많이 있었다—의 일원으로 알려진 부유한 친구들의 후원에 의해 오리게네스는 그의 감독의 직접적인 지도를 받았으며 아직 학생이면서 교사가 되었다. 여러 해 동안 감독의 교리문답학교를 지도한 후에 그는 205년에서 210년까지 알렉산드리아 아카데미에서 철학교육을 끝마쳤다. 유세비우스가 보도하듯이, 그의 수많은 청중들 가운데 비그리스도교적인 그리고 영지주의—그리스도교적인 사람들의 절실한 질문들 때문에 오리게네스는 그리스도교적 학계에 등장할 무렵에 철학교육을 받게 되었다.[9] 현존하는 오리게네스의 저술들에서 저자가 당대의 철학자에게 열중했던 숨겨진 흔적을 찾으려는 것은 시간낭비일 것이다.[10] 그리스도교적 사상가로서의 오리게네스에게는 그의 친구들의 소종파적 경건도, 여러가지 고전적 그리고 고전 이후적 철학유파들에 대한 절충적인 소개도 결정적으로 중요하지는 않았던 것 같다. 그가 교리문답교사로서 가르치던 시절에 이룩했던 유일한 혁신은 신-피타고라스학파의 모범을 따라서 학생들과 공동체적이고 매우 금욕적인 생활을 시작했다는 것이다. 알렉산드리아 지역에서의 수도원 창설보다 몇 십 년 먼저 일어난 이 주목할 만한 활동과 관련해서 나이든 오리게네스는 그리스도교적 교회 안에 순교자들에 대한 감격이 사라진 것을 탄식했다고 한다.[11]

오리게네스 세대의 교회에서 이룩된 "모형교체"에 대한 그의 경험의 일차적인 어쩌면 가장 중심적인 특징을 나타내는 표징들이 그의 작품 속에 충분히 나타나 있다. 오리게네스는 불규칙하게 일어났던 지역적 또는 일반적 교회박해에 대해 알고 있었다. 고난받고 죽은 예수와 완전히 동일시되는 표준들이 반드시 피 흘림을 요구하지는 않는다고 그는 결론을 내렸다. 그 대신에 이 표준들은 윤리적 영적 차원에서 그 자신의 희생을 요구한다. 따라서 **교회공동체를 위한 오리게네스의 지칠 줄 모르는 활동을 지배한 가장 근본적인 모형적 확신은 승화된 형태의 순교이념을** 지시한다. 공동체 전체가 느꼈던 이러한 이상주의적 욕구는 후에 세속 사회 안에서 여러가지 형태의 그리스도교적 금욕생활을 초래했으며 서방에서처럼 에집트, 팔레스틴, 시리아, 카파도키아에서는 수도원적인 금욕생활을 초래했다. 그리고 순교를 대신한 이런 형태의 금욕생활은 흔히 오리게네스적인 각성운동과 더불어 일어났다. 알렉산드리아의 "신학자" 오리게네스는 이 새로운 모형에 근거해서 당시의 **교회 전체에 대한 주제들을 전개했으며 그의 인격적인 이론의 신비적 역동성을 구조화시켰다.** 가르치는 직책을 맡은 그는 당시의 교회 안에서 그러한 "모형교체"에 대한 증인으로서 그리고 그와 동시에 예언자로서 행동했다.

2) 현대정신의 수용

오리게네스가—18세 또는 19세가 되기—한두 해 전에 알렉산드리아 거리의 반그리스도교적인 방종한 생활에서 교리문답학교의 교실과 교장실로 옮긴 후에 그곳에서 가르치는 일과 일반적인 교설내용의 구조를 완전히 새롭게 할 수 있었다. 학문적 모험을 시작한 시기에 그가 내린 결정들은 매우 특징적이다. (그의 학문적) 기법과 내용을 신빙성 있게 재구성할 수 있다고 하더라도 그것들을 지금 검토할 필요는 없다. 220년과 250년 사이에 나온 오리게네스의 모든 작품은 동일한 정신을 지니고 있다. 영지주의자들과 관심있는 비그리스도인들에게 강의실을 개방하고 기본과정과 일종의 졸업반과정을 교리교육학교에 도입함으로써 오리게네스는 후에 그의 작품들에서 나타났던 방법론적 표준들을 이 학교제도에 적용할 수 있었다.

첫째 표준은 그리스도교적 교설의 합리적이고 평이하고 유용한 논술이었다. 오리게네스는 신앙내용 속에 소종파적으로 칩거하지 않고 공개적으로 토론한다. 그는 성서본문의 문제들에 대하여 기꺼이 유다인들과 논쟁을 벌인다. 그는 70인역의 히브리어적 진리를 밝히는 데 도움을 주었던 라삐들에게 기회 있을 때마다 감사를 표한다. 그러나 그는 자신의 사상을 정리하는 데 가장 많은 노력을 기울인다. 그는 수사학적 수식어나 학문적 경직성 없이 단순한 문체로 자신의 주제들을 알리고 본문들을 미묘한 논증에 의해 설명하곤 했다. 그는 **교양있는 사람들과 교양없는 사람들에게 동시에** 말하려 했다.

둘째 표준은 역설적으로 오리게네스의 창조적인 수법을 엘리뜨적으로 강조한다. 교리교육의 초보자들과 높은 수준의 학생들을 구분하고 후자를 겨냥해서 강의를 했기 때문에, 낮은 수준의 독자들이 그의 체계적 신학의 높은 관점들에 도달할 수 있도록 하기 위해서 그는 저술들에서 항상 그리스도교적 의식의 낮은 단계를 고려한다. 그의 주저들과 논문들을 비판적으로 새롭게 출간하는 형태이긴 하지만, 오리게네스의 교육방법과 학술적 업적들에 대한 많은 새로운 연구들이 이루어졌다.[12] 언급된 두 표준에 의지해서 나는 신학자 오리게네스의 행태를 규정했던 것으로 보이는 "설명모델"(H. Küng, Paradigmenwechsel in der Theologie 38)에 대해 단지 몇가지 언급을 하고 싶다.

그는 사랑하는 산 공동체인 교회 안에서 자신을 신자로서 그리고 극히 책임적인 성숙한 인간으로서 이해할 수 있었다. 이 점은 오리게네스 자신에게는 의심의 여지가 없었다. "정체성 위기"에 대한 현대신학자들의 모든 유행적인 난해한 소리는 그의 경우에는 적합하지 않을 것이다. 그는 그의 교회적 경험의 깊은 중심에서 말했으며 오직 교회를 위해서 말했다.[13] 설교와 주석에서 목회자적으로 "우리"라는 말을 사용할 때 그는 교회의 구조에 속한 모든 사람과 자신을 동일시한다.

그러나 그는 자신의 목소리로, 자신이 자유롭게 구성한 언어로써, 철학 교육을 받은 그의 정신의 참된 통찰에 의해 구조화된 풍부한 성서적 명상을 가지고 이 교회를 향해 말한다. 학자로서 오리게네스는 가장 알렉산드리아적인 알렉산드리아 사람일 수 있었고 독창적인 사상가로서 가장 많은 문화적 자유를 누릴 수 있었다. 그 지역의 교육은

필로(Philo)의 문학적 유산이나 스승이며 선배인 클레멘스의 많은 작품들과 같은 영감의 원천에 접할 수 있게 했다. 이 교육은 주석기법, 해석학적 규칙, 논쟁적 수사학 등을 그에게 가르쳐 주었다. 그러나 모든 지식과 과학적 역량을 매우 자유롭게 교회공동체의 공동적인 일상적 봉사활동에 투입하지 않았더라면 오리게네스는 결코 그리스도교적 신학전통에 대해 모형적 중요성을 갖지는 못했을 것이다.

개인으로서 그 자신이 속한 일반문화에 그리스도교적 신앙이 아무 거리낌 없이 접근할 수 있음을 모범적으로 논술함으로써 오리게네스는 천재적 역량을 가지고, 다음 세대의 전체 교회를 위한 모형 즉 그리스도교 신학 안에 현대정신을 수용하는 일을 경험했다.

성서문구들의 의미에 대한 낡은 견해들에 관해 언급하는 경우를 제외하면 그는 과거의 교회전통에 대해 논하지 않는다. 그는 단지 그리스도교의 불투명한 미래에 대해서도 앞당겨 말하지 않는다. 그의 교회론은 현대의 교회론처럼 역사적으로 정향되지 않았다. 그의 교회론은 다소 플라톤적 형이상학에 근거했다. 어쨌든 오리게네스는 그 시대의 모든 문화적 힘을 가지고 교회 안에서 그리고 교회를 향해 말한 신학자이다. 그가 말한 내용은 이 교회의 기본욕구 즉 2세기의 그리고 그보다 먼 과거의 알려지지 않은 공동체들에 근거를 둔 편협하고 문자주의적인 유다-그리스도교적 교리교육적 주석을 극복하려는 욕구에 일치했다.

그가 말한 내용은 성서에 대한 근본적으로 변혁된 해석을 그리고 그와 함께 놀라울 정도로 새로운 성서상을 교회에 제공함으로써 자유로움과 새로움을 요청한다. 시대적인 문화와 통전됨으로써 다시 태어난 신학적 언어를 통해 오리게네스는 이러한 생생한 현대적 개념들을 가지고 그리스도교적 하느님에 대해 말할 수 있었다. 그는 이 하느님을 비그리스도인의 정신에 접근시켰으며 고전적 초월성에 대한 감각을 그리고 그와 함께 교회가 사용했던 그리스적 개념들의 세계 전체를 자신의 그리스도교적 이해 속에 끌어 들였다. 현대성에 대한 오리게네스의 모형적 경험은 신학자인 그를 문화적 중개자의 처지에 서게 했다. 그는 전체 교회공동체의 의도를 자신의 노력 속에 상징화하고 구현한다. 이 때문에 그는 오직 교회의 안녕을 위해 주장하고 말한다. 그러나 다른 측면에서 그는 교회로 하여금 하느님의 신비 또는 교회 자체의 현실을 혁신적으로 해석하도록 요구한다. 이러한 새로운 해석은 비그리스도교적 현대정신에 대한 예기치 못한 문화적 적응을 의미한다.

3) 오리게네스적 "모형교체"

오리게네스의 "모형적"경험에 대해 매우 개략적으로 윤곽을 제시한 데서 이미 암시적으로 알 수 있듯이 이 알렉산드리아인의 경우에는 적어도 쿤이 과학의 역사에서 서술한 것과 같은 "모형교체"를 말할 수 없다 : "모형은 과학연구단체의 구성원들에게 오직 그들에게만 공동적인 것이다"(Thomas S. Kuhn, *Die Entstehung des Neuen. Studien zur Struktur der Wissenschaftsgeschichte*. Lorenz Krüger 편, Hermann Vetter 역, Frankfurt 1977, 390, 미국판 : *The Essential Tension:Selected Studies in Scientific Tradition and Change*. Chicago : 1977, 295). 오리게네스의 배후에 또는 그 주위에 어떤 종류의 과학공동체도 없었다. 어거스틴의 주위에도 그런 공동체는 없었으며 고대교회의 교리적 토대를 놓는 데 기여한 다른 일급학자들의 주위에도 그런 공동체는 없었다. 그러므로 오리게네스는 쿤의 이론의 의미에서 "새로운 **모형후보에 의한 낡은 이해모델의 대체**"(Küng 38) 로서 "모형교체"를 경험할 수 없었다. 왜냐하면 오리게네스 이전의 교회에서는 엄밀히 정식화된 "이해모델"이 "독립적인 과학공동체들"에 의해 "받아들여진"사실(Kuhn, Entstehung des Neuen, 390) 이 없기 때문이다. 유다—그리스도교적인, 보다 문자적인 주석 또는 몇몇 초기 그리스도교적 주석가들의 유형론적 기법 또는 알렉산드리아 학파 전통에서 선호된 해석—이것들은 모두 오리게네스 이전에 있었다—을 고려한다고 하더라도 그가 "낡은 이해모델을 대체" 했다고 생각하는 것은 잘못이다.

서론에서 논했듯이 오리게네스가 우리의 이론을 확증해주기 **바란다**면 우리는 오리게네스로부터 반문을 당할 수 있어야 한다. 쿤 자신이 그의 "과학 혁명의 구조"를 적용하는 데 좀더 신중할 것을 "모형들에 대한 후론(後論)"(Second Thoughts on Paradigms 1974)에서 권하고 있다 : "유감스럽게도 이 책(The Structure of Scientific Revolution 1962)이 성공을 거둔 이유들 가운데 하나는 거의 모든 사람이 자기가 원하는 모든 내용을 이끌어낼 수 있다는 데 있었다"(Entstehung des Neuen, 389).

이러한 비교적 경고적인 언급을 했다고 해서 오리게네스의 긍정적인 대답에 귀를 기울여야 할 의무가 면제되는 것은 아니다. 그의 대답은 "모형교체이론"을 보다 비판적으로 다루는 데 기여할 수도 있다. 물론 오리게네스는 "신념, 가치, 기법들의 전체적 성향"(Küng 41 인용 ; T. S. Kuhn, Postskriptum, 1969, 186) 을 반영한 "이해모델"을 창안했다. 순교에 대한 오리게네스의 승화된 열정 [14] 은 그리스도교에 의해 전체 성서와 우주 안에서 계시되었던 "제 1 원리들"에 대한 형이상학적 탐구에 바쳐졌는데, 이 열정이 그리스도교적 신앙의 근본적인 새로움에 대한 엄청난 경험을 할 수 있는 길을 열어 주었다. 사도 바울로 이래 유다-그리스도교적 전통에 속한 신자 가운데 어느 누구도 그처럼 자기의식을 혁신할 수 없었다. [15] 이러한 혁신적 경험에 바탕을 둔 오리게네스의 개인적 창조성은 매우 강력했다. 그 결과 오리게네스는 수세기에 걸쳐 교회의 주석적 영적 전통에 큰 영향을 끼쳤다. 하나의 "모형"을 창안한 이 신비적 인물은 자신의 현대적 정신을 잘 의식하고 있었다. 그는 위대한 중도적-플라톤 전통에 대해 개방적이었으며 이 형이상학적 종교성의 본질적 가치들을 무조건 그리스도교화시켰다. 그는 새로운 형태의 영지주의적 신비주의에 대해 개방적이었으며 자신의 『요한주석』에서 논박했던 발렌티누스적 그리스도교 영지주의자 헤라클레온(Herakleon)의 요한해석에 매우 근접한 경우도 많았다. 유다인과 학문적으로 대결할 때 그는 당대의 편견없는 세련된 그리스도인으로서 처신했다. 이리하여 오리게네스는 스스로 신학자의 새로운 모델을 창조했다. 그러나 그는 이 사실에 대해서 깊이 숙고하지는 않았다.

어거스틴과 마찬가지로 오리게네스의 경우에도 새로운 모형의 "창안"은 당대의 그리스도교적 교회 안에서 신학자가 겪은 가장 자발적이고 실존적인 경험이었다. 3세기의 그리스도교적 알렉산드리아나 가이사리아에서 이 교리교육과 성서주석의 대가는 그리스도교적 지적 금욕주의자 또는 "정통적"인 "그리스도교적 영지주의자"의 이상을 구현했다. 평신도 및 동료 성직자들과의 공동적 경험을 통해 그는 이 신앙공동체가 지녔던 온갖 신비적 욕구들에 대해 개방적인 자세를 갖게 되었다. 매우 개성적인 논리로써 그리고 일생을 두고 헌신함으로써 그는 이 욕구들에 대답했다. 결국 그는 동료 그리스도인들의 욕구를 통해 초래된 신학의 모형적 구조를 체계화시켰다. 그는 그 모형적 구조의 중요한 원리들을 정식화했으며, 그리스도교적 변증, 성서적 본문비판, 성서주석과 조직적 연구를 위해 새로운 길을 열어 놓음으로써 그 원리들을 실행에 옮겼다. 또한 그는 그리스도교적인 신비한 경험을 매개하는 데 적합한 언어를 만들어 냈다.

오리게네스의 모형이 활용되었던 "공동체"는 엄밀한 의미에서 "신학"공동체도 아니고 "연구공동체"도 아니었다. 왜냐하면 쿤이 다른 데서 강조하듯이 "독립성"을 부여하는 "은밀한"표준적 유형의 과학을 지닌 "주어진 공동체의 구성원"(Kuhn 186)으로서의 "신학자들"은 없었기 때문이다. 물론 어거스틴의 경우에도 마찬가지였다.

한스 큉이 토마스 쿤에게서 전수받아 그리스도교의 신학적 전통들에 적용한 "모형교체"이론을 고대교회의 그리스도교적 교리를 창안한 인물들과 대질시킴으로써 이 이론의 가치가 매우 특별한 방식으로 부각된다는 것을 언급하면서 나의 결론으로 넘어가려고 한다. 이러한 대질은 오늘날의 대학교에 있는 기존적인 신학연구공동체에만 쿤의 이론을 적용하도록 한정할 뿐 아니라 오리게네스적인 또는 어거스틴적인 "모형교체"에 의해 불가피하게 도전받는 이 공동체에 관해 보다 근본적인 진술을 하도록 이끈다.

오리게네스적인 또는 어거스틴적인 "모형교체"라는 것은 그들의 학문적 공헌을 매우 일반적인, 흔히 피상적인 영향사적 관점에서만 고찰할 경우 실제로 그들의 인물을 그리고 그들의 역할에 대한 평가를 단순화시킬 수 있는 교부문헌학에서 파생된 것이 아니다. 표준과학적 교과서들의 의미는 쿤에 의해 그리고 후에 큉에 의해 매우 강조되었다. 그러나 그것은 "모형교체"가설을 그리스도교 신학의 전세계적 전통에 적용시킬 경우에는 덜 중요할 것이다.

끝으로 나는 이 장을 여덟 가지 제안으로써 마무리 지으려 한다 :

ㄱ. 고대교회에서는 신학적 창조성이 목회적 교회적 공동체의 긴요한 욕구들과 비학문적 방식으로 결부되었다.

ㄴ. 고대교회에서 새로운 "모형"의 창안은 당시의 교회 전체와 함께 그들이 지녔던 신비적 교리적 욕구들과 관련해서 각기 증인으로서 그리고 예언자로서 행동한 가장 창조적인 신학자들의 주도적 활동에서 비롯된 것이다.

ㄷ. 이 경우에 "모형적"인 것은 이 신학자들의 오성과 정열에 의해 각인된, 하느님 앞에서의 기본자세이지 그것의 체계나 수법이 아니다.

ㄹ. 그리스도교적 교리의 토대가 놓여진 3세기에서 6세기에 이르는 시기에 "교체되는 모형들"은 한 세대에서 다른 세대를 향해, 한 지역교회에서 다른 지역교회를 향해 그리스도교적 자의식과 시대적 문화의 매우 혁신적 상관성을 주장하고 예시했다.

ㅁ. "지평으로서의 세상"(Küng 70) 과 "척도로서의 그리스도교적 사신"(Küng, 73) 을 창조적으로 수용함으로써 고대의 신학자들은 그리스도교적 하느님개념을 그들의 창안한 모형의 형식적 중심점으로 삼았다.

ㅂ. 오리게네스나 어거스틴과 같은 사람들이 새 모형을 창조할 때 충분히 발휘된 그리스도교적 신학전통의 고대적 역동성은 복잡한 문제들, 내적 위기, 정신적 혁신을 내포하고 있는데 이 역동성은 현대교회에 있어서 분리적이고 배타적인 (쿤에 의하면 "과학적"인) "신학자들의 공동체"에 대한 정당화를 의문시한다.

ㅅ. 고대교회에서처럼 (그리고 토마스 아퀴나스와 마틴 루터의 교회에서처럼) 오늘날에도 "모형교체"는 무엇보다도 교회공동체 전체의 목회적 봉사에 대한 혁신적 참여를 요구하게 될 것이다.

ㅇ. 현대적 그리스도교 신학의 학문적 기구를 재검토하는 일이 조만간에

현대교회에서 "모형"을 재창조하는 일의 일부가 되어야 한다.

3. 어거스틴과 신학적 "모형교체"에 대한 현대적 물음

정신적 완전성에 대한 고독한 노력과 개인적 창조성이 오리게네스의 경우보다 어거스틴에게서 더욱 두드러지게 나타난다. 그가 35년 동안(395 - 430) 감독으로 봉사했던 전체 지역교회에 대한 그의 직접적이고 온전한 헌신도 인상적이다. 오리게네스보다 더욱 분명하게 이 감독은 현대정신의 수용이 그리스도교적 신학자의 정신적 방황에 미친 영향을 보여준다. 그밖에도 그는 그러한 혁신적인 정신적 여행이 그리스도교적 신학의 모든 요소들에 대한 필요한 해명과 중요한 관련이 있음을 보여준다.

"참회록"에서 어거스틴은 자기 이기심의 기원으로 돌아간다. 그는 그의 "창세기"주석들에서 세상과 인류의 기원에 대한 성서적 신화로 돌아간다. 그리고 그의 많은 **설교들**에서와 마찬가지로『신국』에서 교회의 기원과 신비적 토대로 돌아간다. 끝으로 그는 "삼위일체"(De Trinitate) 에서 그리스도교적 하느님 관념의 요소들, 궁극적인 형이상학적 원리들로 돌아간다. 이 모든 상이한 방향들에서 어거스틴은 현대정신과의 상이한 만남들에서 주어진 신학적 동인들이 계속 작용하게 한다. 마니교의 "청강생"으로서 9년(374 - 383)을 지낸 후에 그는 당시의 강한 종교적 욕구를 알았으며, 밀라노에 체류할 때 그의 가장 좋은 친구들과 함께 신적 지혜의 선물로서 향유했던 신플라톤 철학에 깊이 감동된 그는 밀라노의 감독 암브로시우스(Ambrosius)의 설교에 이끌리어, 교회 자체와 그 사신의 현대성에 직면하게 되었다.

어거스틴은 현대성에 대한 이 모든 근본적인 경험들을 그의 신념들의 일차적 요소들 또는 원리들에 대한 열정적 추구로 바꿈으로써 그는 라틴 교회 안에서 새로운 "모형"을 창조했다. 그의 회심 이래 그는 이러한 내적 대화를 결코 중단하지 않았다.

달리 말해서 "모형"은 그리스도교적 신학에 대한 어거스틴의 공헌을

말하는 데 적합한 언어이다. 그 이유는 다음과 같다 :

ㄱ. 신학적 "모형"은 그 시대의 비그리스도교적 문화와 신자가 속한 전통의 특수한 기원 및 토대에 대한 상관적 수용을 전제한다.

ㄴ. 신학적 "모형"은 교회공동체 전체에 적용되어야 한다. 이 교회공동체는 모형창안자가 이 공동체 안에서 수행한 목회적 직무의 표준들에 따라 그 모형의 신빙성을 확증하거나 확증하지 않는다.

ㄷ. 오리게네스와 마찬가지로 어거스틴은 "모형"과 "모형교체"개념들이 쿤의 과학사적 개념들과 매우 유사한 개념들이라는 것을 분명히 보여준다.

ㄹ. "모형"-창안자로서 신학자는 비그리스도교적 현대성을 비신학적으로 경험한다. 그는 현대적인 질문을 받아들임으로써 그리스도교로 개종한 정신적 증인으로서 이러한 현대성에 응답한다.

ㅁ. 후 세대들을 위해 "모형"이 되는 것은 원래는 한 예언자의 역설적 경험이다. 신학이-어거스틴에게서 모범적으로 나타난, "이성과 은총의 창조적 모험"이기를 중지하면 신학은 공허한 이데올로기들 가운데 하나로 된다.

ㅂ. 신학적 "모형교체"를 위해 요구되는 창조성의 형식은 신비적인 바탕에 근거한다. 개별적인 신학자의 경험이 비신학적 교회공동체에 의해 목회적 차원에서 확증됨으로써 초월적 의미를 갖게 된다.

"모형교체"의 모든 현대적 이론은 교회의 신학전통에서는 오리게네스의 경우와 마찬가지로 어거스틴에 의해 의문시되는 것 같다. 쿤 이론의 용어로 말하면 사람들은 보통 신학자들의 "학문"공동체와 관련해서만 신학적 "모형교체"의 가능성을 고려하는 경향이 있다. 그러면 교회는 모형교체와 어떤 관계에 있는가? 어거스틴의 어법을 따르자면, 오히려 비학문적인 교회공동체에 의해 영감을 받고 확증되는 "모형교체"를 기대하게 될 것이다. 그렇다면 "연구공동체"의 이데올로기적 이익을 존중하는 "신학자들"은 도대체 모형교체와 무슨 관계가 있을까? 오늘날 교회는 이러한 엄청난 도전을 경험하고 있다. 쿤의 이론을 오늘의 신학적 토론 속에 끌어들인 가장 중요한 소득은 그리스도교적 토대와 교리적 전통을 철저히 검토해야 할 절실한 필요성을 강조하는 데 있다.

참고문헌

1) Berkeley and Los Angeles, California : University of California Press(1969, 1967¹⁾).
   독어판 : Peter Brown, Augustinus von Hippo. Eine Biographie. Frankfurt 1973.
2) 1권(고대 그리스도교 Ⅰ) : Paris : Beauchesne(1977).
3) 완벽한 참고문헌에 대해서는 Henri Crouzel, Bibliographie critique d'Origène (Instrumenta Patristica, Ⅷ). Steenbrugen, The Haag : Martin Nighoff(1971). 증보판 1982. 또한 Ulrich Berner, Origenes(연구성과들). Darmstadt : Wiss, Buchgesellschaft(1981).
4) P. Nautin, 389 - 408.
5) Eusebius von Caesarea, Kirchengeschichte. Heinrich Kraft에 의해 편집되고 서론 첨가됨 : Philipp Haeuser역(Kempten 1932). Hans Armin Gärtner에 의해 새롭게 교열된 판. München 1967, Ⅵ. 36 : 304f.
6) Henri de Lubac의 자극에 의해 일련의 "그리스도교 자료들"(Sources Chrétiennes)이 출간되었다. 번역자 및 개정자의 이름과 함께 불어로 번역된 제목을 아래에 제시하다 :
   Homélies sur la Genèse(SC 7까지). H. De Lubac, L. Doutreleau. 1976.
   Homélies sur l'Exode(SC 16). H. de Lubac. 1947(SC 16까지는 준비단계에 있다. H. De Lubac, J. Fortier).

Homélies sur les Nombres(SC 29). A. Méhat 1951(SC 29는 준비 단계에 있다. A. Méhat).
Homélies sur Josué(SC 71). A. Jaubert. 1960
Homélies sur le Cantique(SC 37까지). O. Rousseau. 1966.
Homélies sur Jérémie. Tome I. Introduction et homélies I-XI (SC 232). P. Nautin et P. Husson. 1976.
Homélies sur Jérémie. Tome II. Homélies XII - XX et homélies latines (SC 238). P. Nautin et P. Husson. 1977.
Homélies sur S. Luc (SC 87). H. Crouzel, F. Fournier, P. Périchon. 1962.
Origenes, Die griechisch erhaltenen Jeremiashomilien. Erwin Schadel 편 그리스어 문고 10). Stuttgart 1980.

7) "그는 수석사제로부터 고난을 받았으나 후세 사람들로부터 영광을 얻으려 하지 않았다." P. Nautin, 앞에서 인용된 책, 441.
8) Die Idee des Martyriums in der alten Kirche, Göttingen : Vandenhoeck und Ruprecht(1964).
9) Eusebius von Caesarea, 註 5 : VI. 19 : 292 - 295.
10) Henri Crouzel, Origène et la philosophie (Théologie, 52). Paris : Aubier(1962).
11) Origenes, Die griechisch erhaltenen Jeremiashomilien, Erwin Schadel 편 (Bibliothek der griechischen Literatur 10). Stuttgart 1980.
12) 새로운 개정판 :
Origenes, Traité des principes. 1권과 2권. 1권 : 머리말, 본문비평과 번역 2권 : 주석과 단편들. H. Crouzel과 M. Simonetti편(SC 252와 253). 1978.
Origenes, Traité des principes. 3권과 4권. 3권 : 본문비평과 번역. 4권 : 주석과 단편들(SC 268과 269) : H. Crouzel과 M. Simonetti편 1980.
Origène, Traité des Principes (Peri Archon). Traduction de la Version latine de Rufin avec un Dossier annexe d'autres Témoins

du Texte, par M. Harl, G. Dorival, A. le Boullnec, Paris 1976.
Origenes, Vier Bücher von den Prinzipien, H. Görgemann과 H. Karpp에 의해 번역되고 발행되었는데 비판적 설명을 위한 註들이 첨부되었다(Texte zur Forschung 24). Darmstadt 1976. I Principi di Origene. M. Simonetti 편(Clascipi delle Religioni). Turin 1968.

13) H. de Lubac, Histoire et Esprit. L'intelligence de l'Ecriture d'aprés Origène (Theologie, 16). Paris : Aubier (1950).

H. de Lubac, Geist aus der Geschichte. Das Schriftverständnis des Origenes : H. U. von Balthasar. Einsiedeln 1968.

14) Belegt durch Texte, zitiert bei : Hans Urs von Balthasar, Origenes, Geist und Feuer : Ein Aufbau aus seinen Schriften. Salzburg — Laipzig : Müller(1938, 1952).

15) Charles Kannengiesser, La Nouveauté Chrétienne vue par Origène : Joseph Doré (편), L'Ancien et le Nouveau(Cogitatio Fidei 111). Ed. du Cerf, Paris 1982, 111 — 135.

토마스 아퀴나스와 마틴 루터의 모형

루터의 인의론은 모형교체를 뜻하는가?

슈테판 퓌르트너(Stephan Pfürtner)

1. 현대적인 문제제기

1) 논쟁신학적 대결에서 가톨릭과 개신교의 에큐메니칼한 만남으로 나가게 된 것은 종교개혁적 인의론에 대한 새로운 평가를 통해서였다. 신학에서는 새로운 관점이 한스 큉에 의해 처음으로 제시되었고(Küng 1957/1964)이와 관련해서 개별적인 측면에서 — 예컨대 Albert Brandenburg(1960), Stephan H. Pfürtner(1961), Ulrich Kühn(1965), Hans Vorster(1965) — 또는 포괄적으로 오토 헤르만 페쉬(Otto Hermann Pesch 1967)에 의해 발전되었다.
게르하르드 뮐러(Gerhard Müller)와 빈젠즈 프뉘르(Vinzenz Pfnür)의 공동논문 (1980)과 오토 헤르만 페쉬와 알브레히트 페터즈(Albrecht Peters)의 공동작품(1981)에서 서로 얼마나 가까워졌는지를 엿볼 수 있다. 종교개혁적 인의론이 더 이상 교회를 분리시키는 것으로 규정되지 않고 반대로 분리된 교파를 신앙적으로 결속시켜 주는 중심적 토대라는 점에 대한 합의가 그동안 신학적 노력을 통해서 해당 교회들에서도 이루어졌다. 가톨릭 쪽에서는 이것이 가장 높은 성직자인 요한 바울로 II 세가 서독을 방문한 자리에서 확증된 것 같다. 마인쯔(Mainz)에서 교황이 했던 인사말은 이제까지 흔히 간과되었는데 그 인사말이 지닌 에큐메니칼한 의미는 교황이 역사상 처음으로 마틴 루터를 함께 주목해야 할 신앙사신(使信)과 인의사신에 대한 증인으로 내세웠다는 데 있다(Johannes Paul Ⅱ. 1980, 81; 참조. Pfürtner 1981, 266). 로마-가톨릭/복음주의-루터파 위원회는 "교회의 성직"에 대한 선언에서 이렇게 말했다 : "죄인에 대한 인의론은 16세기의 중심적인 논쟁점이었다. 〈오늘날에는 인의론을 해석하는 데 있어서 훨씬 폭넓은 합의가 이루어지고 있다〉(Malta-Dokument Nr. 26)" (Das geistliche Amt 1981, S. 16).

2) 인의론은-어쨌든 종교개혁적으로 이해하면-"교회의 존망이 걸린 조항"이므로, 이에 대한 합의는 교회의 고백공동체를 이루게 된다. 그런데 근자에 더욱 새로운 "신앙의 차이들"이 교회들 사이에 나타나고 있다. 이런 차이들은 단지 이미 획득된 영향력있는 제도적 지위들을 옹호하거나 자기 체제를 안정시키거나 일단 역사적으로 성장한 교회체제를 유지하고 진작시키려는 방어적인 거짓된 신학적 노력이 아닌가? 아니면 이 차이들은 "신앙관"과 그 의미내용의 신학적 차이인가? 고트프리드 마론(Gottfried Maron)은 개신교 쪽에서 "인의와 교회"에 관해 의견의 차이가 존속한다는 것을 확인했다(Maron 1969). 페쉬는-루터기념축제(1983)를 준비하면서-이 주제를 다루었는데 "인의론은 (더 이상) 교회를 분열시키지 않는다"는 자신의 견해를 수정했다(Pesch 1982. 42).

3) 에큐메니칼한 공동성을 어느 정도 이룩한 것은 반가운 일이지만 불명료한 내용을 반복하거나 인의론에서 해결되지 않은 논쟁점들을 극복했다고 말한다면 신학적 논의는 진전되지 않는다. 에큐메니칼한 연구를 새롭게 진작시키기 위해서는 토마스 쿤의 모형이론을 루터의 인의론에 적용하고 신학적 차이들을 이러한 해석학적 이론에 비추어 파악하는 것이 유익할 것 같다(Pfürtner 1981, 267f). 신학사상사를 포괄적으로 비교하면서 신학적 모형들을 제시한 한스 큉의 논문(Küng 1982)은 내 생각에는 높이 존중되고 더욱 연구될 가치가 있다.

2. 신학사적 교회사적 해석모델의 모형교체에 대하여

1) 여기서 모형개념은 무엇보다도 연구가설이나 해석가설이란 의미로 이해되어야 한다. 이 해석모델이 종교사와 신학사의 변화과정이나 전체문화사와 의식사(Bewuβtseingseschichtliche)의 변화과정을 위해 유용한지를 입증하는 것이 탐구해야 할 과제 가운데 하나이다. 따라서 자연과학에 대한 쿤의 역사해석이 이데올로기의 역사에 적용될 수 있는가에 대한 논의가 계속되어야 할 것이다.

2) 종교개혁적 인의론이 새로운 획기적 모형인지를 밝히기 위해서, 새로운 모형의 몇가지 특징들을 토마스 쿤과 관련해서 다루어야겠다: 1979, 20f). 낡은 모형의 수많은 불일치점들에 대한 경험을 통해 모형변경의 압력이 생긴다. 여기서 과학사적인 프톨레미적 실례로서, 세계상에서 세계상으로의 코페르니쿠스적 교체를 들 수 있겠다(Kuhn 앞 책 25).
— 낡은 모형이 전체적인 생활조건들에 대한 새로운 인식을 통해 불충분한 것으로 입증되었기 때문에 새로운 모형이 필요해진다(Kuhn
— 획기적 과정을 모형교체에 의해 해석하려면, 우리의 역사 속에 덜 좋은 이해모델과 해석모델에서 더 좋은 모델로의 진보적 발전이 있으며 이러한 발전 속에서 연속성과 불연속성이 함께 주목되어야 한다는 점이 전제되어야 한다.
— 과정의 연속성이, 마치 새로운 모형이 새로운 통찰들을 축적함으로써 생겨나는 것처럼, 마지막 새로운 구성물이 첨가됨으로써 모형교체가 이루어지는 것처럼 해석되어서는 안된다. 오히려 모형적으로 새로운 인식이 이전의 관찰양식의 관점변경과 질적 변경을 초래한다. 따라서 이것은 이론형성에 있어서 혁명적 과정으로 규정되어야 한다. 왜냐하면 "이러한 과정에 대한 인정은 이전의 이론에 대한 수정과 이전의 사실들에 대한 재평가를 요구하기 때문이다"(Kuhn 앞 책 21).
— 과학이론적인 지평에서 진보적 모형의 효력은 "이제까지 그들의 과학을 다른 방식으로 수행했던 기존집단의 학자들을 끌어들일 만큼

충분히 새로워야"한다.

― 동시에 이 모형은 "새로운 집단의 전문가들에게 풀리지 않은 모든 가능한 문제들을 제기할 만큼 충분히 개방적이어야 한다"(Kuhn 앞 책 25). 따라서 과학사에서 타당한 것은 생활실천적인 지평과 "이데올로기적 의식"의 발전에 적용될 수 있다.

― 기본모형에 대한 이해는 이 모형에 의해 규정된 언어공동체 안에서 바로 이해하고 자신을 이해시키고 활동하기 위해서 그 공동체의 구성원이 되는 가장 중요한 전제조건이다(Kuhn 앞 책 26). 왜냐하면 이 모형은 전체적인 이해의 지평과 관련되어 있기 때문이다. 이해지평의 모든 부분들이 이 모형과 결부되어 있다.

― 이것이 종교개혁적 인의론에도 해당된다면, 이 인의론과 함께 신론, 인간의 자기이해, 교회이해 그리고 교회와 사회의 관계 전체에도 해당될 것이다. 로마―가톨릭 전통처럼 종교개혁 이전의 언어전통과 결합된 교회전통은 동일한 개념들(하느님, 은총, 양심, 자유, 교회, 교직 등)을 사용하더라도 종교개혁적 개념과는 다른 내용을 의미할 것이다.

― 세계관과 생활실천의 영역에서 새로운 모형의 등장("이데올로기적인 모형교체")은 과학사의 혁신적 통찰들에 대해서 쿤이 확인한 것과 비슷한 현상들로 인도한다. 그에 의하면 모든 과학적 혁명은 "연구자들의 공동체에게 오래된 존귀한 과학이론을 이것과 합치될 수 없는 다른 이론을 위해 배격하도록 요구한다"(Kuhn 앞 책 20f). 이로써 원래 통일적인 언어공동체 안에 대결이 생겨난다 : "새로운 이론의 도입은 반드시 그리고 정당하게 해당분야의 일부 전문가들에게서 동일한 반응(저항, 혁신)을 일으킨다. 그들에게 있어서 새로운 이론은 이제까지 표준과학의 관행을 지배했던 규칙의 수정을 의미한다"(앞 책 21). ―루터에게는 신학직 이론뿐만이 아니라 교회―정치적 실천을 위한 새로운 제도론과 이론도 문제되었으므로, 신학자들에게는 교회와 정치의 제도적 담지자들도 각기 그들의 실천적 영역의 "전문가들"로 나타났다.

3. 새 모형의 혁신적 인식인 루터의 인의론

새로운 모형개념의 표준들과 루터의 종교개혁적 혁신적 인식을 관련시킬 수 있다면 이 관련성을 보다 자세히 살펴 볼 필요가 있을 것이다. 토마스 아퀴나스가 중세적 시기(스콜라주의 전성기)를 두드러진 방식으로 표현했고 영향사적으로 권위있게 가톨릭주의의 틀을 형성했기 때문에 그 나름의 언어세계를 지닌 토마스 아퀴나스를 루터와 비교할 수 있다.

1) 루터의 인의론은 실제로 그리스도교 역사에서 새로운 것인가? 20세기 초부터 이 문제에 대해 많은 논란이 있었다(Lohse 1968). 여러 추종자들을 끌어들임으로써 종교개혁적 그리스도교의 공동적 토대로 되었던 **루터적 모형의 새로운 성격은 종교개혁적 인의론의 비중에 있다.** 당시 신학적 전통과의 연속성 속에서 루터의 신학이론은—이미 Denifle 이 형식적으로는 불쾌하게 논쟁적이지만 내용적으로는 정당하게 지적했듯이—익숙한 언어를 사용했다(Denifle 1904 / 1905, 424). 물론 토마스 아퀴나스도 그의 신학체계 안에서 "인의론"(de justificatione)을 다루고 있다(Summa theologica I·II 113). 그러나 그에게 있어서 인의론은 많은 교리항목들 가운데 하나였다. 죄인의 인의는 인간 안에서 신적 은총이 작용한 결과로서 간주된다. 『신학대전』의 1부 전체와 2부의 첫 부분(I부와 I—II부의 일부)에 걸쳐서 먼저 하느님이 그리고 그 다음에 윤리적 능력과 한계를 지닌 인간이 다루어진다. 그러나 루터에게서는 하느님에 의한 죄인의 인의에 관한 항목이 그리스도교적 신앙과 삶의 중심을 이룬다. 따라서 멜란히톤(Melanchthon)은 "아우구스타나 신조의 변호"(Apologia Confessionis Augustanae)에서 이것을 "praecipuus locus doctrinae christianae"— Justus Jonas 의 번역에 의하면 —"모든 그리스도교적 교리 가운데 가장 고귀한 항목"이라고 불렀으며 "성서 전체를 분명하고 올바르게 이해하는 데 크게 기여하며 그리스도의 표현할 수 없는 보화와 바른 인식으로 안내하고 전체적인 성서의

문을 여는 이 항목은 매우 중요하다. 이 항목이 없으면 어떤 가련한 양심도 바르고 확실한 인식을 얻지 못하고 그리스도의 은혜의 풍성함을 인식할 수 없다"(BSLK 1959, 159)고 말했다. 인의론의 이러한 중심적인 위치가 교회적 전통에서 그때까지는 아직 그처럼 분명히 밝혀지지 않았다. 따라서 페쉬가 그리스도교적 교리사의 "혁신"이라고 말한 것은 적절하다(Pesch 1967, 154).

2) 이로써 새로운 모형의 다른 표준도 확인될 수 있다 : 루터의 인의론은 그리스도교적 하느님 이해, 세상 이해 그리고 인간적인 자기 이해와 전체적으로 관련되어 있다(Härle / Herms 1980). 이 인의론은 전승된 개념들과 규칙들을 새로운 모형의 의미에서 "개정"할 것을 요구한다. 따라서 종교개혁자적 자기이해에 의하면 인의항목은 다른 교리들 가운데 하나가 아니라 전체적인 신학적 이론의 근본적인 관점이 되었다. 이 항목은 새로운 관점을 형성함으로써 전체의 모든 부분과 관련된다. 루터 자신도 이렇게 말한다 : "인의론은 온갖 교리들에 대한 스승이며 영주, 주인, 지도자 그리고 심판자이다. 이것은 모든 교회적 가르침을 보존하고 지배하며 하느님 앞에서 우리의 양심을 바로 세운다. 인의론이 없으면 세상은 온통 죽음과 어둠 속에 있게 된다"(WA 39 / I, 205). "우리가 교황, 악마 그리고 세상에 대항해서 가르치고 살아가는 모든 것이 이 조항에 달려 있다"(BSLK 1958, 416)고 말한 슈말칼덴 신조에서 루터는 인의론의 내용적 중심을 강조했다. 인의의 사신(使信)을 선포한다는 것은—전가(轉嫁 : Imputation)에 대한 엄밀한 강조점들을 둘러싼 전문가들의 논쟁들과 함께 그들의 순수한 형식적 해석, 법정적 해석 등에 페쉬가 반대한 것은 적절하다 — 예수에 대한 신앙을 고백하는 것이며, 예수 안에서만 새로운 의가 우리에게 주어진다는 것을 내세우는 것이다. 루터가 사도행전 4장 12절에 근거해서 밝혔듯이 루터의 모형에서 인의의 사신을 선포하는 것은 예수에 대한 신앙을 고백하는 것이다 : "하늘이 무너지고 땅이 꺼지는 한이 있어도 인의론의 내용은 조금도 삭감하거나 양보할 수 없다. 왜냐하면 베드로가 말하듯

이 우리가 구원받을 수 있는 어떤 다른 이름도 (사람들에게) 주어지지 않았기 때문이다. '그리고 그의 상처를 통해서 우리는 치유된다'(이사 53, 5)" "따라서 '인의론'은 모든 것을 짊어진 그리스도 조항과 함께 모든 신학적 진술의 전체적 관련성을 압축한 공식이다"(Pesch 1982a, 266).

인의론에 대한 바른 이해는 교회 안에서 옳은 언어와 거짓된 언어를 원칙적으로 구분하는 비판적 신학개념을 마련해준다.

3) 새로운 모형을 통해 획득된 비판적 신학개념은 신학이 과학으로서 활동할 수 있는 논증의 틀을 규정한다. 쿤은 모든 과학들에 대해서 비슷한 내용을 말하는 가운데 신화에 대한 규정을 제시했다. 그에 의하면 새로운 모형의 입장에서 보아 낡은 관점들은 신화로 규정되어야 한다(Kuhn 앞 책 16f). 또한 새로운 모형이 그동안 증대된 모든 통찰의 다양한 측면들과 내용들에 대해 보다 잘 들어맞는다는 내적 정합성의 표준을 쿤의 제안에서 이끌어낼 수 있을 것이다. 이에 대해서 낡은 모형의 진술들과 규칙들은 새로 생겨난 복잡성과 부정합성 때문에 그들의 상호 불일치성을 드러내게 된다.

다음에 입증할 명제를 여기서 제시해 보자. 새로운 획기적 모형—종교개혁의 인의론—에 의해서 이전 시대에 비해 전체적인 그리스도교적 삶의 이해가 더욱 내적 정합성을 갖게 되었으며 그동안에 알려진 복잡한 전체적 생활경험이 이전의 모형에 의해서는 충분히 포괄될 수 없게 되었다. 동시에 새로운 모형은 이전 시대에 어느 정도 정합성을 보였던 많은 요소들을 신학 이전의 것으로 또는 신화적인 것으로 신학적 언어체계에서 배제하도록 요구했다.

4) 보다 큰 새로운 정합성은 이미 신론에서, 새로 정식화된 인간이해에서, 그리고 양자를 내적으로 결합시킨 신학적 인간학에서 입증된다. 우리가 신학과 교회 안에서 하느님과 그의 의, 능력, 지혜, 선, 자유 그 자체에 대해서 말하지 않고 오직 하느님이 신앙 안에서 그리스도를 위해서 은총으로 우리를 의롭다 하시고 지혜롭고 선하고 자유롭게 하

시는 한에서만 하느님과 그의 능력들에 대해서 말하게 된 것은 인의에 대한 루터의 통찰에서 비롯된 것이다("Selbstzeugnis" 1545, WA 54, 186f). 신학적으로 이러한 신앙의 전제 아래서만 하느님에 대해 말할 수 있으며 신학적으로 하느님에 대해 말하는 것은 특정한 방식으로 인간에 대해 말하는 것을 포함한다는 사실이 이로써 분명해졌다. 그 까닭은 인간이 그리스도 신앙 안에서 하느님의 베푸심 없이 하느님의 의와 자유를 인식하거나 발견할 수 있는 것처럼 일방적으로 하느님에 대해서만 말할 수 없기 때문이다(은총만으로, 믿음만으로). 또한 인간이 하느님의 말씀을 통해 자유와 인간다운 품위로 부름받은 존재("그리스도인의 자유")가 아닌 것처럼 인간을 다룰 수 없다. 따라서 신학적 인간학에 있어서는 하느님의 의를 서슴없이 인정하면서, 하느님에 의해 선사된 의가 없으면 서슴없이 인간의 죄를 고백해야 하며 우리는 온전히 하느님의 새로운 의의 약속에 의해 살아야 한다. 간단히 말해서 인간은 "의인이면서 동시에 죄인"이라는 결론이 나온다.

5) 본래적인 의미의 신학에서 **신론**은 그리스도 안에서 일어난 계시로부터만 이끌어낼 수 있다는 것은 토마스의 경우에도 논란의 여지가 없다(Sum. theol, Ⅰ 1, 2·3). 이것은 그의 신학적 인간학에도 해당된다. 따라서 그가 신학을 철학에 양도한 것처럼 그의 신학에 대해 말한다면—이 비난은 내용적으로 이미 루터에게서 발견되며 링크(Wilhelm Link)에 의해서 발전되었다(Link 1940 / 1955)—그의 전체적인 이론적 연관성을 정당하게 다루지 못하게 된다. 그러나 새로운 모형에서 생겨난 비판적 신학개념을 통해 토마스에게 신학사적으로 근본적 물음을 제기하는 것은 정당하다. 아리스토텔레스를 재발견함으로써 아리스토텔레스의 철학적 존재론과 인생론을 그리스도교 속에 통진시키려는 시도는 토마스의 모형에 속한다. 아리스토텔레스적인 존재개념—예컨대 "순수현실유(純粹現實有)"(actus purus)—을 통해 하느님을 신학적으로 표현하려는 토마스의 노력은 그의 초기작품 『유(有)와 본질에 대하여』(De ente et essentia) 이래 모든 작품에 나타난다.

그에게 있어서 하느님은 존재의 총괄개념이며(Sum. theol. Ⅰ 3, 4) 다른 모든 것처럼 행위와 잠재태로 결합되어 있지 않다. 그가 표명한 신학적 언어공동체의 모형은 이러한 헬레니즘적 존재이해를 통해 표준적으로 형성되었다. "잠재태와 행위에 관한 아리스토텔레스적인 이론을 예리하게 논리적으로 일관성있게 철저히 발전시킨 데서 우리는 토마스주의의 가장 깊은 본질을 본다"고 갈루스 만세르(Gallus Manser)는 말했다(Manser 1949, 100). 물론 토마스에 관해 연구하는 학자들은 이러한 해석에 머물러 있지 않고 존재이해가 토마스의 신앙적으로 조건지어진 전이해와 결합되어 있음을 밝히려 한다. 그러나 바로 철학적 존재이해와 신학적 신앙이해의 이러한 불분명한 혼합이 토마스의 모형적인 언어틀의 특성에 속한다. 그에게 있어서는 현대신학의 비판적 의미에서 복잡성의 단순화가 결코 일어나지 않았다.

출애굽기 3장 14절에서 하느님의 이름에 관해서 모세에게 행한 하느님의 자기소개를 토마스가 불가타의 라틴어역에 따라 해석한 내용이 의미 깊다. 이 구절에서 하느님의 이름을 묻는 이스라엘 백성들에게 모세는 이렇게 대답한다 : "존재하는 분이 나를 너희에게 보내셨다"(Qui est, misit me ad vos). 토마스는 이 본문을 인용하면서 "'존재하는 분'(qui est)이라는 이 이름이 하느님의 가장 고유한 이름이다"(Sum. theol. Ⅰ 13, 11 sed contra) 라고 한다. 여기서 토마스는 결코 합리주의적 하느님 이해로 빠지지 않는다. 왜냐하면 그는 하느님이 "모든 종(種)의 밖에"(앞 책 3, 5) 다시 말해 우리가 존재에 대해 만들어 낼 수 있는 모든 개념들을 넘어서서 존재한다는 것을 강조하기 때문이다. 이 점에서 그는 "부정적인 신학의 기본명제"를 받아들인다. 그러나 그는 항상 하느님의 존재 자체를, 그 본질을, 완전한 존재, 선하고 참되고 단순하고 전능한 존재의 총괄개념으로 해명하려고 한다(앞 책 Qu 4ff).

6) 그의 신학적 방법에도 비슷한 결과를 초래하는 토마스의 이러한 사상적 존재파악은 헬레니즘적 존재이해와 상응한다. 신학적 진리발견에 있어서도 아리스토텔레스 논리학의 원리들 특히 모순의 원리가 결정적인 역

할을 한다. 신앙적 진리와 이성적 진리 사이에 근본적 모순은 있을 수 없다. 왜냐하면 양자는 하느님을 공통적인 궁극적 진리근거로서 지니고 있기 때문이다. 따라서 신학은 "논증적 학문"(Sum. theol. Ⅰ 1, 8)이기도 하다. 루터의 경우에는 전혀 다르다. 최고 존재로서의 하느님이 아니라 극히 위협적인 상황에서 만나지는 하느님이 결정적인 이해모형과 언어모형이다. 이 하느님은 그리스도 신앙 안에서 그를 받아들이고 한없이 베풀고 의롭다고 선언하는 하느님, 인의(認義)를 약속하고 절망의 나락에 빠진 그에게 하늘의 문을 열어줌으로써 그에게 자신을 여는 하느님이다(1545년의 Selbstzeugnis). 그것은 독존적 하느님(Gott an sich)이 아니라 우리를 위한 하느님이다. 하느님에 대한 논의는 반드시 무모순성의 법칙에 지배되지 않고 독자적인 언어적 법칙들을 따른다. 우리는 이 하느님을 궁극적으로 "모순 속에서", 십자가의 모순 속에서 경험한다. 우리와 함께 자신의 역사를 이루어가는 이 하느님에 대한 신앙경험— 개인적 신앙경험과 함께 공동적 신앙경험—이 낡은 모형의 경우와는 전혀 달리 새로운 모형의 인식적 근거와 언어적 근거가 된다. 따라서 무모순성의 중요성이 현저히 감소된다. 낡은 언어공동체의 전문가들이 루터의 가르침과 논쟁을 벌일 때 그의 가르침이 논리적 엄격성이 결여되고 역설적 언어구조를 사용한다고 지적하면서 과학적 신학의 자격이 없다고 항상 주장한 이유를 여기서 이해할 수 있다.

7) 그러나 모든 논쟁점을 떠나서 오른날 근본적인 물음들이 토마스 아퀴나스에게 제기되는 이유도 보다 잘 설명될 수 있다. 이미 언급한 것 외에도 이러한 질문들이 "신학대전의 계획"에 대해서 그리고 그와 함께 그의 신학 전체 속에서 그리스도가 차지한 위치에 대해서 제기되었다. 그의 그리스도론(Ⅲ a)은 앞에 있는 신론 인간론 윤리의 부록처럼 보인다. 비슷한 방식으로 그의 철학적 하느님 증명들, 하느님에 대한 인간의 "자연적 갈망"에 관한 가르침 그리고 "자연과 은총"의 관계에 대한 기본사상이 문제시되어야 했다. 새로운 모형과 함께 개발된 신학적 의식에 의해 이러한 교리적 요소들은 신학의 근본적 전제와 양

립할 수 없게 되었다. 이런 견지에서 인간의 모든 "자연적"조건들에 대한 토마스의 관계는 비판이전적인 것으로서 또는 쿤의 말대로 신화로서 규정될 수 있을 것이다. 그것은 새로운 모형과 비판적 신학개념을 통해 요청되는 과학적 조건들을 명확히 충족시키지 못했다.

8) 인간의 모든 "자연적"생활조건들에 대한 토마스의 비판 이전적 관계는 **교회제도와 정치제도의 불분명한 혼합**을 초래했다. 토마스의 모형에서 하느님은 자연과 초자연의 규정적 목적이므로, 사회는 정치적 권력을 가지고 교회의 임무를 위해 봉사해야 한다. 예컨대, 세상의 권력이 교회재판의 판결을 집행해야 한다는 "국가─교회법적"이론은 우연적인 것이 아니다(II·II 11, 3 그리고 39, 4 zu 3). 이러한 해석모델에 의하면 국가는 인류의 초자연적 구원에 관한 모든 일에 있어서, 혼인법에서 개인적, 공적 성(性)도덕에 있어서 교회의 지도적 권위(Leo XIII 로부터 Pius XII 에 이르기까지 교황들이 대변한)에 예속된다. 중세적 모델의 "그리스도교적 세계"가 이러한 이론형성의 배경을 이루는데 이 그리스도교 세계는 현대의 국가교회로 이어졌다.

9) 루터가 직접 체험한 인의의 경험에서 하느님이 우리를 율법 아래 붙잡아 두시지 않고 그리스도 안에서 해방적인 복음을 우리에게 선언하려고 하신다는 것이 루터에게 분명해졌다. 따라서 종교개혁적 인의론의 새로운 모형은 **"율법과 약속"에 대한 바울로적 구분**을 전혀 새롭게 강조한 데 불과한 것은 아니다. 루터는 **"율법과 복음"을 대조시킴으로써** 바울로의 글이나 그 이후의 전통에서 확고한 신학적 명제로 등장하지 않았던 **새로운 공식을 창조**했다. 이 공식을 가지고 그는 페쉬가 말하듯이 (1982, 58) 철저히 "숙고된 참신함"속에서 "신학적 이해의 기본공식" (Ebeling 1960, 5 – 7) 을 만들었다. 어쨌든 "율법과 복음"의 구분은 루터에게 근본적인 의미를 지니고 있었다. 에라스무스와의 논쟁에서 그는 이 구분을 이해하지 못한 "사람은 성서에 관해 전혀 알 수 없고" (WA 18, 693), 그리스도를 전혀 모르기 때문에 신학적으로 아무 것도

할 수 없다고 주장한다(앞 책 680). 토마스에게서 중요한 역할을 했던 "자연과 은총"또는 "자연과 초자연"의 구분은 헬레니즘 전통에서 유래한 것인데 이제는 완전히 후퇴했다. 무엇보다도 새로운 모형의 이러한 이론적 요소가 교회의 과제를 위한 구성적 비판적 원리를 형성한다. 교회는 인류를 율법에 얽어맬 것이 아니라 하느님의 복음을 전파해야 한다(앞 책 624). 잘 알려져 있듯이 루터의 종교개혁적 투쟁은 주로 교회의 그런 생각을 겨냥한 것이었다. 교회와 성직자들은 정치적 법칙의 기준에 따라 정치적 권력자들로 행세할 것이 아니라 사죄와 새로운 자유의 하느님 나라를 선포해야 한다. 율법과 복음의 구별은 "세상통치"와 (교회의) 영적 임무의 구별을 본질적으로 요청한다. 이 구별이 루터에게는 결정적으로 중요했다. 그래서 코부르그(Coburg) 성에 있던 루터는 아우그스부르그(Augsburg)에서 "아우구스타나 신조"(Confessio Augstana)를 작성하기 위해 협상하는 멜랑히톤에게 모든 협상과정에서 이 구분을 명심하고 결코 이전의 혼돈으로 되돌아가서는 안 된다고 하는 편지를 보냈다.[1] 그는 이것을 "이 가르침과 관련된… 우리가 양보할 수 없는 조항"에 포함시켰다(WA Br 5, 590). 이에 반해 토마스는 중세적 사고의 모범적 표상에 따라 거리낌 없이 "교회의 고위 성직자들이 세상적 군주의 직책들을 차지한다…"고 말했다(Sum. Theol. II·II 64. 4 zu 3). 루터가 자신의 모형을 현대적인 의미에서 해석하지 못했기 때문에 영향사적으로 국가교회가 개신교 영역에 확대될 수 있었던 것은 사실이지만, 교회와 국가를 분리하는 현대적 헌법국가의 추종자들에게 이론적 토대를 제공한 것은 분명하다.

10) **루터의 인의경험이 하느님의 인의은총에 대한 점증하는 신앙적 확신을 위한 투쟁을 종교개혁운동의 본질적 요소로 만들었다.** (특히 로마서를 읽다가) 신앙은 그리스도 안에 있는 하느님의 약속에 대한 흔들리지 않는 신뢰라는 것을 깨달았을 때 경험한 양심의 위로가 개신교의 중요한 교설로 되었다. 이전의 신학적 이론을 따르는 사람들은 이 "새로운 가르침"을 잘못 이끄는 것으로서 배척했다. 쿤이 과학적 모형의 도입

에 대해서 그리고 낡은 모형의 추종자들과 새 모형의 추종자들 사이의 긴장에 대해서 말했던 내용은 종교개혁시대에 신앙의 확신과 구원의 확신을 둘러싼 논쟁신학적 대결에서 모범적으로 입증될 수 있다. 낡은 언어맥락을 따르는 사람들이 저항했던 궁극적 이유는 그들의 사고체계와 규칙체계의 개별적 구성요소들이 개정되고 전적으로 새롭게 평가되어야 한다는 데 있지 않았다.

왜냐하면 토마스 아퀴나스도 신앙의 확신과 희망하는 자의 확신을 가르쳤기 때문이다(Sum, theol. Ⅱ·Ⅱ 1, 3 ; 4, 8 그리고 18, 4). 그러므로 낡은 가르침과 새로운 가르침의 근본적인 양립불가능성을 주장한 것은 잘못이었다(Pfürtner 1961, 125 ff.). 그럼에도 불구하고 토마스는 신앙인을 위한 은총의 확신을 주장하기를 거절했다(Sum, theol. Ⅰ·Ⅱ 112, 5). 낡은 언어전통의 추종자들은 이러한 관점에 집착했으며 새로운 언어전통을 내세울 수 없는 것으로서 배척했다. 실제로 모형교체를 통해 두 상이한 언어공동체가 생겨나는데 이 공동체들에 속한 사람들은 동일한 말을 사용하면서도 동일한 내용을 뜻하지 않기 때문에 더 이상 공동의 언어를 구사할 수 없다. 따라서 의사소통이 불가능하지는 않지만 매우 어렵게 된다(Pfürtner 앞 책 135 ff.).

11) 하느님이 약속의 말씀 속에서 자신에게 다가오신다는 것을 각 개인은 독자적으로 믿어야 한다는 루터의 호소에서 새로운 신앙이해의 중요한 요소가 드러난다. 루터는 방대한 갈라디아 주석 (1531 / 4 장 1 절)에서 이렇게 설명한다 : "왜냐하면 너 자신의 죄에 대해서는 의심하면서 그리스도가 다른 성도들의 죄를 위해 죽었다고 믿는 것은 너에게 아무 유익이 없기 때문이다. 왜냐하면 불신자들과 귀신들도 그렇게 믿기 때문이다. 오히려 너는 그것이 너의 죄들에도 해당되고 너도 그가 목숨바쳐 죄를 속죄해 준 사람들 가운데 하나라는 것을 변함없는 신뢰로써 받아들여야 한다. 이 신앙이 너를 의롭다 해주고 그리스도가 네 안에서 거하고 살고 다스리도록 한다"(WA 40 Ⅰ, 458). 이처럼 인의신앙이 하느님의 말씀 안에서 인간과 하느님의 인격적 관계를 의미

하므로 신학적으로 개인은 대체할 수 없는 존귀한 주체이다. 교회적 언어공동체 안에서 개인이 인격으로서 새로운 의식의 단계에 이르게 된다.

물론 이러한 일은 다른 사회발전과정과 무관하다고 볼 수 없다. 종교개혁을 초기 부르즈와 혁명으로 평가하는 맑스주의적 루터연구의 이데올로기적 해석들이 막스 슈타인메츠(Max Steinmetz 1960 / 1972) 이래 상당한 편차를 드러내면서(Foschepoth 1976 참조) 제시되었는데 여기서 이 해석들을 따를 필요는 없다. "종교개혁의 생성과 평가"(Werden und Wertung der Refomation)란 탁월한 논문에서 하이코 오베르만 (Heiko A. Oberman)은 경제이론과 신학이 인의론의 발전 속에 결합되어 있음을 지적했다(Oberman 1977, 168). 칼 홀(Karl Holl)의 연구에 잇대어서 호르스트 바인트커(Horst Beintker)는 "자기책임의 사상과 개인의 정당성에 대한 강조는 인격성의 자기관철에 대한 내적 욕구와 마찬가지로" 르네상스에서 유래한 것임을 밝혔다. 바인트커(1981, 122)에 의하면 "이 세 가지는 모두 루터에게서 신앙하는 인간이 하느님 앞에서 발견하는 책임의 무게와 크기를 통해 궁극적인 조건과 척도를 얻는다".

그 당시의 종교와 사회의 상호의존성을 어떻게 평가하든 간에, 구체적 인간은 인격적이고 의식적인 신앙에 대한 새로운 평가를 통해 새로운 빛 속으로 들어오고 "그리스도인의 자유"에 의해 새로운 방식으로 자유로운 권리의 잠재적인 담지자가 된다. 이것은 루터 자신이 새로운 모형을 세속적 영역에서—예컨대 농부들에게—일관성 있게 관철시키지 않았다는 역사적 사실에도 불구하고 타당하다. 그러나 (루터의) 새로운 이론이 쿤의 모형규정의 의미에서 역사적 역동성을 지니고 있음이 입증되었다. 그 이론은 여러 세기에 걸쳐서 새로운 "전문가들"을 이론적으로나 실천적으로 사로잡았고 그들에게 새로운 문제들을 제기했다. 루터 자신이 현대적 인권과 민주적 헌법을 위한 직접적인 초석을 놓지는 않았으며 그런 일은 기대될 수도 없다. 쿤에 의하면 자연과학적 모형들이 초래하는 변화들도 "한 사람에 의해서 그리고 하루아침에 완성될 수 없다"(Kuhn 1979, 21).

12) 구체적 인간을 인격과 주체로서 평가하는 데 있어서 종교개혁적 인의사신이 지닌 의미는 새로운 언어공동체의 양심이 겪은 발전을 지적하지 않고는 언급될 수 없다. 잘 알다시피 루터는 1521년 보름스(Worms) 의회에서 자기 양심의 지시에 따라서 황제와 국가에 대항했으며 기존의 교회와 함께 전체 전통의 일치와 신학공동체를 대변한 신학적 적대자들에게 대항했다.

신학적으로 루터가 그럴 수밖에 없었던 까닭은 인의신앙의 새로운 모형이 인간양심의 동일성을 의미했기 때문이다. 하느님의 말씀이 자신의 삶을 인도할 수 있다는 확신은 자신이 이 말씀 안에 충실히 머물러 있어야 한다는 도전이기도 했다.

토마스도 양심에 대해서 가르쳤다. 그에 의하면 인간은 양심을 통해 하느님의 지시를 받는다. 따라서 그는 양심의 선언을 인간적인 상급자 또는 교회적 상급자의 지시보다 우위에 두었다(De Veritate 17, 4-5). 이런 견지에서 볼 때, 에마누엘 히르쉬(Emanuel Hirsch)가 루터연구(1권, 1954, 34)에서 "토마스의 양심개념이 지배하는 경우에는 교회의 권위에 대한 양심의 저항을 결코 생각할 수 없다"고 말한 것은 토마스의 가르침을 오해한 것이다. 알베르투스 마그누스(Albertus Magnus)와 토마스 아퀴나스가 자주 선포된 교회의 금령에도 불구하고 아리스토텔레스의 저서들을 그들의 대학에서 강의하고 주석했다는 역사적 사실을 상기할 필요가 있다. 그렇지만 이 점에서 토마스의 이론의 내적 정합성이 결여되어 있음이 두드러지게 드러난다. 이 중세의 신학자는 자기가 말한 이론의 의미에서 이단자들의 양심을 존중할 태세가 되어 있지 않았다. 교회에 이단자들이 있을 경우에 "모든 것을 말씀으로 해결하고 오직 논쟁적인 대화를 통해서 싸워야 한다"(Sum. theol. II-II 10, 8 Zu 1)는 어거스틴의 본래적인 견해를 인용하기도 하지만, 토마스 아퀴나스는 그들을 교수형에 처하기 위해 권력이 사용되는 것을 옹호한다(앞 책, 11, 3). 이 점은 어떻게 설명될 수 있을까?

제4차 라테란회의(Laterankonzil : 1215)를 통해, 교황들을 통해 그리고 끝으로 이단자법을 제정한 황제 프리드리히(Friedrich) II를 통해 점차 강화되었던 형법적 관행이 당시에 지배하고 있었다(Bornkamm 1962, 936). 토마스는 자신의 이론으로써 이 관행을 신학적으로 정당화했다. 왜 그는 이러한 관행에 대해 비판적인 자세를 취하지 않았을까? 그는 남의 글을 인용함으로써 자신의 견해를 논증하는데 그의 논증은 전적으로 교회-정치적 공동체와 그 공동체의 보호를 전제한 것이다. 그는 다음과 같은 히에로니무스(Hieronymus)의 글을 인용한다. "온몸이 오염되지 않도록 하고 모든 양들이 병들지 않도록 하려면…곪은 상처를 도려내고 비루먹은 양을 우리에서 몰아내야 한다" (앞 글). 이처럼 공동체를 강조하고 개인의 권리에 대한 감각이 부족한 까닭은 무엇인가? 헤겔은 "민"(Volk)에 대해 깊은 불신을 가지고 있었으므로, 정신의 포괄적인 질서능력을 국가에 대해서만 인정할 수 있었다. 많은 서민계층들에게 비판능력이 결여되어 있고(당시의 엄청난 문맹률!) 서로 분쟁을 일삼는 지배귀족들이 이기주의적인 권력욕에 사로잡혀 있음을 경험한 토마스에게 있어서 교황을 위시한 교회가, 후에 헤겔이 국가에 부여했던, 정신-문화적, 정치-도덕적 질서능력을 행사할 수 있는 자리를 차지했던 것이 아닐까?

어쨌든 중세적 세계에서는 개인의 인격이, 인간의 개성이 오늘날 인정되는 것과 같은 지위를 일반적으로 갖지 못했다는 자주 주장된 견해가 타당한 것처럼 보인다. 이 견해를 입증할 수 있는 증거들은 쉽게 제시될 수 있다. 어린이를 주로 객체로 취급했던 교육제도에서 어린이가 차지했던 지위를 생각해 보라. 그리고 형법제도에 있어서 피고의-우리가 보기에- 파국적인 곤경과 조형예술의 모습들을 생각해 보라. 중세의 미술은 초상화를 거의 모르며 자화상의 범주를 전혀 모르고 개인의 전기나 구체적 인물의 개인적인 모습에 대한 관심을 전혀 가지고 있지 않다. 그렇기 때문에 토마스 아퀴나스, 아씨시의 프란시스 또는 도미니쿠스(Dominikus)와 같이 뛰어난 인물들을 정확히 그린 그림들이 없다. 화가들조차도 그들의 작품에 이름을 새길 만큼 작품의 진정성에 관한 의식을 지니고 있지 않았다. 이런 일은 근대의 시작과 더불어 비로소 널리 행해졌다. 개인은 대체로 집단 속에 살았으며 피아제나 에릭슨(Erikson) 이 말하듯이 발달심리학적으로, 규칙공동체가 전적으로 권위를 가지는 규칙의식의 비판 이전적 단계에 있다.

신학적 이론에서 인간이—우리가 보기에—성령 안에 있는 그리고 자신의 양심적 동일성을 정당하게 주장하는 주체로서 나타나지 않는 이유를 여기서 알 수 있다. 신앙의 집단성이 모든 것을 지배했다. 개인은 이러한 집단성 안에서 그리고 이 집단성에 근거해서만 존재했다. 개인은 자신의 신앙이 교회의 신앙 안에서 신빙성 있게 지양된다고 느꼈다. 왜냐하면 "교회의 신앙은 형성된 신앙"(Sum, theol. Ⅱ·Ⅱ 1, 9 Zu 3) 이기 때문이다. 교회의 신앙은 하느님의 사랑을 통해 형성되며 개인의 신앙은 자신의 허물 때문에 "변형"되고 "형태없는 신앙"(fides informis) 으로 변질될 수 있다. 루터적인 인의사건에서는 하느님의 말씀과 영이 믿는 개인 속에서 "복음을 계시한다." 하느님의 복음이 스스로 그에게 계시되는 한, 그는 전체 교회를 위한 예언자적 주체로 된다. 전체에 대한 개인의 책임의식인 교회비판의식의 이러한 신학적 토대가 토마스에게서는 충분히 해명되지 않았다. 물론 그의 양심론에 그러한 신학적 단초가 나타나기는 했다. 그러나 그에게 있어서 "이단자들"은 악의적인 범죄자에 지나지 않았으며 사랑으로 충만한 교회의 신앙을 이탈한 그들은 화폐위조범이나 다른 범죄자들보다 나쁜 존재들이었다(앞 책, 11 , 3). 루터 자신이 현대적인 의미에서 종교적 관용과 종교적 자유의 이론에 도달하지 못 했다는 것을 여기서 숨길 필요는 없다(Lecler 1965).

교과적인 논쟁에 사로 잡히지 않은 역사비판적 연구가 여기서 필요하며 이러한 연구는 이념사의 영역에서 새로운 모형의 역사적 발전에 대해 밝혀 줄 것이다. 루터가 그리스도교적 언어공동체에 새롭게 끌어들인 모형이 루터에게서 분명히 드러났다. "세상권력에 관해서…" (1523) 라는 글에서 그는 새로운 이해를 분명히 나타내는 입장을 취했다: "왜냐하면 결코 폭력으로 이단을 방지할 수 없기 때문이다. 다른 방식이 필요하다. 이것은 칼로 하는 것과는 다른 투쟁이며 싸움이다. 여기서는 하느님의 말씀이 싸워야 한다"(WA 11, 268). 그러나 루터는 1520 년까지만 해도 실베스터 프리에리아(Sylvester Prieria) 의

"마틴 루터에 대한 응답초록"(Epitoma responsionis ad Martinum Lutherum)에 대한 논평에서 토마스의 사유도식과 실천도식을 그대로 주장했다. 물론 루터는 이 도식을 주장함에 있어서 자신의 격렬한 어법을 구사했다 : "로마 가톨릭 학자들의 격분한 주장을 들어 보면, 황제, 왕 그리고 제후들이 전세계에 퍼지는 이 염병을 폭력과 무기로써 막고 말로가 아니라 칼로 논쟁을 결판내는 수밖에 없는 것 같다. …도적을 교수형에 처하고 강도를 참수형에 처하고 이단자를 화형에 처한다면, 끊임없이 교회를 파괴하는 장본인들, 추기경들, 교황들, 소돔과 같은 로마의 쓰레기들에게 무기를 사용해서 그들의 피에 우리의 손을 씻고, 온세상에 퍼진 지극히 위험한 이 열병에서 우리를 해방시키지 못할 이유가 어디 있는가?"(WA 6, 347). 이 같은 생각을 바탕으로 루터는 5년 후 농민문제를 처리했고 25년 후 유다인 문제를 처리했다(WA 18, 361 그리고 53, 420).

헤이코 오버만은 이 모든 것을 시대사적으로 이해할 수 있는 주목할 만한 관점을 제시했다. 루터에 의하면 세상에서 악마의 힘은 표상할 수 있는 현실이었다. 악마신앙을 지녔다는 점에서 그는 중세적 인간이었으며, 세상에서 그들의 백성을 이러한 혼돈의 세력에 대항해서 칼로써 보호하는 것을 모든 세상권력의 그리스도교적 의무로 간주했다. 여기서 낡은 관점과 새로운 관점의 내용들이 서로 얽혀 있는데 이 점은 루터적 종교개혁에 대한 연구자의 입장표명에서 분명해진다 : 오버만은 이렇게 말한다 : "교황추종자들, 농민들, 유다인들을 악마화한 것은 종교개혁의 길을 세상을 향한 길로 규정하는 근본적인 결정과 불행한 방식으로 결합되었다. 루터 자신은 '악마적'이란 말로써 세상을 향한 길을 가는 데 제동을 걸었다"(1982, 307). 그러나 그는 그 길을 저지할 수는 없었다.[2]

새로운 모형은 경우에 따라서 자신의 발견자와 대립하는 방식으로 발전하는 역사적 역동성을 지니고 있음이 여기서 드러난다. 버지니아(Virginia) 북쪽에 새로운 국가를 창설한 "메이플라워"호의 종교—정치적 망명자 41명이 17세기에 영국에서 종교개혁운동을 일으켰던 "청교도들"이었고 독립전쟁을 거쳐 1776년의 인권선언에 이르기까지 혁명적 활동을 수행했다는 것은 우연이 아니다(Strzelewicz 1968, 17). 법제도로서의 현대적 인권은 종교적으로나 철학적으로 자연법 전통과 정치적 운동을 통해서 매개되었지만, 그것은 종교개혁에서 토대를 놓은 종교적 자유운동 없이는 생각될 수 없는 것이다(Hubert / Tödt 1978, 130).

13) 인의사신은 개인적인 권리와 인권의 세속적 결과를 초래하기 전에 교회론적인 영향을 미쳤다. 모든 신앙인이 성령을 통해 하느님의 복음에 대한 계시를 얻을 수 있다면 이것은 교회의 교권적인 이해에 비추어 볼 때 혁명적인 것이 아닐 수 없다. 잘 알다시피 이것은 모든 신앙인이 사제라는 신학적 이론으로 발전했다. 루터는 특히 1523년에 "그리스도교적 모임이나 공동체는 모든 가르침을 판단하고 교사를 초빙, 임명, 파면할 수 있는 권리와 권한을 지니고 있으며 그 근거와 이유는 성서에 있다"(WA 11, 408 - 416)는 글에서 그 이론을 발전시켰다. 이로써 새로운 모형은 이전의 교회적 신분질서와 양립할 수 없는 것으로 입증되었다. 이전의 교회적 신분질서는 일반 교회대중—평신도—과 "완전한 (성직자)신분"을 구별했을 뿐 아니라, 가르치고 의식을 거행하고 지도하는 데 있어서 "서품된 자"와 "서품되지 않은 자" 사이에 본질적 차이가 있다고 보았다. 잘 알다시피 이러한 이론적 변천은 서로 다른 개신교 교파들에게 매우 다양한 영향을 미쳤다. 루터교는 교직을 폐지하지 않았다. 그러나 그때까지 성례전적인 서품식을 의미했던 낡은 의식(Ordo)은 새로운 모형의 빛에서 취임식으로 "변형"되었다. 하느님의 공동체인 교회를 "서품된 자"와 "서품되지 않은 자" 또는 "완전한 신분"(수도사의 신분)에 속한 자와 "평신도"로 나눈 것은 새로운 이론적 틀과 양립할 수 없는 것으로 입증되었다. 그것은 모든 믿는 사람 안에서 역사하는 하느님의 말씀과 그 말씀의 인의능력에 대한 불신앙의 표현으로 간주될 수밖에 없다. 새로운 신학개념과 모든 신앙인의 소명의 원칙적 공통성에 비추어 볼 때 교인들에 대한 낡은

구분은 고루한 사제종교나 종교적 계급사상이 지배한 신화적 시대의 잔재로 평가될 수밖에 없다.

14) 끝으로 새로운 모형은 교회를 신성을 지닌 신비적 존재로 높이고, 개혁을 위한 예언자적 도전을 차단하는 교회이해를 허용하지 않는다. "은총만으로"를 고백하는 인의사신은 모든 약속된 의에도 불구하고 자신을 죄인으로서 경험하고 고백해야 하는 개별적 신앙인의 영속적 회개만을 요구하지 않는다. 인의사신은 모든 신앙인의 공동체인 교회의 영속적 고백, **"항상 개혁하는 교회"**에 대한 고백도 요구한다. 새로운 언어공동체는 이전의 교회개념을 종교적 신화로서 배격했고 성직자들에게 어떤 신적 성격을 투사하려는 모든 시도를 배격해야 했다. 이 공동체는 그리스도 안에서 우리에게 말해진 하느님의 말씀에만 구원의 기대를 걸 수 있었다. 따라서 이 공동체는 교회를 말씀의 피조물로 고백해야 했다. 종교개혁의 인의론에 내포된 비판적 신학개념은 교회에 대한 무비판적—신비적 관계에서 교회비판적 의식으로 인도했으며, 교회비판적 의식은 낡은 모형의 추종자들처럼 교회를 파괴하기 위한 것이 아니라 반대로 교회를 위해서, 교회가 교회 자신의 소명을 배신하지 않도록 하기 위한 것이었다. 이로써 새로운 모형은 교황을 포함해서 교회의 모든 성직자들에게 공적으로 비판받을 자세를 요구했다.

4. 모형비교의 결론

1) 토마스 쿤이 자연과학의 역사단계를 설명하기 위해 기획한 해석모델을 사용하는 것이 신학적 사상사를 위해 얼마나 유익한지는 앞에서 충분히 밝혀졌을 것이다. 종교개혁사의 중심적인 이론적 요소와 이 요소를 발견하고 관철시킴으로써 야기된 투쟁들에 관련된 사건적 과정을 여기서 탐구했는데 이 사건적 과정은 토마스 쿤의 해석모델을 통해 해석의 틀을 얻었으며 이 과정의 많은 부분을 이해할 수 있게 되었다. 또한 신앙사적 과정에서는 어떤 의미의 모형변경을 말할 수 있

는지가 앞에서 밝힌 특징들에 입각해서 엄밀히 규정될 수 있었다. 더 나아가서 획득된 연구성과를 바탕으로 다음과 같은 추측이 가능하다. 즉 이 모형이론은 다른 영역의 "이데올로기적" 갈등을 연구하는 데 있어서도, 하나의 공동적인 세계문화를 형성하는 과정에서 고등종교들의 만남을 설명하거나 거대한 정치체제의 대결을 설명하는 데 크게 기여할 수 있다는 것이다.

2) 종교개혁적 전통의 교회와 로마 가톨릭 전통의 교회 사이에 일어나는 초교파적 에큐메니칼 활동은 직접 (모형교체이론과) 관련된다고 할 수 있을 것이다. 물론 두 큰 전통의 특성들의 관계를 규정하는 일은 자주 연구의 대상이 되었다. 오토 헤르만 페쉬(Qtto Hermann Pesch)는 인의론의 좁은 영역과 관련해서 토마스와 루터의 신학을 "이성적 신학과 실존적 신학"으로 대조시킴으로써 양자의 관계를 규정하려 했다. 그는 신학적으로 생각하고 말하는 두 방식 사이에 형식적 이해지평과 내용적 표현형태에 있어서만이 아니라 신학 자체를 수행함에 있어서 구조적인 차이가 있다고 본다. 그는 이것이 "토마스와 루터의 가장 깊은 차이와 대립"이며 "다른 모든 차이들을 뒷받침하고 조건짓는다"(Pesch 1967, 941) 고 보았다. 이 구분이 경우에 따라서는 매우 유익하지만 끝까지 관철되기는 어렵다. 왜냐하면 페쉬 자신도 말했듯이 "성 토마스의 이성적 신학은…하느님 관계를 실존적으로 설정하는 하나의 방식"(앞 책 946) 이기 때문이다. 루터의 실존적 신학도 지혜적 차원을 가지고 있다고 말할 수 있을 것이다. 그렇기 때문에 페쉬는 보다 폭 넓은 관계규정을 추구했다. 그는 "루터의 종교개혁신학은 복음에 대한 신앙의 새로운 언어형태와 이해형태였으며" "특별히 획기적으로 새로운 것이었다"고 강조한다(Pesch 1982a, 44). 루터의 인의사신을 통해 모형교체가 이루어졌다는 명제는, 어떤 점에서 특별히 새로운가를 분명히 말해 줄 뿐 아니라, 더 나아가서 루터의 신학이 "구신앙적"인 동시대인들의 전통과 결부되어 있으면서도 "내용적으로는 부당하지만 역사적으로는 (거의)불가피하게, 전승된 그리스도교적 사신의

결정적 토대에 대한 부정으로 간주되었던" 이유를 밝히는 데 도움이 될 것이다(Pesch 앞 글). "신신앙적"인 언어공동체의 구성원들은 그들의 불연속성에 전통 자체가 지속적으로 지향했던 목표를 시대와 상황에 걸맞게 현대화시킨 것이라고 설명하지 못했으며 전통에 충실했던 당시의 교인들은 불연속성 때문에 연속성을 보지 못했다.

3) 모형이론의 도입은 현대의 에큐메니칼 운동을 위해서도 유익하다. "교회의 존폐가 걸린 조항"(인의론-역주)에 대해 합의가 이루어졌으면서도 왜 분리된 교회의 통합을 위한 노력이 크게 진전되지 않는가 하는 물음에 대해서 새로운 해명적 답변이 제시될 수 있다. 새로운 모형의 연구가 이 모형을 통해 설립된 언어공동체의 구성원이 될 수 있는 가장 중요한 조건들 가운데 하나라는 것을 쿤은 주목했다 (Kuhn 1977, 26). 종교개혁자들은 그들을 추종하는 신학자들 및 그들의 교회공동체들과 더불어 새로운 모형에 대한 이러한 "연구"를 해석작업에 의해 철저히 수행했다고 말할 수 있다. 이로써 새로운 의식과 정신의 모범이 내면적으로 확립되었으며 이 모범으로부터 종교개혁적 심정과 언어를 지닌 공동체가 형성되었다(내가 개신교적 환경 속에 있을 경우, 이 점이 내게 분명해진다. "믿음에 의한 인의" 또는 "율법과 복음"같은 핵심어들에서 개신교적 이해의 맥락들이 자명하게 연상된다). 물론 낡은 언어공동체는 이러한 이해와 언어의 변천을 따르지 않았으며 기껏해야 간접적으로 자신의 이해모범의 틀 안에서 매우 절박한 종교개혁적 도전들에 대응했다.

그러나 새로운 모형은 가톨릭 영역에 대해서도 자신의 고유한 의식을 부각시킴으로써 역사적 영향을 끼쳤다. 특히 로마 가톨릭 교회가 2차 바티칸 회의를 통해 반종교개혁과 반현대주의의 반대하는 정신에서 벗어나, 건설적 교류를 위한 다른 교회전통들의 제안을 받아들이기 시작했을 때, 종교개혁적 기본틀을 지닌 상이한 이해맥락들이 가톨릭 교회의 많은 사람들에게서 동조를 얻었다. 자신의 전통이 새로운 합의를 위한 중요한 초석을 마련할 수 있는 경우에는 이런 일이 더욱 쉽게 이루어졌다. 이 중요한 초석들은 특히 인의론의 중심적인 문제영역에 있었는데 인의론에 의하면 "아우구스타나 신조"(Confessia Augustana) 4항이 정식화하듯이 "하느님 앞에서의 의는 우리의 공로, 행위 그리고 하느님과의 화해를 위한 업적에 의해서가 아니라 신앙을 통해서 그리스도로 말미암은 은총에 의해서" 우리에게 주어진다. 의심할 바 없이 요한 바울로Ⅱ세는 1980 년 11 월 17 일 마인츠(Mainz) 에서 독일개신교협의회 대표자들과의 회동에서 이러한 신앙고백적 토대를 밝혔다. 그는 독일 주교들의 교서를 인용하고 루터를 지적하면서 이렇게 말했다 : "몇가지 진리에 대한 부분적인 합의가 아니라 중심적 신앙진리에 대한 일치에 이르게 된 것을 우리는 기뻐한다"(Johannes Paul Ⅱ. 1980, 81).

과거의 가톨릭주의 전통은 종교적 자유와 양심적 자유의 영역에 대해 호의적인 전제들을 제시하기보다는 대항적인 이론모델을 전파했으나, 잘 알다시피 2차 바티칸 회의에서 형성된 가톨릭 이론은 새로운 모형의 역사적 영향을 받아들였다. 정치적 영역의 인권에 대한 교회의 인정(Pfürtner 1976) 이나 자신의 고유한 임무에 대한 가톨릭 교회의 원칙적인 고백에 있어서도 같은 말을 할 수 있다. 교회의 고유한 임무는 율법과 복음의 구분에서 비롯된 것이며 교회를 정치권력의 집행과 적용에 관련시키지 않고 복음과 관련시킨다. 이미 오래 전부터 교황들과 주교들은 자신들을 군주로 이해하지 않는다.

그럼에도 불구하고 언어이해와 규율이해에 있어서의 현격한 차이가 두 교회공동체를 갈라 놓는다. 이미 언급한 대로 가톨릭은 지난 공의회 이래 새로운 모형에 대해 진지하게 자신을 개방했다. 그러나 어떻게 그처럼 짧은 기간에—수백 년 동안 방어적 태도를 취했던 것에 비해—새로운 이해맥락에 대한 연구와 철저한 검토를 할 수 있겠는가? 늘 새롭게 확인되는 교파분리적 불일치는 가톨릭 교회의 지도층이 종교개혁적 인의사신의 새로운 모형을 받아들이기를 주저하거나 이 모형의 핵심을 이해하고 표현하지 못하기 때문이라고 설명할 수 있다.

이러한 가톨릭 교회 지도층에게 매우 근본적인 물음들이 제기된다. 왜냐하면 그들은 결정적인 신앙고백문제들에 대한 근본적 합의를 추구하지도 않고, 전체적으로 역동적인 새로운 모형의 본질적인 요소들을 여전히 거부하기 때문이다. 인의사신을 긍정하고 율법과 복음의 구분을 긍정하는 사람은 산아제한의 문제에서부터 위계적인 성직배분의 문제에 이르기까지 율법적인 것을 복음의 내용으로 만들 수 없다. 개신교에서는 늘 "통용"되는 이 기본적인 구분이 가톨릭에서는 매우 어려워진다. 새로운 모형의 발견을 전승된 것으로부터 새로운 것이 생겨나는 순수한 연속적 과정으로 이해하지 않고 도전적인 불연속성으로 또는 혁명적인 새로움으로 보아야 한다는 토마스 쿤의 지적이 모든 교파들에게 유익할 수 있을 것이다. 가톨릭이 중심적인 종교개혁적 인식맥락을 진지하게 지향하려고 한다면, 근본적인 새로운 방향제시와 규칙변경 없이 종교개혁적 인식맥락을 이해할 수 있다는 전제에서 출발해서는 안된다. 범례교체의 도전은, 신학적으로 말하면, 모든 것을 하느님의 말씀에 맡겨서 그 말씀의 해명능력에 의해 참된 가르침을 받고 자신을 새롭게 이해하는 것을 배우는 신앙적인 새로운 성찰, "회개"의 태도에 대한 요청이다.

이미 말했듯이 이 도전은 결코 로마 가톨릭 교회의 언어전통과 규율전통에 대해서만 주어지지 않고 개신교의 전통에도 그 나름으로 주어진다. 앞에서 요약한 연구결과는 가톨릭 교회로 하여금 개신교적으로 되라는 권유를 내포하지 않는다. 오히려 하나의 공통된 신앙근거를 그들의 언어맥락과 이해맥락 속에서 강조하는 것이 중요하다. 그들의 언어맥락과 이해맥락은 신론과 그리스도론, 신학적 인간학과 윤리의 결정적으로 중요한 요소들에 있어서 하나의 공통된 토대를 드러내 준다. 역사적으로 이룩된 이론적 성과를 무시하지 않으려면 오늘의 그리스도교적 언어공동체와 생활공동체는 종교개혁적 인의론의 이러한 근본적 고백맥락과 이론맥락 이전으로 돌아갈 수 없다. 모형이론은 역사적 사실들에 대한 보다 나은 해석가능성을 순수하게 기술적으로 제공할 뿐 아니라 규범적 지시기능과 평가기능도 지니고 있다. 오늘날에는 언어의 내적 정합성 자체가 중세적 이론의 틀(모형)에 따라 (부르즈와 공동체나 교회공동체 쪽의) 공동체적 요구와 개인적 권리의 관계를 이해하는 것을 금지한다. 중세적 이론의 틀을 따를 경우 우리는 인간의 품위와 가치에 대한 현대적 의식과 불일치하고 정치적 윤리의 기본 바탕과 불일치할 뿐 아니라 책임적 신학에서 주장하지 않을 수 없는 성서이해와 불일치하게 될 것이다.

종교개혁적 교회들은 전체 그리스도교를 위해 역사적으로 주어진 그들의 임무를 늘 새롭게 자각할 과제를 지닌 것 같다. 복음과 교회의 의미부여임무는 예수 그리스도 안에 있는 하느님의 약속에 대한 신앙에서 성립한다는 의식을 일깨우고 어떤 제도적 제의적 또는 도덕적 규율전통의 유지를 신앙과 동일시함으로써 그것을 은밀히 하느님의 복음으로 만들면, 이러한 교회의 임무는 포기된다는 의식을 세계적으로 일깨우는 것이 종교개혁적 교회의 임무이다. 개신교적 그리스도교가 자신에 의해 표현된 모형이 그리스도교의 지평에서 사라지기를 바라지 않는다면 에큐메니칼한 이유에서도 이 과제를 외면해서는 안된다. 그러나 새로운 모형은 교파적 전통들에 의해 이 모형을 발전시킨 규율체계가 복음의 내용이 될 정도로 절대화되는 것을 금지한다. 교파적 전통을 지닌 어떤 교회공동체도 미래의 교회 즉 하느님의 교회를 위한 유일한 척도가 될 수 없다. 무엇보다도 복음의 요청을 각성한다면 새로운 모형을 이 시대 속에서 해석하기 위해서 모든 민족들과 인간들의 연대적 공동체에 대한 이론에 의해 제기되는 도전들을 탐구해야 한다. 전체 그리스도교를 위해서 그리고 교회의 일치를 위해서, 전통적 모형이 그러한 도전들을 탐구하는 과정에서 새롭게 형성될 것이라는 점에 대해서는 의심할 필요가 없을 것이다.

1) 1530년 7월 21일의 편지 : "무엇보다도 먼저, 사탄이 교황을 통해 놀랍게 혼동시키고 혼합시켰던 두 제도인 교회와 정치를 확실히 구분하고 분리해야 하므로, 우리는 이것들을 결합시켜서 다시 혼동되게 해서도 안 되고 양자를 혼동시킬 수 있는 것으로 양보하거나 동조해서도 안 된다는 것을 분명히 명심해야 한다." WA Br. 5, 492.
2) 개신교에 있어서 관용이념의 발전에 대해서는 Bornkamm 1962 그리고 Hoffmann 1979 참조.

참고문헌

Beintker, Horst, 1981 : Das Gewissen in der Spannung zwischen Gesetz und Evangelium. In : *Lutherjahrbuch* 48(1981), 115 − 147.

Bornkamm, Heinrich, 1962 : Toleranz, In der Geschichte des Christentums. In : *RGG Bd. VI*, 933 − 946, 3. Aufl. Tübingen.

Brandenburg, Albert, 1960 : *Gericht und Evangelium. Zur Worttheologie in Luthers erster Psalmenvorlesung.* Paderborn.

BSLK 1959 : Die Bekenntnisschriften der Evangelisch − Lutherischen Kirche. Herausgegeben im Gedenkjahr der Augsburgischen Konfession 1930. 4. Aufl. Göttingen.

Das geistliche Amt in der Kirche, 1981 : Hrse. : Gemeinsame römisch − katholische / evangelisch − lutherische Kommission. Paderborn und Frankfurt a. M.

Denifle, Heinrich, 1904 / 1906. : *Luther und Luthertum in der ersten Entwicklung. Bd. I*(2. Aufl.) Mainz.

Ebeling, Gerhard, 1960 : Luther. Theologie. In : *RGG Bd. 4*, 495 − 520. Tübingen.

Foschepoth, J., 1976 : *Reformation und Bauernkrieg im Geschichtsbild der DDR. Zur Methodologie eines gewandelten Geschichtsverständnisses.*(Histor. Forschungen, 10). Berlin.

Härle, Wilfried und Eilert Herms, 1980 : *Rechtfertigung. Das Wirklichkeitsverständnis des christlichen Glaubens.* Göttingen.

Hirsch, Emanuel, 1954 : *Lutherstudien. Bd. I.* Gütersloh.

Hoffmann, Manfred(Hrsg.), 1979 : *Toleranz und Reformation.*(Texte zur Kirchen — und Theologiegeschichte Bd. 24). Gütersloh.

Huber, Wolfgang und Heinz Eduard Tödt, 1978 : *Menschenrechte. Perspektiven einer menschlichen Welt.*(2. Aufl.). Stuttgart. Berlin.

Johannes Paul II., 1980 : *Predigten und Ansprachen von Papst Johannes Paul II.* bei seinem Pastoralbesuch in Deutschland sowie Begrüßungsworte und Reden, die an den Heiligen Vater gerichtet wurden. 15. bis 19. November 1980. Offizielle Ausgabe. Hrsg. vom Sekretariat der Deutschen Bischöfe.(3. veränderte Aufl.). Bonn.

Kühn, Ulrich, 1965 : *Via caritatis. Theologie des Gesetzes bei Thomas von Aquin.* Göttingen.

Küng, Hans, 1957 / 1964 : *Rechtfertigung. Die Lehre Karl Barths und eine katholische Besinnung.* Einsiedeln 1957, 4. Aufl. 1964.

— , 1982 : *Paradigm Change in Theology. A Proposal for discussion*.(Als Manuskript). Tübingen.

Kuhn, Thomas S., 1962 / 1979 : *Die Struktur wissenschaftlicher Revolutionen.* Titel der amerik. Originalausgabe : *The Structure of scientific Revolutions,* University of Chicago 1962, 4. Aufl. der deutschen Übersetzung. Frankfurt a. M. 1979.

Lecler, Joseph, 1965 : *Geschichte der Religionsfreiheit Bd. I.* Stuttgart.

Lohse, Bernhard, Hrsg., 1968 : *Der Durchbruch der reformatorischen Erkenntnis bei Luther.*(Wege der Forschung Bd. 123). Darmstadt.

Luther s. WA.

Manser, Gallus, 1949 : *Das Wesen des Thomismus.* (3. Aufl.). Freiburg i. d. Schweiz.

Maron, Gottfried, 1969 : *Kirche und Rechtfertigung.* Eine kontrovers — theologische Untersuchung, ausgehend von den Texten des Zweiten Vatikanischen Konzils. Göttingen.

Müller, Gerhard und Vinzenz Pfnür, 1980. : Rechtfertigung — Glaube — Wer. In : *Confessio Augustana*. Bekenntnis des einen Glaubens. Gemeinsame Untersuchung lutherischer und katholischer Theologen. Hrsg. von Harding Meyer und Heinz Schütte. Paderborn und Frankfurt a. M.

Oberman, Heiko Augustinus, 1977 : *Werden und Wertung der Reformation*. Vom Wegestreit zum Glaubenskampf. Tübingen.

—, 1982 : *Luther. Mensch zwischen Gott und Teufel*. Berlin.

Pesch, Otto Hermann, 1967 : *Theologie der Rechtfertigung bei Martin Luther und Thomas von Aquin*. Versuch eines systematisch — theologischen Dialogs. Mainz und Albrecht Peters, 1981 : *Einführung in die Lehre von Gnade und Rechtfertigung*. Darmstadt.

—, 1982 : *Gerechtfertigt aus Glauben*. Luthers Fragen an die Kirche. Freiburg — Basel — Wien.

—, 1982a : *Hinfuhrung zu Luther*. Mainz.

Pfürtner, Stephan, 1961 : *Luther und Thomas im Gespräch*. Unser Heil zwischen Gewißheit und Gefährdung. Heidelberg 1961. Amerik. Übersetzung : *Luther and Aquinas on Salvation*. Sheed and Ward. New York 1965.

—, 1976 : Die Menschenrechte in der römisch — katholischen Kirche. In : *Zeitschrift fur Evang. Ethik*. I . Heft 20 (1976), 35 — 63.

—, 1981 : Keine Kirche kann vollkommen sein. Trennt die Rechtfertigungslehre noch die Christen? In : *Luth. Monatshefte* Heft 5, 20. Jahrgang, 264 — 268 ; Parallelabdruck in : *Orientierung*(Zürich) 45(1981) Nr. 8, 95 — 98.

Steinmetz, Max, 1960 / 1972 : Die frühbürgerliche Revolution in Deutschland(1476 — 1535). In : *Zeitschrift für Geschichtswissenschaft 8* (1960), 113 — 124. Berlın(Ost). Neuabdruck in : Rainer Wohlfeil(Hrsg), *Reformation oder frühbürgerliche Revolution*. München 1972, 42 — 55.

Strzelewicz, Willy, 1968 : *Der Kampf um die Menschenrechte*. Von der amerikanischen Unabhängigkeitserklärung bis zur Gegenwart. Frankfurt a. M.

Thomas von Aquin : — *Summa theologica*, passim
— *Quaestio disputata* "De veritate", quaest. 17 "De conscientia".

Vorster, Hans, 1965 : *Das Freiheitsverständnis bei Thomas von Aquin und Martin Luther.* Göttingen.

WA = D. Martin Luthers Werke. Kritische Gesamtausgabe. Weimar 1883ff, mit Abteilung *WA* Br = Briefe.

— Epitoma responsionis ad M. Lutherum(per Silvestrum de Prierio). Luthers Vorwort, Randbemerkungen und Schlußwort(1520). *WA* 6, 328 — 348 ;

— Von der Freiheit eines Christenmenschen(1520).

WA 7, 20 — 38 ;

— Von weltlicher Obrigkeit wie man ihr Gehorsam schuldig sei(1523).

WA II, 245 — 281 ;

— De servo arbitrio.

WA 18, 600 — 787 ; (1525)

— *WA* Br 5, Nr. 1656 und 1707(1530);

— In epistolam S. Pauli ad Galatas commentarius, ex praelectione D. M. Lutheri collectus(*Großer Galaterkommentar* ; 1535, nach Luthers Vorlesung von 1531).

WA 40 I, 15 — 688 und II, 1 — 184 ;

— "Selbstzeugnis". Luthers Vorrede zum ersten Band seiner lateinischen Schriften (Wittenberg 1545).

WA 54, 179 — 187.

현대신학의 모형

브리안 게리쉬(Brian Gerrish)

구개신교에서 신개신교로의 이행에 관한 트륄취의 견해

에른스트 트륄취(Ernst Troeltsch 1865·1923)는 역사와 형이상학에 관한 초기의 한 논문에서 역사비판적 방법이 일단 받아들여지면 어떤 한계도 인정되지 않는다고 말했다. 자연적 사건들을 다루기 위해 발전되었기 때문에 이 방법이 초자연적인 것에 적용될 경우에 초자연적인 것을 자연적인 것으로 해소하고 다른 모든 것과 유비시켜서 해석하게 된다. 자연적인 것과 초자연적인 것, 인간적으로 제약된 것과 직접적으로 신적인 것의 분리는 불가능해진다.[1]

같은 해에 출판된 다른 논문에서 트륄취는 역사비판적 방법을 "모든 것을 바꾸어 놓고 결국 신학적 방법의 모든 기존적 형태를 파괴하는 누룩"[2]과 비교했다. 이것이 "모형교체"를 나타내는 가장 적절한 표현인 것 같다. 변화의 철저성에 깊은 인상을 받은 트륄취는 구성적인 신학작업에 대한 새로운 명칭이 요구된다고 보았다. 즉 구성적 신학작업의 명칭은 더 이상 교의학이 아니라 신앙론이어야 한다는 것이다.

이 논문에서 나는 신앙론이 실제로 새로운 신학모형이라는 것을 부정하지도 않지만 주장하지도 않는다. 이러한 주장이나 부정을 하려면 모형교체에 대한 정확한 언어분석뿐 아니라 현대신학사에서 트륄취의 위치를 설정하는 포괄적 노력이 요구된다. 그 대신에 나는 (1부에서) 트륄취가 주장한 변화의 핵심이라고 생각되는 것을 요약한 다음에 (2

부에서) 트뢸취와 일치해서, 새로운 것은 결코 낡은 것과의 모든 연속성을 단절한 것이 아니라 종교개혁신학 속에 잠재된 가능성을 실현한 것임을 지적하려고 한다. 이 두 장 속에서도 그리고 보다 짧은 절 속에서도 훨씬 많은 내용이 이야기될 수 있다는 것을 나는 안다. 그러나 가능한 한 나는 한 논증의 실마리를 끝까지 견지하려고 노력했다.[3]

1. 불연속성의 요소들

트뢸취의 다른 격언이 문제의 핵심을 밝혀 준다 : 새로운 교의학은 "교리를 알지 못하므로 더 이상 교의학이 아니다".[4] 교회의 교의(Dogma) 개념은 일찍부터 역사적 사고가 침투한 불행한 개념이었다. 적어도 트뢸취의 이해에 의하면 "교의"는 역사적 사고를 배제해야 하는 것, 예컨대 끊임없이 흐르는 가르침의 역사 속에서 궁극적 확정(가르침의 확정)의 가능성을 나타냈다. 구개신교가 낡은 삼위일체론적 그리스도론적 교리를 전해 받았음에도 불구하고 엄밀히 말해서 구개신교는 교리를 가지고 있지 않았다. 그 대신에 성서적 명제들을 지니고 있었는데 이 명제들은 학설적 정의와 비슷하게 이해되었다. 이에 반해서 현대적 개신교는 '성서'에서 "신앙의 표상들", 실천-종교적 기본태도를 나타내는 환상의 가변적 산물들을 발견했다. 신앙론의 과제는 이런 표상들과 여기서 비롯된 그리스도교적 표상들을 그 사상적 핵심으로 환원하는 것이다.[5] 이것은 결코 끝나지 않는 과제이다. 신앙의 사상들은 오늘의 자연과학과 역사과학에 늘 새롭게 적용할 수 있는 유연성을 지니고 있다.[6] 솔직히 말해서 이것은 로마 가톨릭뿐 아니라 개신교 정통주의하고도 거리가 먼 신학이해이다. 우리가 "성도에게 한 번 전해진 믿음"(유다서 3절)에 대해 지금도 말할 수 있지만 이것이 우리가 위해서 싸워야 할 신앙의 확정적 형태일 수는 없다.

트뢸취는 프리드리히 슐라이에르마허(1768 – 1834)를 새로운 교의학의 개척자로 보았다. 이렇게 본 것은 의심할 여지없이 정당하다. 슐라이에르마허는 이렇게 서술했다. "그리스도교적 교회는 … 생성하는 것이며 이러한 생성하는 것 안에서 모든 현재는 과거의 산물이자 미래의 맹아로서 파악되어야 한다."[7] 신학적 연구는 일반적으로, 끊임없는 운동 속에 있는 어떤 것, 항상 변천하는 공동체를 다룬다. 교의학은 변화하는 공동체의 신앙적 사상적 측면을 다루는 신학 연구의 일부이다. 간단히 말해서 **새로운 교의학**—역사의식을 진지하게 받아들인 교의학—은 슐라이에르마허가 표현하듯이 **역사적 신학의** 일부이며, "주어진 시대에"그리스도교적 교회를 "지배했던 가르침"에 대한 서술에 지나지 않는다. [8]

슐라이에르마허는 변화의 인정을 특히 개신교적인 사상의 주도적 특징으로 간주했다. "그리스도교적 교회를 동적인 것으로, 진보하고 발전할 수 있는 것으로 생각하는 점이 그리스도교적 교회에 대한 개신교적 견해의 중요한 특성에 속한다"[9]고 그는 말했다. 따라서 개신교 신학자로서 그는 **교의학을** "발전시킬 수 있는 권리"를 주장했다. 그러나 그는 로마 가톨릭 교회에는 불변적인 규범만 있기 때문에 교리적 발전의 문제가 성립될 수 없다고 보았다. 세월이 흐르는 동안에 로마 가톨릭에 대한 이런 판단도 바뀔 수 있다는 것이 입증되었다. 그런데 슐라이에르마허의 발전개념과 죤 헨리 뉴만(John Henry Newman 1801-90) 이 후에 제시한 발전개념 사이에는 분명한 차이가 있다. 뉴만은 교리를 포기하려고 하지 않고 그것들이 어떻게 생겨났는지를 밝히려 했다. 슐라이에르마허에게 있어서 성찰의 대상이 **생성되는** 것(Werdendes) 이었다면 뉴만에게 있어서는 그 대상이 **생성된 것**(Gewordendes) 이었다. 뉴만의 발전이념에 의하면 성장주기는 교의(Dogma)에서 규정된 목적—완전 또는 성숙—에 도달한다. 슐라이에르마허의 표상에 의하면 이 주기는 교의의 노쇠와 해체에까지 이른다. 이것은 교의학의 과제가 교리들에 대한 비판을 포함하고—교리들이 낡아졌기 때문에 필요하다면—교리들을 제거하는 일까지 포함한다는 것을 의미한다. [11]

역사적 사고는 **종교개혁의 고백문서들**에 대해서도 비슷한 새로운 평가를 요구한다. 슐라이에르마허는 교회 속으로 끼어든 오류와 남용에 대한 정당한 저항으로서 고백문서들을 부분적으로 긍정했다. "신앙고백서들"을 이렇게 긍정하는 것이 무엇을 의미하는지는 그가 제시한 보기 드문 찬동문구에 시사되어 있다 : "로마 교회의 오류와 남용에 대해서 우리의 신앙고백서들이 가르친 모든 내용은 성서 그리고 교회의 본래적 가르침과 전적으로 일치한다는 것을 나는 선언한다."[12] 이러한 상당히 부정적인 견지에서 보면 개신교의 고백문서들은 성서적 규범을 이탈한 것들에 반대한다는 점에서 성서적 규범에 대한 긍정이다. 그러나 슐라이에르마허는 보다 적극적으로 신앙고백문서들을, 그리스도교가 역사적으로 나타나기 위해서 모두에게 (로마 가톨릭에게도) 필요한 그리스도교적 이념의 특수한 표현으로 이해했다. 종교개혁은 상대적으로 새로운 시작이었다. 더욱이 종교개혁의 신앙고백서들은 개신교정신의 첫번째 공적인 서술로서 독특한 가치를 지니고 있다. 슐라이에르마허에게 있어서 역사적 이해는 19세기와 16세기의 역사적 간격에 대한 감각이 결여된 신앙고백주의와 다른 시대의 문서들에서 아무런 현실적 가치도 인정하지 않았던 합리주의 사이에 중도적인 길을 열어 주었다. 그는 어떤 신앙고백도 파문의 권한을 가지고 있지 않다고 주장했다. 그러나 인간적 상황에서 인간들에 의해 만들어진 산물로서 신앙고백서들은 교회의 규범으로서 상대적인 영속성을 지닌다.[13]

성서는 어떤가? 슐라이에르마허는 성서를 역사적 제약에서 벗어난 것으로 보지 않았다. 그는 종교개혁이 사도시대의 회복을 의미할 수 없다고 보았다. 과거에 존재했던 것을 다시 후대로 가져 올 수 없다. 그러나 개신교의 신앙고백문서들에 대한 언급에서 그가 지적했듯이 역사적 발전에 있어서 최초의 결정적인 순간들과 그 이후의 경과 사이에는 차이가 있다. 그리고 바로 이러한 역사적 원리에 의해서 신앙고백문서들이 참으로 개신교적인 것의 규범인 것과 마찬가지로 신약성서를 참으로 그리스도교적인 것의 규범으로 받아들이는 일은 가능하고 필연적인 것으로 된다. (규범으로서 성서와 신앙고백문서들의) 병행성은 개신교 정신이 완전히 새로운 것이 아니라 그리스도교 정신의 새로운 표현이기 때문에 정확하지 않다. 그러나 역사적 시각은 동일하다. 따라서 성서의 규범은 단적으로 신약성서의 문자와 동일시되어서는 안 되며 성서만을 의존해서도 안된다(결코 성서만으로!가 아니다). 교리의 발전은 성서에 대한 비판적 연구와 다른 분야의 최신 지식에 대한 끊임없는 숙고에서 이루어진다. [14]

분명히 슐라이에르마허는 자신이 제안한 신학방법의 혁신에 의해서 신학의 이름을 바꾸는 것이 바람직하게 되었음을 인식했다. doctrina fidei(신앙의 교설)에 해당하는 독일어 Glanbenslehre(신앙론)을 그가 만들어 내지는 않았다. 이 표현은 라틴교부들에게까지 소급된다. 필립 야콥 슈페너(Philipp Jakob Spener 1635 - 1705)가 신앙론(Glaubenslehre)을 개신교신학서의 제목으로 사용한 첫번째 사람이었던 것 같다(Evangelische Glaubenslehre, 1688). 그러나 교의학은 18세기에도 인기있는 개념이었다. 이 유력한 개념을 포기하지는 않았지만 슐라이에르마허는 특히 그의 친구 프리드리히 뤼케(Friedrich Lücke)에게 보낸 공개편지에서 자신의 체계적인 저서를 신앙론이라고도 말했다. 그리고 그는 그리스도교적 신앙(Der christliche Glaube 2판)에서 교의학이란 명칭을 사용하지 않은 이 제목은 내용의 정의를 위한 요소들을 내포한다고 말했다. 손으로 쓴 각주에 의하면 "신앙의 논술이 신앙론이다."[15] 어쩌면 슐라이에르마허가 교의학이란 명칭을 포기하지 않은 것은 단지 습관 때문이 아니라 다른 쓸만한 명칭이 없고 신앙론이란 명칭이 어색했기 때문이라고 추측할 수도 있을 것이다.

교의학과 신앙론의 대조는—슐라이에르마허에 의해 단지 시사되었을 뿐인데—실제로 신앙론을 자신의 체계적인 작품의 제목으로 선택한, 그의 제자 알렉산더 슈바이쩌(Alexander Schweizer 1808 - 88)에 의해 첨예화되었다. 그는 자신의 동료인 사변적 신학자 비데르만(A. E. Biedermann 1819 - 85)이 교회의 교의에 대한 자신의 준열한 비판의 최종적 산물을 "교의학"이라고 부르려 한 것에 대해 놀라움을 표했다. [16] 당시에 교의학을 포함한 모든 신학적 연구는 그 역사적 토대 때문에 제거할 수 없는 역사적 성격을 지녔다는 인식은 독일의 개신교 사상 안에서 강령적인 역사화하는 운동으로 이끌었다. 바우르(F. C. Baur 1792 - 1860)와 아돌프 하르낙(Adolf Harnack 1851 - 1930)은 교회의 교의에 대해 매우 상이한 평가를 내렸음에도 불구하고, 이들의 작품을 통해 이 운동은 교의학이라는 분과 자체를 해소시키려 했다. 이에 반해서 트뢸취는 적어도 하이델베르그 시대(1894 - 1914)에는 슐라이에르마허의 모델을 충실히 따랐다. 그는 신앙론의 자리를 신학연구의 독립적 영역으로서 옹호했지만 신앙론의 과학적 성격을 약화시켰다는 것은 인정되어야 한다. 슈바이쩌 이상으로 트뢸취는 신앙론과 교의학의 대립을 예리한 논조로 밝혔다[17] : 그리고 하르낙 이상으로—물론 바우르 이상이라고 하기는 어렵지만—그는 포괄적인 역사적 사고와 얽혀 있는 연구방식으로서 역사적 방법을 제시했다. 그는 이 방법이 인간적 실존과 문화의 모든 업적을 이해할 수 있는 열쇠를 지니고 있다고 보았다.

교의학에 대한 트뢸취의 표현법은 슐라이에르마허에게 뿌리를 두고 있지만 슐라이에르마허의 표현법과는 다르다. 언뜻 보기에 그의 표현법은 역사를 강조하지 않는 것처럼 보인다. 신앙론의 내용은 의식의 신학(Bewuβtseinstheologie)이다.[18] 물론 이것은 슐라이에르마허가 그리스도교적 신앙명제들을 그리스도교적 종교적 감정들에 대한 언어적 해명으로 정의한 것과 일치한다.[19] 실제로 이것은 역사에 대한 존중과 모순되지 않는다. 왜냐하면 가변적인 역사적 형태들은 그리스도교적 의식 또는 특별히 그리스도교적 신앙방식의 표현들이기 때문이다.[20] 슐라이에르마허는 자신의 교의학적 방법이 현실적 경험사실을 다루기 때문에 "경험적"방법이라고 서술할 수 있었다. 그는 그리스도교적 의식에 대한 탐구에서 시작했으며 이 탐구과정에서 발견한 내용이 고대의 교리공식들을 평가하는 표준이 되었다.[21] 트뢸취의 견해에 의하면 이러한 전체적 방법은 역사적 관점과 심리학적 관점을 완전한 조화 속에서 결합시킨 것인데 이 점은 "역사—심리학적 관찰"이란 협성적 표현을 사용한 데서 적절히 드러난다.[22] 그는 바로 여기서, 신앙을 심리화하는 데서 슐라이에르마허로부터 마틴 루터(1483 - 1546)로 돌아가는 연속성을 발견할 수 있다고 생각했다.

2. 연속성

일단 트뢸취의 문구에서 출발해 보자. 그의 견해에 의하면 루터의 **믿음만으로**(sola fide)가 미친 영향은 "종교 전체를 심리학적으로 꿰뚫어 볼 수 있는 영역으로 이끌어 왔다"는 것이다. 여기서 '믿음만으로'는 하느님과 하느님의 은총을 인지하는 특별한 방식의 긍정으로 된다.[23] 그리고 나서 트뢸취는 루터의 신앙의 결과로서 옛 목적에 이르는 새로운 수단이 이 목적 자체보다 중요하게 되었다는 흥미있는 언급을 했다. 그렇다. 이 수단은 목적을 **내포**한다. 하느님을 인지하는 수단으로서 신앙은 구원을 얻는 수단이 아니라 구원이다. 구체적인 신앙적 확신이 종교자체로 된다.[24]

트뢸취의 공식들이 매우 흥미있고 명쾌하기는 하지만 언제나 단적으로 옳지는 않다. 예컨대 트뢸취처럼 그렇게 쉽게 루터로부터, 신앙개념이 신앙내용을 능가했다는 매우 현대적인 진술로 옮겨 갈 수 있을까?[25] 그러나 구개신교와 신개신교를 연결하는 결정적인 고리를 루터의 신앙에서 발견할 수 있다는 그의 주장은 정당했다고 생각한다. 그리고 그는 루터 전체 또는 본래적인 루터가 이 연결고리 역할을 한다는 잘못된 결론을 이끌어 내지도 않았다. 말씀의 성례전적 작용능력을 충분히 평가하는 데는 소홀했지만 그는 루터의 신학에서 하느님의 말씀이 지닌 중요성을 지적하는 데 소홀하지는 않았다. 실제로 트뢸취는 말씀에 대한 루터의 발견에서 루터의 신앙이 지닌 의미를 깨닫는 단서를 찾았다. 이 점에서 그는 확실히 바른 노선 위에 있었다. 중세로부터 물려 받은 모든 종교적 어휘에 대한 새로운 평가를 요구하는 언어적 교체가 루터의 복음에서 일어났다. 트뢸취가 언급했듯이 변혁의 물결은 실제로 말의 개념에서 시작된다 : 그리고 이러한 변혁의 결과로서 실제로 종교를 심리학적으로 꿰뚫어 볼 수 있게 되었음을 지적할 수 있다.

로마 가톨릭적 견해(또는 견해들)에 의하면 인의는 성례전적 은혜의 초자연적 주입을 통해 이루어진다. 물론 이 은혜는 믿음 안에서 그것을 받아들일 의지를 불러 일으킨다. 그리고 이 은혜를 통해 부여된 것은 아리스토텔레스적 의미의 "덕"과 유사한 것이다. 그것은 **습성적 선물**(donum habituale) 이다. 은혜의 선물은 이 정도까지 이해할 수 있게 되었다. 그러나 선물이 주어진 과정과 선물 자체의 특성은 꿰뚫어 볼 수 없도록 초자연적으로 제시된다. 이 과정이 일어난다는 사실은 권위적인 계시를 통해서만 인식된다. **토마스 아퀴나스**(Thomas Aquinas 1225-1274) 가 밝혔듯이 인의가 모든 견지에서 놀라운 것은 아니지만, 숨겨진 신적 능력에 의해 일어난다는 점에서 그것은 매우 신비한 것이다. [26] 보통 세례의 성례전에서 인의가 자유의지를 사용할 수 없는 어린이에게 주어지므로, 자유의지의 운동이 필수적 요구조건은 아니다(이것은 정신병자와 정신박약자의 인의에 대해서도 타당하다). [27] 사랑에 의해 완성되는 신앙의 감동이 일어날 경우에 이 감동은 "주어진 것", 다시 말해 획득된 게 아니라 초자연적으로 주어진 것이라고 말해진다. [28]

루터의 견해는 뚜렷이 다르다. 하느님의 말씀이 은총의 결정적인 담지자로 확정되었으므로, 은총수단의 효력을 집행된 성례전(opus operatum) 이란 의미에서 서술하거나 이에 상응하는 주관성을 장애의 결여로 규정하는 것은 더 이상 의미가 없다. 말씀은 의사소통의 수단이다. 말했는데 듣지 않았다면, 그것은 말씀으로서의 성격을 잃는다. 관심, 통찰 그리고 의무를 일깨울 때만 그것은 목적을 달성한다. 루터에게 있어서 말씀과 신앙은 서로를 조건짓는다. 믿는 사람만이 말씀을 가진다! 아우그스부르그 신조(1530) 도 이렇게 말한다. "우리가 믿으면 은혜로운 하느님을 갖게 된다는 것을 복음은 가르친다"(5조). 말해진 말씀으로서의 은총의 형태가 은총의 의미를 변경시켰다. 스콜라신학의 언어로 말하면 강조점이 습성적 은총에서 창조되지 않은 은총(gratia increata) 으로 옮겨졌다. 루터 자신의 말에 의하면 "은총은 고유한 의미에서 하느님의 호의로 이해해야지 영혼의 속성으로 이해해서는 안된다." [29] "전적으로" 그렇지는 않지만 어느 정도는 인의의 과정이 심리학적으로 꿰뚫어 볼 수 있는 영역으로 옮기워졌다.

종교개혁자들이 인의에서 신비를 배제하려 했다고 생각하는 것은 잘못일 것이다. 하느님에 대한 신뢰로서의 신앙이 기적적인 주입에 의해 성립되지 않고 하느님이 친근하게 자신을 나타내심으로써 성립된다는 기본사상에 의해 그들은 신비를 축소시켰다. **필립 멜란히톤** (1497 – 1560) 은 "아우그스부르그신조에 **대한 변론**"(Apologie der Augsburger Konfession 1531) 에서 이 점을 분명히 밝혔다. 죄인들이 하느님을 노엽고 보복적이고 까다로운 분으로 이해하는 한 그들은 하느님을 사랑할 수 없다. 실제로 하느님이 화를 내고 있지 않다는 것을 죄인들에게 설득하기 위해서는 하느님에 관한 신빙할 만한 말씀이 필요하다.

그리스도 안에서 노엽지 않고 은혜로운 하느님을 인지하는 것이 바로 신앙이며 이 신앙이 말씀을 듣고 존중하고 (죄인들을) 옳다고 인정한다. 은혜는 말씀으로서, 은혜의 약속으로서 오며 설교를 통해 선포되고 성례전을 통해 가시적으로 제시된다. 말해지거나 가시적인 말씀으로서의 은혜의 형식이 응답의 형식을 신앙으로서 규정한다. 하느님에게서는 신앙과 사랑이 분리될 수 없지만 신앙이 앞서고 사랑이 뒤따라야 한다. [30]

비록 요한 칼빈 (1509 – 1564) 이 성령의 신비한 작용을 모든 은혜의 작용에 있어서 불변적 요소로 간주함에도 불구하고 그의 많은 글들에서 심리학적 투명성으로의 종교개혁사상의 경향을 엿볼 수 있다. 예컨대 참회에 대한 그의 예리한 분석을 참고해 보라. 멜란히톤은 신앙을 참회(Buβe)의 일부로 보았으나 칼빈은 참회가 신앙에서 생겨난다고 주장함으로써 순서를 뒤집어 놓았다. 칼빈은 이에 대한 심리학적 근거를 제시했다. 자신이 하느님의 소유라는 것을 알지 못한 사람은 진지하게 참회를 추구할 수 없으며, 하느님의 은혜를 받지못한 사람은 자신이 하느님께 속한 것을 참으로 알 수 없다. [32] 다른 예를 들 필요는 없다. 종교적 "주관주의"에 대해 새로 이의가 제기되기 때문에 우선 한 가지 구별을 할 필요가 있다.

루터는 구원을 신앙에서 독립시킴으로써 종교적 주관을 그 자신에게 되돌렸다(고 논증된다). 여기서 그는 진정한 신앙의 표현인 하느님에 대한 헌신을 배제했다는 것이다. 분명히 이것은 말씀에서-그리스도에 대한 올바른 관찰(intuitus Christi)에서-성립하는 루터의 신앙에 대한 심각한 오해이다. 루터의 신앙은 인간중심적인 것이 아니었음에도 불구하고, 신앙하는 주체를 사고의 대상으로 삼음으로써 루터는 인간학적 신학의 초기적 전형을 제시했다. 이렇게 신앙의 주체를 사고의 대상으로 삼는 것을 슐라이에르마허는 **신앙론**의 과제로 삼았다. 그에 의하면 교의적 명제들은 경건한 자의식의 직접적 진술에 대한 논리적 성찰이다. [33] 신학적 과제에 대한 이러한 착안은 물론 신앙의 깊은 인격적 현상양식에 의해 수반되고 유발된 것이다. 그러나 연구 또는 종교를 (나쁜 의미에서) "주관적으로"만들지 않고 종교적 주체를 연구의 객체로 만들 수 있음을 인정하는 것은 방법론적으로 중요한 사실이다. 바로 이러한 신학은 루터의 경우에는 잠재적 가능성이며 슐라이에르마허의 경우에는 명시적인 기획으로 된다.

슐라이에르마허의 교의학에서는 신앙이 그 자신에 대한 **성찰**로 되었으며 슐라이에르마허는 자신의 신앙을 사고의 대상으로 삼았다. 그리스도교적 실존은 내적으로 살펴 보면 신학의 참된 대상으로 된다. 따라서 "그리스도교적 신앙"(Der christliche Glaube)의 표지에는 안셀름의 경고가 기록되어 있다:"믿지 않는 사람은 이해하지 못할 것이다." 교리적인 논쟁점이 제기되었을 때 슐라이에르마허는 그리스도교적 의식의 현실적인 사실 즉 현실적으로 독자들의 의식에 호소할 수밖에 없었다. 그러나 이렇게 한 것은 그리스도교적 경험을 역사적 실존의 사실로서 이해할 수 있게 하려는 부단한 노력이기도 했다. 일단 구원자가 역사 속으로 들어오면, 그의 영향은 순수히 자연적으로 확대된다. 이것은 그의 "행위"가 다른 인격에 대한 한 인격의 심리학적 영향과 비교될 수 있음을 의미한다. [34] 초자연적인 것이 역사의 자연적 사실로 되었다. [35] 따라서 전체적인 회심사건은 본질적으로 심리학적으로 해석할 수 있으며 이 경우에 종교개혁자들에게서 그랬듯이 "말씀"이 결정적인 역할을 한다. [36]

3. 두 모형교체 : "말씀"의 표징 안에서—"역사"의 표징 안에서?

 구개신교와 신개신교의 관계는 파악하기 어렵다. (양자의) 연속성은 트뢸취에게서 물려 받은 한 주제(두 측면을 지닌)로 제약될 수 없다. 어떤 사람들은 하느님의 말씀에 대한 루터의 신앙이 복음을 교리와 제도 속에 객관화하려는 모든 노력에 대한 주권적 자유를 오로지 하느님의 말씀에 부여했으며 교리와 제도들을 역사적인 시간과 상황의 산물로서 평가할 수 있는 길을 열어 주었다는 점, 즉 역사화의 주제에 해당하는 유사한 사항을 지적했다. 나의 견해에 의하면 루터와의 관계 못지 않게 흥미있고 중요한 칼빈에 대한 슐라이에르마허의 관계를 소홀히 했기 때문에 다른 연속선들을 제대로 파악하지 못했다.
 그러나 불연속성의 요소들도 밝혀져야 한다. 신학적 방법에 있어서는 교의학과 주석신학에 대한 슐라이에르마허의 구별이 가장 두드러진 것 같다. 그는 주석신학을 교의학의 실체 또는 그 내용으로 간주하지 않고 독립적이고 병렬적인 분과로 간주한다. [37]
 이런 문제들이 중요하지만 당분간 이런 문제들은 모두 제쳐 놓고 적절하고 소박한 결론이 추구되어야 한다.
 아마도 개신교의 역사는 서구신학에 있어서 하나의 "모형교체"가 아니라 두 개의 "모형교체"를 나타낸다고 보는 것이 온당한 결론인 것 같다. 첫째 모형교체는 말씀을 왕좌에 올려 놓았고, 둘째 모형교체는 역사를 왕좌에 올려 놓았다. 그러나 트뢸취는 개신교의 모형교체를 근본적으로 하나로 보았다. 구개신교에서 신개신교로 이행하는 과정에서 발견한 중요한 변화들에도 불구하고 그는 **신앙론**, 새로운 교의학이, 적어도 원리적으로는 루터에 의해 야기되었던 신앙개념과 계시의 주관화를 제대로 지시한다고 믿었다. [38] 그의 믿음은 결코 환상적인 것이 아니다. 교의학을 그리스도교적 종교성의 자료들에 대해 성찰하는 일로 만든 슐라이에르마허는 루터가 자신의 선구자였음을 이미 확신했다. [39] 두 모형교체를 하나의 동일한 발전으로 간주할 수 있도록 신앙론의 계보가 서술될 수 있든 없든 간에, 그리스도교 신학을 위해 현대적 특성을 지닌 방법의 윤곽이 (신앙론에서) 나타나기 시작한다.

현대적 신학방법은 여러가지로 변형될 수 있다. 교의학을 다른 종류의 신학적 종교적 연구와 구별하려면, 방법적인 차이가 요구된다. 20세기의 신학은 이러한 현대적 신학방법의 몇가지 약점 또는 위험을 드러냈다. 이제 이 신학방법은 한 교회나 한 분파에 속해 있지 않다. 이 방법이 역사의식이 형성되기 이전의 신학적 구상들과 매우 예리하게 구분된다는 것을 쉽게 잊을 만큼 이 방법은 일부사람들에게는 일반적으로 받아들여지는 방법이 되었다. 한마디로 이것은 권위적인 교리들의 해명이나 성서의 주석과 체계화가 아니라 역사적으로 주어진, 역사적으로 바뀔 수 있는 신앙에 대한 훈련된 성찰이다.

---

1) Troeltsch, "Geschichte und Metaphysik" ZThK 8 (1898) : 5 — 6.
2) Troeltsch, "Über historische und dogmatische Methode in der Theologie"(1898), GS 2 : 730.
3) 나의 과제는 다른 데서 고전적 신학과 자유주의적 신학의 관계에 관해 서술한 내용을 요약하는 것이므로, 보다 자세한 토론과 논증을 위해서는 나의 저서 *The Old Protestantism and the New : Essays on the Reformation Heritage* (Chicago : University of Chicago Press / Edinburgh : T. & T. Clark 1982)와 나의 논문 "Dr. Martin Luther : Subjectivity and Doctrine in the Lutheran Reformation", in *Seven — Headed Luther*, Peter N. Brooks편 (Oxford University Press, 1983)을 보라.
4) Troeltsch, "Dogmatik", *RRG* 2 : 109.
5) Troeltsch, "Dogma", *RGG* 2 : 105 — 6.
6) "Dogmatik", col. 108.
7) Schleiermacher, *KD*, 1판 (1811), § 33.

8) 앞 책, 2판 § 97 § 195; *Gl*, 2판(1830 - 31), § 19.
9) Schleiermacher, *Chr. Sitte*(1884), SW 1, 12:72.
10) Schleirmacher가 1818년 3월 30일에 F. H. Jacobi에게 보낸 편지 Br. 2:351.
11) *KD*, 2판 (1830), § 205; *Gl.*, 2판, § 95. Schleiermacher의 *Kurze Darstellung*과 *Glaubenslehre*에서 인용한 글들은 모두 2판의 것이다.
12) Schleiermacher, "Über den eigentümlichen Wert und das bindende Ansehen symbolischer Bücher"(1819), *KS* 2:164.
13) Schleiermacher, *Reden*, 2판(1806), Pünjer, 301 - 2; Gl. § 24; *Chr. Sitte* 212; "Das Ansehen symbolischer Bücher" 143 - 44, 159 - 62, Gl. § 27.
14) Schleiermacher, Gl, § 24. I, § 27.1; *KD* § 83, § 103, § 167, § 177, § 181 그리고 야코비에게 보낸 편지 351 참조.
15) Redeker, I:9. 완전한 제목:*Der christliche Glaube nach den Grundsätzen der evangelischen Kirche im Zusammenhange dargestellt.*
16) Schweizer, *Chr. Gl*, 1판 (1863 - 72), 2:V.
17) "교의학"에 관한 항목(앞 註 4)에 의해 Troeltsch, *Gl*,(1925) § 1(10쪽), "The Dogmatics of the ⟨Religionsgeschichtliche Schule⟩", *AJT* 17(1913):17(독일어판 GS 2:516).
18) Troeltsch, *Gl*. § 11(132).
19) Schleiermacher, Gl. § 15.
20) 신앙방식(Glaubensweise)이란 명칭에 관해서는 Schleiermacher, *KD* § 1.
21) Schleiermacher, *Sendschr.*, Mulert, 20 - 21, 25; *Gl*, § 95 등.
22) Troeltsch, Gl, § 8(103).
23) Troeltsch, *Die Bedeutung des Protestantismus für die Entstehung der modernen Welt* (München und Berlin: R. Oldenbourg, 1911), 96.
24) 같은 책, 96. 98.
25) 같은 책, 99.
26) ST IaIIae, q. 113, a. 10.
27) 같은 책, a. 3.

28) 같은 책, a 4.
29) *WA* 8. 106. 10 ; *LW* 32 : 227.
30) 특히 *Apol.* 4. 110, 129, 295 ; 4. 262, 337 ; 4. 67, 174, 275 − 76 ; 4. 141.
31) 같은 책, 4. 398.
32) Inst., 3. 3. 1 − 2.
33) Schleiermacher, Gl. §16(부록)
34) 특히 같은 책, §100. 2 − 3
35) 같은 책 §88. 4.
36) 같은 책 §108.5 − 6.
37) 같은 책 §19(부록).
38) "Dogmatik" col. 109.
39) *Sendschr.*, 16.

현대에서 현대 이후로 이행하는 과정에 있어서의 모형

마틴 마티 (Martin Marty)

과제를 제시하기 위한 예비적 언급 : "국제에큐메니칼 심포지움을 제안하는 글"에서는 그리스도교 역사의 연속된 네 시기에 관한 네 개의 논문을 요청했다. 이 넷째 논문은 "현대 2기의 모형"을 다루어야 한다. 브리안 게리쉬가 이 시기에 있어서 모형(들)의 **본질**을 다룰 예정이다. 이 주제가 에른스트 트뢸치 이후의 시기에 어떻게 발전되어 갔는지를 규명하거나 역사철학 또는 역사신학의 논의에 참여하는 대신에 나는—데이비드 트레이시 교수의 동의와 조언을 얻어서—현대적 모형 현대적 모형들의 **사회적 상황**을 논구하기로 했다. 나는 교회사가의 눈으로 이 시기를 보겠지만 게리쉬는 신학자의 눈으로 이 시기를 보게 될 것이다.

1. 세가지 예비적 고찰

1) 방법

역사가들은 역사 또는 역사와 같은 것들을 이야기하는 그들의 작품에 대해서는 전문적이다.[1] 그러나 그들은 역사를 이야기할 때 그들에게 문제되는 것이 무엇인지를 설명해야 한다. 나는 역사가의 방법을 따를 것이다. 이 방법은 에드문트 후써얼의 철학을 따르는 연구자의 방법과 비슷하다. 후써얼은 흔히 자신을 "약간 개척해 놓은" "신대륙

의 길없는 황무지"안에 있는 떠돌이로 보았다. [2]

후써얼과 비교한 것은 내가 철학적으로나 신학적으로 새로운 발견을 했다고 주장하는 것이 아니다. 오히려 그 반대이다. 친숙한 것, 자명한 것, 혼히 간과되는 것을 다루기 위해 우리는 선입견없는, 통상적("상식적")인 현상학적 방법을 택할 것이다. 신학의 현대적 모형에 관한 심포지움에서는 침묵 속에서 간과된 현상들을 다루기 위해 시발점으로 돌아가는 것이 좋을 것 같다. 야콥 부륵하르트(Jacob Burckhardt)는 역사가들도 쉽게 접근할 수 없는 과거를 지적하면서 이러한 관심을 보여 준다 : "일반적으로 과거에서는 설명될 수 없고 기록되지 않은 일들과 만나게 된다. 이러한 일들은 그 시대 안에서 전적으로 그 자체에 의해서만 이해되며, 일상적인 것들이 그렇듯이 기록될 만한 계기를 갖지 못했다." [3]

다행히 우리는 보다 쉽게 접근할 수 있는 근자의 과거와 현대적 세계에 대한 이 과거의 영향을 다루어야 한다. 이런 작업은 현대적 모형의 본질과는 관계가 적은 속성들에 집중해야 할 것이다. 그러나 우리는 그 대신에 자명하다고 간주되는 요소들 즉 신학자들이 책을 쓰고 대학이 신학자들의 지적 본향이며 신학자들이 학문분야에 따라 연구한다는 등의 사실들에 집중하겠다.

나는 이런 방법과 결부된 인식론적이고 철학적인 난점들을 잘 알고 있다. 모리스 나탄슨(Maurice Natanson)은 후써얼에 관한 그의 저술에서 이 문제와 씨름했다 :

"어떤 특별한 의미를 부각시키거나 지성의 어떤 특별한 시각에서 보거나 현자의 돌(연금술사의 마법적인 돌-역주)을 발견해야 하는 것은 아니다. 여기서 요구되는 것은 무엇보다도 우리 각자가 자기의 세계 내적 존재방식을 통상적, 상식적인 삶의 지평에서 검토함으로써 그 경험적 지평의 철학적 성격을 밝히는 것이다.…그러면 현실적으로 존재를 이해할 수 있도록 하기 위해 통속적인 삶의 성격을 드러내는 것은 무엇인가? 이에 대한 직접적인 대답은 좀 특이하다 : 통속적인 생활의 특징은, 그 존재방식의 고유한 본질이 그 자신을 자신의 탐구의 대상으로 삼기 어렵다는 것이다.…이러한 통속적 삶은 하나의 양식, 하나의 본질적 구조를 지녔으며 반드시, "상식적" 인간의 지성을 초월하는 하나의 통찰이다… 그러나 현실 안에 있는 존재의 주어진 사실에 도달하려 할 때, 탐구의 대상으로 삼아야 할 것은 일상적 삶 속에 있는 우리의 존재방식에 대한 절대적 의식이다. 그리고 이것이 모든 과제들 가운데 가장 어려운 것인데 그 까닭은 주로 우리에게 요구되는 것 자체가 바로 문제이기 때문이다. 일상적인 생활의 흐름 속에는 이 의식을 방지하는 굳건한 방어기제가 있다. 철학은 이 장벽을 극복하기 위한 시도이다."[4]

심포지움이 열리는 동안에 많은 사람들이 이런 난점에 대한 토론을 하게 될 것이다. 우리는 역사를 "현대 이후적" 경향들에 직면한 "현대"의 발전이라고 부르고 싶다. 이 역사를 감안해서 우리는 이러한 철학적 난점에 관한 토론을 잠정적으로 남겨 둘 수밖에 없다.

2) "현대"에 대한 학문적 정의

"현대"에 관한 정의를 줄곧 다루게 될 심포지움에 앞서서 어떤 서론적인 해명을 하는 것은 잘못된 일인 것 같다. 그러나 현대적 모형에 대해 역사적인 것을 이야기하려는 역사가는 우리가 "신대륙의 길없는 황무지"에 남아있지 않도록 하기 위해 남보다 먼저 무엇인가를 지적해야 한다. 여러가지 길들의 출발점이 주어졌다. 우리는 적어도 이 길들 사이에서 선택할 수 있다.

가장 단순하고 소박한 선택은 현대가 시간적으로 여러 시기들의 마지막에 오며, 이 시기들과 관련된 심포지움 마지막 논문의 주제라는 사실로 도피하는 것이다. 그 경우에 공간적 "지도"가 짝이 될 수 있다. 쿤이나 슈테펜 툴민과 같은 사람들의 작품에 영향을 받은 심포지움은 지도를 사용하지 않고는 성공할 수 없다.[5] 아더 로빈슨(Arthur H. Robinson)과 바바라 바르츠 페체닉(Barbara Bartz Petchenik) 같은 두 지도전문가는 의도적으로 솔직한 충고를 한다 :

"모든 것은 어딘가에 있다. 그리고 다른 속성들을 공유하지 않는다 하더라도, 대상들은 언제나 상대적 장소규정 즉 공간성을 지닌다 : 따라서 지식을 공간, 지적 공간과 동일시하려는 욕구가 생긴다."6)

시간의 경우에도 마찬가지이다. 모형, 책, 교수, 학과들과 같은 대상들도 이와 유사하게 "언제나 시간 안에서의 상대적 장소규정 즉 시간성을 공유한다."따라서 심포지움 참가자들은 현대적 모형을 다룸에 있어서 『옥스포드 영어사전』(Oxford English Dictionary)에 서술된 첫째 의미에 기꺼이 만족할 것이다 : "이 시간에 존재하고 현재 실존하는 것". 그들은 이 정의 다음에 나오는 반어법적이고 까다로운 사전적 언급("낡고 드물다")을 반길 것이다.

둘째 용법은 확실하면서도 덜 낯설다 : "먼 과거와 구별되고, 현재와 최근의 시기에 속하는 것", 찰스 칸넨기써와 오토 페쉬의 준비논문들에서 논구되는 과거. 셋째 정의는 보다 평가적인 진술을 내포한다 : "현재와 최근의 시기에 특징적인, 새롭게 유행하는 : 시대에 뒤지거나 진부하지 않은". "현대"를 시간적으로만 규정하는 것은 종교적으로나 신학적으로 현대성의 의미들에 대한 많은 현실적 제안들을 필요로 하고 환영하는 심포지움 참가자들을 실망시킬 것이다. 이 주제에 관한 문헌은 매우 방대하고 학파들은 서로 경쟁을 벌이고 각자의 비판은 불확실하다.

하나의 정의를 선택할 경우에는 매우 주의깊고 신중하게 말해야 할 것이다. 예컨대 현대성과 전통이 "서로 침투하고 변형시킨다"고 믿는 로이드 I. 루돌프(Lloyd I. Rudolph)와 수잔 회버 루돌프(Susanne Hoeber Rudolph) 그리고 "현대는 현대화 때문에 다른 모든 것과 전적으로 구별된다"는 가정을 비판한 메리 더글라스(Mary Douglas)의 종교분석에서 이 개념에 부여한 경고적이고 파괴적인 성격규정을 나는 매우 잘 알고 있다. 7)

이러한 비판은 옳지만 미묘한 차이를 가져올 수 있으며, 종교, 신학, 모형교체의 사회적 상황 속에서 "현대"의 개념에 의해 특정한 어떤 것을 나타내기 위해 온갖 근거를 제시하기보다 신중을 기하려는 충동을 일으킬 수 있다.

현대와 현대화의 의미에 관한 완벽한 논문을 쓰는 대신에 나는 단지 하나의 제안을 하려고 한다. 이 제안은 여러가지 중요한 현대화 이론을 집약한 것이다. 이것은 막스 베버에서 탈콧 파슨즈(Talcott Parsons)를 거쳐 토마스 룩맨(Thomas Luckmann), 피터 버거, 로버트 벨라(Robert N. Bellah) 등의 세대에 이어지는 이론이다. 이들은 모두, 자신들을 결합시키는 역사가의 총괄적 서술을 거부하는 고유한 세련된 이론을 제시한다. 이 방법이 현대화 과정과 그 영향을 완벽하게 규정해 주지는 않지만, 이 방법은 역사가들이 그들의 역사를 이야기하는 동안에 사건들을 배열하는 데 유익할 것이다.

내가 이 방법을 "선택한다"는 사실 자체가 그 이론의 내용을 드러내 준다. 피터 버거는 새로운 선택, 이단을 향한 숙명적 충동이 현대화에 속한다는 것을 우리에게 상기시킨다. "이단적 명령"이 있다. 따라서 "현대 이전의 상황에서는 인간들이 이따금 이단적 이탈이 일어나는 종교적 확실성의 세계에서 산다. 이와 대조적으로 현대적 상황은 이따금 종교적 확신의 다소 취약한 구조에 의해 저지되는 불확실성의 세계를 이룬다.…현대 이전의 인간에게는 이단이 하나의 가능성, 보통 먼데 있는 가능성이다. 그러나 현대적 인간에게는 이단이 전형적으로 필연성으로 된다. 다시 말해 현대성은 선발하고 선택하도록 명령을 받는 새로운 상황을 창출한다."[8]

다행히 나는 현대적 상황에 의해서, 현대화 과정에 대한 정의를 선택함에 있어서 단순히 지적인, 깊지는 않지만 영적인 이단 또는 신학적 이단을 택하게 되었다. 존 머레이 커디히(John Murray Cuddihy)의 개괄적 서술이 있다:

"이 현대화 과정이란 무엇인가? '그 핵심은' 분화(Differenzierung) 이다: 집과 작업장의 구별, 정치경제와 경제의 구별(Marx), 개인적인 문화체계와 사회체계의 구별, 경제와 사회의 구별(Weber, Parsons, Smelser), 사실과 가치, 이론과 실천의 구별, 예술과 신앙의 구별. 이 구별은 전통과 결부된 것은 가차없이 잘라내는 현대화 과정의 절단이다. 이것이 소유권을 (국가의) 통제로부터 갈라 놓는다(Berle 와 Means). 이것이 교회와 국가(가톨릭적 상처)를 분리하고 민족과 종교(유다적 상처)를 분리한다. 이것은 "분리된" 또는 자유로운 국가, 자신의 '자리'를 아는 제한된 국가, 사회와 구별되는 국가를 산출한다. 이러한 구별은 위기와 '전체성의 결핍감'을 남김으로써 오래 된 원래적 결속과 정체성을 깨뜨린다."

커디히는 현대화 과정은 "세련화"로 압축될 수 있다고 말했다.

문화체계의 지평에서 "분화"는 이전에 혼동되었던 관념, 가치, 변수, 개념들을 **구별하는 능력**이다. 결국 그의 모든 지적 교류는 한 주제의 은폐되거나 소홀히 되었던 "측면들" 또는 "구별"을 발견하는 데 이른다.

커디히의 정의를 강조하는 목적은 잠정적으로 "현대 이전"으로 표시한 것과 "현대 이후"로 표시한 것 사이에 현대적 모형을 설정하기 위한 것이다. 현대이전의 상황에서는 분화(分化)가 덜 이루어지고 "전체성" "혼동"이 많고 원래적 결속이 덜 깨어져 있다.

서구 그리스도교에서는 "전체성의 결핍감"이 전통에 접근하기 위해서 특히 두 가지 형태로 나타난다. 그 하나는 성서 특히 모든 지평에 걸쳐 분화가 덜 이루어진 히브리어 성서로 돌아가는 것이다. 다른 하나는 신학이 대학의 여왕이자 영감의 원천이었던 중세의 견고한 듯한 사회로 돌아가는 것이다. 우리가 항상 소유하지는 않지만 어떤 식으로든 우리를 사로잡고 있는 히브리적 세계와 중세적 세계 그리고 그 모형들이 전통으로서 다루어질 수 있고 접근될 수 있다는 사실은 모형들과 그 상황들이 침전물로서 복잡한 문화 속에 그리고 인간지성과 행태 속에 어떻게 존속하는지를 분명히 보여준다.

이러한 특성에 대한 숙지는 일련의 문화적 발전 속에 있는 모형들의 상황들 사이에 급격한 단설이 있거나 있을 수 있다는 견해를 방지하는 데 도움이 될 것이다.

유진 굿하트(Eugene Goodheart)는 이 주제에 대해 이렇게 말했다 :

"(현대적 상황을) 타불라 라사(tabula rasa : 백지 상태)로 보는 것은 소박한 억측이다. 예컨대 그리스도교적 전통과 고전적 전통이 우리의 일부가 아니라고 보는 것은 참된 발견의 결과가 아니다. 우리의 인격성과 특성은 자유롭게 표현되는 게 아니라 흔히 강제적으로 표현된다. 우리는 우리의 존재 또는 우리가 원하는 행동을 자유롭게 선택할 수 없다.

(피터 버거와 M. E. M을 무시하지 않고는?) 우리는 갈수록 혐오감을 갖게 되는 전통들이 그저 사라져 버리기를 바랄 수 없다. 우리가 전통을 소유하지는 않지만 전통이 우리를 소유하고 있다는 사실 때문에 이 혐오감 자체가 제약되어야 할 것이다."9)

"전체성의 결핍감"은 원전이나 그 모사품에 **돌아감으로써**, 과거를 그리워함으로써, 전통을 회복한다고 해서 완전히 충족되지는 않는다. 분화, 다원주의, 선택에 싫증난 사람들은 다양한 동기에서 현대 이후적, 미래주의적 또는 이데올로기적 대안을 만들어 낸다. 이런 대안은 정치적 질서, 문화적 양식에 대해서 그리고 앞으로 살펴 보겠지만 종교적 생활과 신학적 표현법에 대해서 만들어질 수 있다. 커디히는 이런 대안을 앞당겨 제시한다. 그는 이것을 "반현대적 충동"이라고 부른다.

"맑스에서 마오에 이르는 탈현대화는 탈분화이다. 중국의 문화혁명에서 구조적 분화와 분업은 격렬하고 단호하게 정죄되었고 그 자체로서 근절되었다. …

분화된 학과들에 대한 내적 동조와 분화된 의식(儀式)의 관행이 서양을 교육시켰다고 할 수 있다. "이데올로기"는 분화과정의 공격을 방어하려는 다양한 항거운동들에 붙인 이름이다. 주로 이 운동들은 탈현대화, 탈분화를 추구하는 반동적 운동들이다."10)

1974년에 예루살렘에서 개최된 한 회합에서 나는 "되돌아 가려는" 이러한 충동을 **복고적 현대주의**(retromodern)라고 말했다. 그러나 이것은 야만적 표현일 뿐 아니라 이데올로기 신봉자들에 대한 이데올로기적 판단으로 간주되었다. 이데올로기 신봉자들은 자기 자신들을 어떤 것으로 돌아가려는 자들로 이해하지 않는다. 흔히 이들의 운동들은 혁명적, 메시아적, 유토피아적, 천년왕국적 운동들로서 전진하려 했다.

따라서 나는 보다 중립적인 개념을 사용해서, 단적으로 **반현대적인** 모형발전의 탈분화하고 "전일적"(holistisch) 인 문화적, 사회적 상황에 대해 말하겠다. 이 모형발전은 여기서 정의된 바와 같이, 현대적인 것에 대해 "반대"하거나 "반동적"인 것으로 보인다. 이 모형적 발전은 세상에서, 다양한 사회주의, 공산주의에서 그리고 종교적 귀결이나 이에 대한 정당화에서 매우 강한 정치적 힘을 발휘할 수 있다. 결국 이 모든 것들은 빈약한 현대적 모형에서 벗어난 것을 요구한다.

물론 이 모형의 사회적 상황은 안정되지 않았다. 정치적 자유의 문화 속에 들어오면 사람들은 종교적 다양성, 신학적 다원주의, 인격적 선택 속에서 "자유롭게 존재하도록 강요되거나"[11] "자유롭게 존재하도록 강제된다"—보다 많은 자유, 보다 풍부한 다양성, 보다 넓은 다원주의, 거의 무한정한 선택으로의 충동이 있다.

이 경향은 이단에 대한 피터 버거의 글과 종교적 발달에 대한 로버트 벨라의 글[12]에서 가장 잘 나타나며 "불가시적"인 (너무 분화되고 너무 전문화되어서 산만하고 극히 "사적"인) 종교에 대한 토마스 룩맨의 글에서 가장 두드러지게 나타난다.[13]

현대성의 논리를 관철시키려는 이러한 경향을 나는 **초현대성**(Hypermodern) 이라고 부르고 싶다. 왜냐하면 이 경향은 운동적이고 불안정한 현대적 종합을 내세워 "그것을 넘어서, 그 이상으로 많은 것을 넘어서, 정도 이상으로" 나가기 때문이다. 데이비드 앱터(David Apter) 가 아담 스미스와 그의 유산에 관한 장 "기회로서의 현대성"[14](Modernity as Choice) 에서 웅변적으로 부각시켰듯이, 정치와 경제에서 선택의 자유가 강조된다. 종교에는 순수한 개인주의와 사생활주의(Privatismus), "입맛에 맞는"(à la carte) 또는 "너 혼자만"(do it yourself) 의 종교에 대한 반공동체적 충동이 있다. 이것은 사람 수만큼 많은 종교가 있음을 의미한다. 신학에서는 결국 "모든 신학자들이 그 자신의 모형을 제작하는 자"라는 것을 의미한다. 신학자 수만큼 많은 모형들이 있는 셈이다.

역사를 개괄해 보면 사회적, 교회적, 지적 세계에서 **현대 이전의 상**

황 및 모형들과 **반현대적** 상황 및 모형들 사이에서 연대순으로 일어났던 다양한 실험들이나 개혁들을 알 수 있다. 이 역사의 뿌리는 그리스와 로마에 있고 그 발전은 중세적 경향 속에서 이루어졌고 첫째 변혁은 르네상스에서, 둘째 변혁은 계몽주의적 휴매니즘에서 이루어졌다. 그리고 나서 지난 2세기 동안에 전성기가 왔고 거의 그 직후에 삶을 탈분화하는 현대이후적인 이데올로기와 기구들의 도전이 제기되었다. 이 역사를 따라온 사람들이 이러한 도전에 맞선다고 하더라도 그들도 끊임없이 그들 자신의 초현대적 충동의 폭 넓은 논리에 의해 유혹받고 위협받는다.

3) 모형의 학문적 정의를 위해서

뉴카슬(Newcastle)에는 석탄이 많듯이, 튜빙겐의 심포지움에는, 한 역사가로서 독창적인 기여를 하기에는 너무 많은 모형전문가들이 있다. 어쨌든 역사에 대한 고찰이 너무 미루어졌다. 어떻게 시작해야 할지 정신적으로 매우 당혹스럽기 때문에 나는—이 주제에 직면해서—게리 거팅(Gary Gutting)이 발행하고 데이비드 홀링거(David Hollinger)가 인용하고 마가렛 매스터맨(Margaret Masterman)이 촉발시켰던 쿤에 관한 각주에 대한 고찰에서 출발하겠다. 각주의 내용을 그대로 소개하고 싶다 :

"10. 우호적이라고 자처하는 한 독자는 『과학혁명의 구조』(The Structure of Scientific Revolutions)에서 (모형이란 말의) 스물 한 가지 의미를 발견했다고 주장했다 : Margaret Masterman, 'The Nature of a Paradigm' in Imre Lakatos & Alan Musgrave 편, *Criticism and the Growth of Knowledge* (Cambridge, 1970), 59 - 80.

후에 쿤은 '모형'의 두 의미를 구별했다 : (1) 이 "훈련된 체계"(disziplinäre System)는 "한 주어진 공동체의 구성원들이 공유한 견해, 가치, 방법 등의 전체적인 상태"를 나타낸다. (2) "모범 또는 실례로서 사용되면서, 표준과학의 통상적 문제들을 해결하는 토대로서의 명시적 규칙들을 대체할 수 있는 특수하고 구체적인 해결책들" 실례들 (〈후기〉 175, 182, 187 참조). [15]

후에 쿤 교수가 보다 성숙한 성찰과 해명을 할 수도 있을 것이다. 그러나 나의 역사에 관한 성찰은 이미 시작되었다. 어쨌든 내가 하려는 일은 이러한 "훈련된 체계"와 "실례들"(Beispiele) 의 사회적 상황에 대해 언급하는 것이다.

준비논문의 이러한 서론부분은 반드시 간단해야 하며, 다른 사람들의 간결히 제시된 이론에 의지해야 한다. 이 글의 서론부분이 너무 의존적이고 각주로 가득 차 있는 것이 나로서는 괴로운 일이 아닐 수 없다. 이렇게 말하는 것이 이런 분야의 글을 쓰는 예의가 될 것이다. 나타니엘 미켈름(Nathaniel Micklem) 도 이렇게 말했다 :

"나는 학구적이거나 독창적이거나 전문적인 것을 쓰지 않았다. 나는 표절자이며, 통속적으로 만드는 자이고 아류에 속하는 자이다 : "나의 책이 나에게 너는 도적이라고 말한다". 나는 트리스트램 샌디(Tristram Shandy) 가 정죄했던 사람들 가운데 하나인 것 같다 : "그들은 약사들이 한 그릇에서 다른 그릇들에 부음으로써 새로운 약을 조제하듯이 언제나 새로운 약을 조제하고, 언제나 똑같은 밧줄을 꼬았다가 푸는 그런 사람들이다! " [16]

또한 이 논문을 보완하고 이 논문의 소박하고 평이한 설화적 성격을 유지하기 위해 나는 길없는 지역에서 가능한 한 다른 사람들에게 의존하지 않는 개척자가 되려고 한다. 이런 길 안내와 탐색에 대한 완전한 논거와 증명을 제시하지는 않을 것이다. 나는 **상황의 네 측면을** 다루겠다. 다시 말해 **현대적 역사와 현대 이후적 역사를** 개관해 보겠다.

2. 신학자와 책

우리의 발전된 의식을 지양하고, 신학자들이라 불리는 존재들을 만날 수 있는 "길없는 황무지"로 돌아갈 수 있다면, 현대성에 대해 주목하고 상기해야 할 가장 첫번째 일들 가운데 하나는 현대신학자들의 모형들이 책의 형태로 나타난다는 것이다.

 책을 쓰지 않았지만 강의실이나 강단에서 두각을 나타낸 소수의 위대한 신학자들은 향연의 형태로 또는 더욱 두드러지게 **기념논문집**의 형태로 명예를 얻었다. 이 기념논문집은 "보다 생산적"인 학자들 즉 책을 쓴 사람들의 책이다. 이 점에서 그들은 신학자로서가 아니라 교사, 예언자, 살아 있는 모범으로서 찬양받는다. 그들은 불완전한 신학자로 남는다. 현대신학사를 서술하는 사람은 먼저 도서목록을 준비한다. 긴 저서목록을 지녔거나, 하나 또는 여러 개의 영구적인 저서를 산출한 신학자들은 명예로운 지위를 차지한다.

 대체로 책들의 이러한 역할에 대해서 숙고할 이유는 없다. 이것은 부륵하르트가 상기시켜 주듯이 "전적으로 자명하기 때문에" 설명되지 않는 일들 가운데 하나이다. 그러나 현대 신학자들처럼 책을 쓰는 사람과 신학자를 동일시하는 것은 잠정적인 것에 불과하다. 책이라는 것이 없었을 때는 하느님의 일들에 관한 성찰만이 있었다. 히브리성서와 신약성서의 관찰방식과 말씀에 관한 대부분의 해석자들은 문서나 책의 저자가 아니었다. 소크라테스나 예수와 같은 위대한 스승들은 가르쳤지만 책과 같은 것을 쓰지는 않았다. 메시아는 저술가가 아니다.

 어쩌면 신학의 모형을 결정하는 데 책이 큰 역할을 하지 않는 날이 올 것이다.

 작고한 카나다의 저술가 (허버트) 마샬 맥루한(Herbert Marshall Mc-Luhan) 처럼 책의 운명에 대해 당돌하고 묵시록적인 생각을 갖는 사람은 없을 것이다. 『엔사이클로피디아 브리테니카』에 수록된 간략한 그의 전기는 다음과 같은 문구에서 절정에 이른다 : "그는 책이 사라질 운명을 맞고 있다고 보았다. 그 까닭은 전자정보매체가 앞으로 사고양식과 사상을 지배할 것이기 때문이다." 모형을 파괴하려 드는 "하느님 죽음"의 신학자 윌리암 하밀톤(William Hamilton) 이 다음과 같이 전환점을 서술했을 때 그도 역시 그 시대에 속하지 않고 시대를 앞질렀다.

 "…신학은… 소통방식을 바꾸어야 한다. 얼마 전까지만 해도 신학은 견고하고 느린 '책의 학문'이었고 중요한 자료를 대부분 딱딱하게 제본된 책으로 발행하는 아카데미적 학문이었다. 이제는 그럴 것 같지 않다. 신학적 변천의 속도가 빠른 이 시대에는 아직 만족할 만한 정보전달매체를 만들어 내지 못했다. 정보전달은 전화를 통해 이루어지며, 중요한 회합에서 시간을 보내고, 편지를 쓰는 사람들의 여흥적인 회식을 통해 이루어진다."[17]

책과 책들에 의해 매개되는 신학의 상황은 확실히 바뀌고 있다. 지난 세기의 "학문적 체계들"과 "(신학적)모범들"은 보통 책의 크기로 작성되었다. 정의에 의하면 신학자가 된다는 것은 조직신학 또는 그 주요한 문제들 가운데 하나에 대한 여러 권으로 된 작품의 책을 쓰는 것이었다. 그들의 작품이 강의실에서 목소리의 형태로 있는 한, 명성 때문에 토론의 대상이 될 수도 있지만 그 작품을 가지고 토론할 의무는 없었다. 작품이 논문의 크기로 작성될 경우에는 단지 하나의 "제안"으로 간주되었다. 어떤 내용을 연구하기 전에 사람들은 그 연구를 책이 될 만한 분량으로 발전시킬 것을 기대했다.

책과 책에 의한 정보는 사라지지 않았다. 세계적으로 매년 수십만 권의 책들이, 수천 권의 신학책들이 출간되고 있다. 한편으로는, 정보의 폭발과 함께 초래된 초현대성에 의해 책이 위협받고 있음을 볼 수 있을 것이다. 새로운 세대는 "복사"를 할 수 있든 없든 전자시설과 컴퓨터시설에 기초해서 자료를 얻고 평가한다. 이 자료들은 기껏해야 일회용이며 분명히 짧은 수명을 지니고 있다. 신학분야의 경우에도 고도의 전문화가 이루어졌기 때문에 일반적인 주제를 다루는 소수의 창조적인 인물들을 제외하고 대부분의 책들을 위한 시장이 경제적 생존력을 갖기에는 너무 협소하게 되었다. 저렴한 기술을 필요로 하는 새로운 출판형태들이 발달되었다. 출판사들은 매우 한정된, 시간적으로 제한된 수요를 충족시키기 위해서 100부의 책도 인쇄할 수 있다. 이런 책이 여러 권으로 된 표준적인 작품들처럼 보존되고 연구되고 평가되고 거듭 읽혀질 것 같지는 않다. 팜플렛은 예컨대 매춘부들에게 잘 팔리는데 일반잡지들은 서방국가들에서 거의 사라졌다. 신출나기 신학자가 컴퓨터에서 "해방", "여성", "흑인"에 관해 단말기를 누르면, 지난 10년 동안 미국에서 이 주제를 다룬 논문에 관한 지식을 몇 초 안에 얻을 수 있다 : 몰리 도거티(Molly C. Dougherty), '제의전문가들인 남부의 무면허 산파들'(Southern Lay Midwives as Ritual Specialists), in "제의에 있어서 여성과 상징적 역할"(*Women in Ritual and Symbolic Roles*). 분화, 전문성, 대량보급, 세련미가 새로운 인쇄기술 또는 전자정보매체의 새로운 가능성을 특징짓는다. 신학자들이 책을 쓰는 데 시간을 사용하지 않고 윌리암 하밀톤이 말하듯이 전화하고 여흥적인 식사를 나누는 데 사용하며 학술적 회합에 나다니고 편지를 쓰고 초빙강의를 하고, 집에서 신학서적들을 읽거나 쓰는 대신에 모형적으로 모형들에 대한 심포지움에 참여한다는 사실 즉 신학자들의 자기이해 또는 역할에 있어서의 변천을 여기서는 잠시 미뤄 놓자.

반대 쪽에서 보면 책의 소멸이 아니라 책에 대한 집중, 현대성에 대한 **반현대적** 위협이 나타났다. 여러가지 정치적 또는 교회적 동인들에 근거해서 지도자들은 지나치게 분화된 삶에 대해 싫증을 느낀 사람들의 "전체성에 대한 결핍감"을 말하기도 하고, 민중에게서 (내 생각에 의하면 모택동주의적 문화혁명이 수행했듯이) 선택의 가능성을 빼앗기도 한다.

현대적 이데올로기는 출판사들을 초래했지만, 경향은 책의 다원주의로부터 책의 단일성을 지향하고 있다. 유사종교적 성격을 지닌 책의 단일성은 공산주의적 정치체제에 부합된다. 칼 맑스의 저작들 또는 그 이상으로 마오 주석의 조그만 붉은 책이 그렇게 사용되어 왔다. 성직자 사회와 신정통치에서는 예컨대 회교 세계에서는 아야톨라(Ayatollah)의 "책"이 특권을 지닌다. 보통 그것은 코란이다. 획일성을 높이 평가하는 강력한 하부문화에서는 예컨대 그리스도교적 "근본주의자들"이 개혁교회적 남아프리카에서나 복음전도적인 북아메리카에서 성서를 유일하게 숭상받는 책으로 내세운다. 극단적인 경우에는 성서 이외의 모든 책들을 부정한다.

기술적으로, 경제적으로, 정치적으로, 종교적으로 그리고 시간의 상태, 개념, 사용과 관련해서 신학의 개념은 책들의 제한된 다양성을 통해서 표현되었듯이 **초현대적 반현대적** 경향에 의해 의문시된다. 이러한 밀고 당기는 긴장의 결과에 대해 여기서 미리 생각할 여유는 없다.

그러나 이 시점에서 신학적 표현이 자유로운 사회에서는 신학자들이 어느 정도 팔릴 수 있는 책들을 생산해내고 있으며 이들의 공동체적 작업을 통해 신학적 발언이 이루어지고 있다.

이 책들은 이것들을 읽고 쓰는 것을 최고의 사명으로 여기는 사람들에 의해 씌어진 것들이었다. 이제 책들은 약하고 위태로운 존재이다. 책이 겪고 있는 일은 신학의 형식 또는 종류 그리고 내용과 깊은 관계가 있을 것이다. 이 점을 숙고해야 한다.

3. 대학교의 직업으로서의 신학

실제로 "설명되지 않고" "자명하게" 그리고 "반드시 문서적으로 고정되지는 않았지만" "길없는 황무지"에서는 분명하고 주어진 것으로 전제되었기 때문에 우리는 대학교(Universität) 가 현대적 신학의 본토라고 주장한다. 대학교는 직업적 신학자들의 정상적 장소로 간주되었다. 어떤 관찰자는 "그 [신학자]의 상품들을 구입하는 자"가 신학이 무엇을 말하고 어떻게 말하는가에 대해 많은 관심이 있음을 지적했다. 좀 단순화시켜 말하자면 초기 교회에서는 주교들 또는 감독자들이 "모범들"을 썼거나 정의했다. 중세에는 수도승들이 수도원에서 "학문적 체계들"을 발전시켰다. 현대세계에서는 신학의 과제들이 대학교의 교수들과 대학교의 기관들에게 맡겨졌다.

대략 주후 400년 경부터 책이 필사본의 형태로 두루마리 또는 두루마리 문서를 대신하기 시작했다. 대학교는 12세기 경에 볼로냐(Bologna)와 다른 곳에서 생겨났다. 현대적인 책은 중세 말기에 요한네스 구텐베르크(Johannes Gutenberg)와 함께 시작되었다(약 1450년). 르네상스 시대에 대학은 **일반적 학문**(studium generale)을 넘어서서 학교, 직업, 역할에 있어서 현대적인 학문의 전문화와 분화를 이룩했다. 현대의 대학교는 계몽주의 이후에 발전된 것이다. 잘 알다시피 신학은 더 이상 대학교의 "여왕"이 아니다(다른 어떤 것이 여왕이 되었는지는 알기 어렵다). 신학은 학파들, 난제들, 학문분과들 사이에서 자신의 자리를 얻기 위해 싸웠다.

물론 모든 신학자들이 대학교에서 연구하지는 않는다. 국가가 비교적 높은 교육을 전적으로 뒷받침하고 위대한 신학적 전통이 없는 개발도상 사회에서 신학은 공식적인 지위를 가지고 있지 않다. 무신론적인 또는 비그리스도교적인 종교적 이데올로기를 선호하는 **반현대적** 사회에서는 신학교가 특권적인 주인으로서가 아니라 용인된 손님으로서 생존할 수 있다. 교회와 국가가 매우 엄격히 분리된 **초현대적** 사회에서는 신학이 법률적 토대에 입각해서 자신의 자리를 주장하는데 몇가지 난점을 지닐 수 있다. 그리고 사립대학교에서는 신학이 사회의 다른 "세속화"세력들에 의해 그 중심적 위치에서 밀려난다. 자유로운 사회에서 현대적 대학교에 의해 양육된 비판적 정신은 신앙공동체와 역사적으로 관련된 대학교의 역할을 의문시한다.

이 때문에 많은 신학교(Seminar), 신학적 학파들, 지하연구소들 그리고 이와 비슷한 것들이 대학교와 나란히, 많은 경우에 대학교에 대항해서 생겨났다. 그러나 대학교의 형태는 표준적인 것으로 남았다. 학문적 명성을 추구하는 대부분의 신학교 신학자들은 학자들의 모임에서 그들의 노력이 다양한 신앙공동체들의 기대보다는 다원주의적 대학교의 비판적 표준이나 국가적 후원자들의 이데올로기에 의해 평가된다는 것을 알게 된다. 대부분의 신학교 교수들은 대학교에서 학위를 받는다. 그들은 지적으로 가장 유망한 학생들을 마치 진정한 보금자리에 보내듯이 아니면 어쩔 수 없이 귀양보내듯이 대학교에 보낸다. 신학자가 주교인 경우는 드물다(이것은 반드시 주교가 신학자인 경우가 드물다는 것을 뜻하지 않을 것이다). 신학자들인 수도사들은 대부분 대학교에서 공부하고 가르치고 생활의 토대를 얻는다.

나는 유럽, 아시아 또는 아프리카의 길없는 대학교 세계에 있는 신학자들에 관해 자세히 논평할 수 없다. 그러나 우리는 북아메리카에 대한 자료를 가지고 있다. 70년대에 완성된 한 연구에 의하면 558

명의 직업적 신학자들 가운데 14명만이 (전체의 2.51%) 대학교 밖에서 "목회, 기관, 또는 편집" 임무에 종사한다. 284명(50.98%)은 "신학교, 신학대학"에 고용되어 있고 이 가운데 많은 신학교와 신학대학은 대학교 안에 있다. 다른 258명(46.24%)은 현대신학적 표준의 참된 고향인 "단과대학 또는 대학교 주변"에서 생계비를 얻고 그들의 모형을 추구한다. 신학과 다소 느슨한 관계를 지닌 종교학 분과들도 포함된다면, "단과대학과 종합대학 주변"에 의존하는 비율은 훨씬 높은 것이다.

조사와 평가를 전문으로 하는 토르 할(Thor Hall)은 이렇게 서술한다 :

"…북아메리카에서 조직신학은 일차적으로 학구적 학문, 학자들의 특권으로 간주된다. 교회업무에 종사하는 활동적인 성직자들이 조직신학 분야에 참여하기 어려운 것과 마찬가지로 학구적 활동에 종사하는 조직신학자들은 교회의 목회자들과 진지한 공동작업을 하기 어렵게 된다. 여러가지 견지에서 상황은 불건전하다…" [18]

할에 의하면 "조직신학자들의 교육의 마지막 단계이며 정점", "흔히 '완성과정'이란 다소 근엄한 표현으로 나타내는 마지막 학위과정인 대학원과정(학사과정을 마친 다음의 연구과정)은 주로 대학교 주변에서 개설된다. 실제로 조사대상자들의 40.96%가 다음의 다섯 교육기관에 종사하고 있다(Union/Columbia, Chicago, Gregoriana, Yale 그리고 Catholic University of America). 그레고리아나 대학과 가톨릭 아메리카 대학은 아직 대학의 현대적 다원주의를 대변하지 않기 때문에 한 세대 이상 신학교의 몇가지 측면을 견지한 것 같다. 개신교 대학들은 어떤가? 미국 개신교 세계에서는 유니온/콜럼비아, 시카고, 그리고 예일대학이 모든 개신교 조직신학자들의 46.89%를 포함한다.

현대의 대학은 두 방향에서 **도전받는다**. 분화와 전문성이 관심을 분산시키는 민주적 기술과학적 사회에서는 초현대적 연구기관이 당연히 매력을 갖게 된다. 신학은 살아남겠지만, 특권이나 명예가 결여된 자의적, 개인주의적인 "선택된" 작업이 된다. 현대의 대학교가 신학을 부적합한 것으로 간주한다는 비난은 지겨울 정도로 자주 제기되었다. 흔히 이런 비난은 다른 학문들이 서로 관련성을 지니고 있으며 새로운 학문들의 새로운 전문성, 더욱 새로운 학문들의 더욱 새로운 전문성에 적합하다는 전제에서 나온 것이다. 현대적인 종합대학(Universität) 또는 복합대학(Multiversität)의 많은 분석가들은 이런 상황을 좋게 본다. 다른 사람들은 "전체성에 대한 결핍감"을 낳는 혼란으로 이 상황을 간주한다. 몇몇 사람은 시적으로 또는 예언자적으로 탄식한다. 아더 코헨(Arthur Cohen)은 이렇게 탄식한다 :

"신학은 교만한 학문일 필요가 없고 소박한 철학을 배격하는 과학들을 침해해서는 안 되며 논리학을 어겨서도 안된다. 신학은 겸허한 학문이다. 그러나 특별한 사건에 근거한다. 한때 신학자들이 과학 위에 군림했고 대학교에 자리를 잡았으나 오늘날에는 한산한 신학교 구성에 숨겨져 있고 그들의 학생들은 음울한 잡지를 읽는 소수의 독자들로 이루어져 있다. 신학의 불운한 상태가 신학자들을 냉소적이고 방어적으로 만들었다. 그러나 신학자들은 인간이지만 신학적 노력의 대상은 하느님이라는 사실을 우리는 잊을 수 없다."[19]

신학에 언어를 제공하는 신앙공동체는 **초현대적** 대학교 안에서 특권을 누리지 못하며, 학문의 전당에서 이러한 신학을 해석하는 사람들에게 명예롭지 않은 낙인을 찍게 될 수 있다. 어쨌든 신학의 소리는 신학적 발언을 하거나 신학책을 쓰는 학자들 개개인의 성격, 재능, 웅변, 개인적 역량에 좌우된다. 그렇지 않으면 신학의 소리는 가축경제학, 동물학, 용접공학, 미용학, 그리고 상업에 관련된 다양한 학문들 사이에서 사라지고 만다.

탈분화가 흔히 이데올로기의 형태로 고조된 곳에서 이러한 상황은 반현대적 반동을 초래했다. 대학교라는 기관은 여전히 존재한다. 그러나 다원주의는 혁명적인 학생들이 바라고 있음에도 불구하고 정부나 지배적인 학파에 의해 허용되지 않는다. 현대적인 대학교의 특징인 비판적 분위기는 가치를 상실했다. 20세기의 좌파적 전체주의정권과 우파적 전체주의정권은 대학교의 존속을 허용했으나 신학자들을 선별하고 압류했으며 괴롭히거나 추방했다. 이러한 정권의 많은 신학자들은 그들 나름의 신학 예컨대 "독일그리스도교적" 신학 또는 "마오주의적" 신학을 만들어 냈다. 가톨릭의 교권주의자들 사이에서는 대학교가 기술공학과 다원주의에 대한 반동으로 인해 격되된다. 그러나 대학교는 어떤 식으로든 생존할 것이고 신학과 관련된 교과과정을 포함할 것이다. 그런 경우에 강요된 획일적 상황 속에서 특권적인 신학이 발전한다. 혁명적인 사회에서는 "신학"이 특정한 대학교—승자에게 내맡겨진다.

극보수적인 가톨릭주의는 현대적 대학교들이 발전하게 된 조건들을 폐지하도록 주장했으며 강제적 형태의 정합성을 요구했다. 의심스러운 개신교 근본주의는 오래 전부터 대학과 그 전제들 및 조건들을 경계하면서 계속 저항해 왔다. 흔히 반현대적 충동 속에서 이 학파는 보다 높은 교육을 위해 그들 자신의 기관을 설립하고 그들의 신앙이데올로기를 영원한 것으로 만들고 학문들 속에 주입시키려 했다.

비록 약하고 깨지기 쉬운 것이었지만 현대적 대학교는 오래 전부터 현대신학의 학문적 체계들을 위한 모체였으며 본보기들(exemplar)을 발전시키기 위한 모범적 토대였다. 신학에 있어서 미래적 모형들의 운명은 대학교의 운명과 깊이 결부되어 있다. 신학의 상황이나 환경을 무시하고 모형들의 실체나 신학의 인식적 차원에만 집중하는 사람들은 대학교의 위기, 변형 그리고 상황을 간과하는 위험에 빠질 수 있다.

4. 인문과학들의 테두리 안에 있는 신학

책과 대학교는 현대에 만들어진 것이 아니라 중세 초기 이래 매우 복잡하게 발전되었다. 학문의 분과들도 현대에 만들어진 게 아니다. 그리고 인문과학들 사이에서 신학이 지닌 위치도 새로운 것이 아니다.

중세의 학예들(문법, 수사, 논리, 산수, 기하, 음악, 천문—역주)의 교육과정이 매우 세분화되었다는 사실은 에반스(G. R. Evans)가 작성한

몇 개의 도표에서 알 수 있다.[20]

옛 학문분과들

학문의 계보

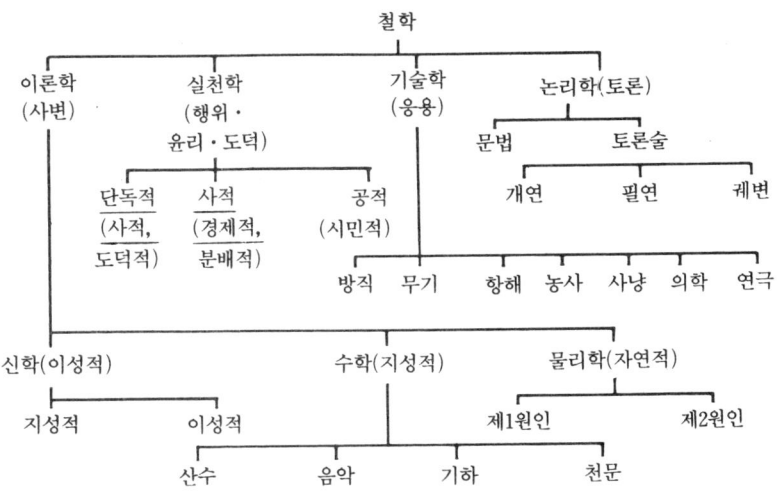

수정 : 경우에 따라 물리학은 크게 보아서 이론학과 동등하게 받아들여진다.

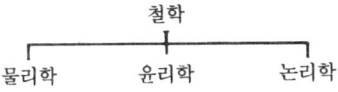

성 빅톨 휴(Hugh of St. Victor)는 교과목들의 목록을 철학안에서 분류한다.

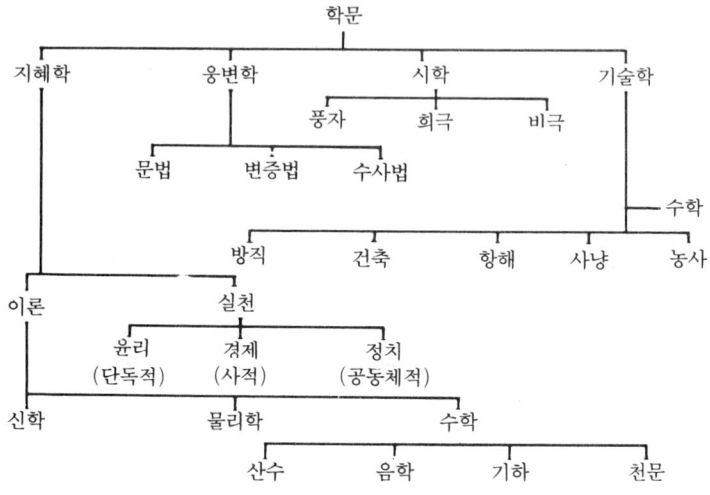

아래 수록된 학과들을 보다 쉽게 살펴볼 수 있도록 도표를 만들었다.

신학입문

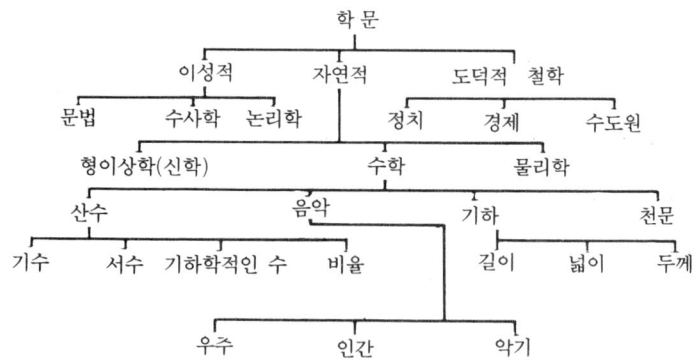

중세시대에는 그리스도교 신학이 교과과정의 여왕이었으며 교과과정을 통합시키는 역할을 했다. 통합되지 않은 또는 신학적으로 통합되지 않은 현대적 대학교의 성립과 함께 신학은 이런 지위를 상실했으며 새로운 것이 등장했다. 신학 자체는 내적으로 보다 전문화되고 (역설적으로 보다 산만해지고) 보다 세분화되었다. 이브스 콩가르(Yves Congar)는 "새로운 전문화"와 신학의 낡은 통일성의 붕괴에 관한 장에서 이 사실을 이렇게 해명했다.

"새로운 요구에 부응하려는 노력은 흔히 사상의 통일성을 보존하는 방향에서가 아니라 전문화와 분화의 방향에서 이루어진다. 이 사실은 16세기 말에 시작된 현대의 일반적 특징이다. 이것은 중세적 종합의 붕괴이다. 그러나 우리가 분석하려는 진보가 모든 것을 "붕괴"시키지는 않았다. 그리고 매우 분명한 전문화의 사실은 대체로, 새로운 진보적 업적들의 표준적인 훌륭한 결과였다."

이 새로운 시대에는 전문화를 나타내는 새로운 형용사들이 있다 : "성서적, 가톨릭적, 그리스도교적, 교리적, 근본적, 도덕적, 신비적, 자연적, 논쟁적, 실증적, 실천적, 스콜라주의적, 사변적…등"[21]

스테펜 툴민은 현대적 학문의 발전에 있어서 학과들의 의미내용에 대해 철학적으로 숙고했다.[22] 새로운 요구에 부응하기 위해 이 학과들이 생겨났음을 주목하는 것이 우리의 과제이다. 지난 몇 세기 동안에 이 학과들은 다양한 이유 때문에 더욱 복잡해졌다. 상이한 전통에 따라서 각기 다양한 질문을 신학연구자들에게 제기하는 교회와 교파들의 양적 성장도 그 이유 가운데 하나이다. 대다수의 그리스도교적 공동체들이 신학적 "환경"의 민족적, 인종적, 종족적 차이를 더욱 의식하게 되었다. 언제나 사람들은 "여성적" "흑인적" 또는 "인디안적" 그리스도교 신학을 특이한 종류의 지적 표현으로 간주한다. 다양한 철학적 학파들과 방법들이 사용될 수 있다. 신학분과들을 연구하는 학자들은 대학교 안에서 비슷한 학과의 학자들과 대화를 나눈다. 예컨대 교회사가는 역사가와 대화하고 종교사가는 인류학자와 대화하며 도덕신학자는 철학적 윤리학자와 대화를 나눈다. 흔히 이런 대화는 정력을 낭비하고 신학적 학과들의 정합성을 잃게 했다.

신학이 단순히 여러 학문들 가운데 한 학문으로가 아니라 하나의 인문과학으로서 정신과학들(인문과학들) 속으로 들어오게 되었을 때, 현대를 지향한 운동은 근본적 변천을 겪게 되었다. 이 변천이 서구 그리스도교 세계의 언어와 교과과정에 어떻게 반영되는지에 대해 나는 자세히 알고 있지 않다. 그러나 풍자에 관한 한 논문에 나타나 있듯이 영·미적 어법의 불행한 말 놀이가 있다. 어네스트 겔너(Ernest Gellner)는 이렇게 쓰고 있다 :

"'인문주의적 문화'란 무엇인가? 문화는 본질적으로 읽고 쓰는 능력(문자 해독능력)에 기초해 있다. 모든 인간공동체와 문명은 언어 자체를 전제한다 : 인문주의적 또는 문자적 문화가 모든 인간문명과 동일한 것은 아니다. 그것은 문자없는 "부족"-문화와 구별될 뿐 아니라 문자 이상의 과학적 문화와도 구별된다. 세상적 "인문적" 문헌에 대한 관심이 일차적으로 문헌의 결핍이나 과학과 구별되지 않고 신학적 신적 관심과 구별되기 시작한 이래, '인문주의'(humanistisch)란 개념은 불행하고 낡은 개념으로 되었다. 그러나 오늘의 목적을 위해서 중요한 것은 세상적 또는 비세상적 방향정립이 아니라 읽고 쓰는 일이다. '인문주의적' 관심은 신적 관심을 포괄한다(양자는 동일한 언어를 사용한다)."[23]

신학이 정신과학에 편입되었을 때 신학은 "실증적" 인문주의적 표준들-문학적, 역사적, 철학적-에 의해서 그 자신을 평가하고 평가받게 되었다. 새로운 지배적 양식은 데카르트적, 비판적, 고립적, 개인주의적이었다.

오늘날 학문분과들은 더욱 전문화되고 분화되고 "세련"되어진다. 우리는 이것을 초현대적 상황으로 서술했다. 신학적 영역의 요구들과 중심점들은 전통적 과목들이 파악할 수 없을 정도로 복잡하고 유혹적이다. 내가 있는 대학교에서는 "종교와 문학" "종교와 심리학적 연구" "윤리와 사회" 같은 주제들이 다루어졌다. 앞으로 다른 곳에서도 이런 주제들이 다루어질 것이다.

정신과학은 더 이상 단순한 경계로 사용되지 않는다. 역사가 윌리암 클렙쉬(William Clebsch)가 대학교의 교과과정 안에서 종교를 논할 때, 그는 종교를 정신과학 또는 사회과학의 대륙 속에 있다고 보지 않고 일종의 지협(地峽: 두 해협 사이에 있는 좁은 육지부분)으로 보았다. 카나다 신학자 그레고리 바움(Gregory Baum)을 위시한 많은 해방신학자 또는 정치신학자들이 현대철학의 성격 때문에 또는 현대철학과 결부된 대화의 사회적 성과가 빈약하기 때문에 좌절하고 있다. 그들은 사회학과 다른 사회과학들이 더 나은 대화상대자라고 생각하기 시작했다. 종교와 신학은 어디에나 있으면서도 "어디에도 없는"듯이 보일 정도로, 종교와 신학의 특성이 세분되고 산만하게 되었다. 인류학자 클리포드 게에르츠(Clifford Geertz)에 의해 확대된, 종교에 관한 정의는 일반적인 상징체계들의 그물망과 깊이 결부되어 있기 때문에, 종교는 거의 경계를 갖지 않게 된다. 거의 신학자 수만큼 많은 신학분과들이 있으며 이 신학분과들은 대체로 교과과정 안에 그리고 밖에 있다.

이와 동시에 **반현대적** 경향이 발전되었다. 그것이 지성 또는 정신의 "전체성에 대한 결핍감"의 일부이며 시민적 또는 교회적 질서의 획일성에 대한 집착의 일부이다. 이런 경향의 대변자들은 세분되고 산만한 학문분과들이 개인주의와 다원주의의 사치품이라고 분개한다. 이러한 학문분과들은 공적이고 교회적인 질서의 새로운 요구들을 충족시킬 수 없다는 것이다.

단일한 신학과 단일한 방법에 대한 이러한 촉구는 대부분 데카르트적 정신을 거부하고 비판 이전의 단계—강요된 획일성으로 인해 더욱 나빠진 단계—로 돌아가도록 요구하는 경향이 있다. 이런 요구를 하는 사람들은 종족적 사상, 인종적 민족적 이해, 당파적 관심 또는 교회적 전통에 사로잡힌 사람들이다. 따라서 정치적인 그리고 그리스도교적인 혁명적 분파들이나 근본주의적 분파들은 똑같이 분화와 다원주의에 대한 혐오를 나타낸다. 정치적 영역에서 예를 들면 사회주의적 역사가 로버트 하일브로너(Robert Heilbroner)는 경제문명의 쇠퇴를 말한다. 경제문명이 쇠퇴하게 되자, 정신적인 사회적 도덕을 희생하고 선택의 기회를 보호하기 위해 자유로운 현대인들의 헛된 노력을 힘겹게 기울였다. 무엇이 경제문명을 대신하게 될까?

"나의 생각도 비슷하다. 이 시대의 계명과 신조에 반대하고, 삶의 의미에 대한 전혀 다른 이해와 이런 삶을 증진시키는 새로운 형태의 사회조직을 주장하는 새로운 종교적 방향정립을 통해 경제문명의 변형이 앞으로 규정될 것이다.

이 새로운 종교적 방향정립은 어떤 것일까? 이제까지 성찰한 내용에 비추어 보면, 앞으로 심각한 곤경이 예상되는 100년 동안에는 높은 정치적 권위가 불가피할 것이다. 예컨대 중국에서 볼 수 있듯이 오늘날 이미 종교적 형태의 정치에서 나타나는 민족주의적 권위적 신념들이 발전될 것이다. 고고한 개인주의철학의 견지에서 말하자면 국가의 신격화는 우리 경제구조의 고백되지 않는 종교인 유물론의 신격화에 대한 가장 그럴 법한 대체가 될 것이다.…이러한 국가주의적 "종교"의 결정적인 측면은, 내 생각에 의하면—인간의 집단적 공동체적 운명을 공적 의식(意識)의 중심으로 높이고 사적 관심을 일반적 요구에 절대적으로 예속시킨다는 것이다". [24]

대학교들과 교회들은 그런 질서 속에 포괄된다는 것이다. 사고와 방법의 획일성에 대한 요구들은 지나치게 세분된 자유로운 학문분과들을 폐지하게 될 것이다.

유럽의 학자들은 대부분의 학과들을 폐지함으로써 교육을 새롭게 확립하려는 교회의 시도를 모를 것이다. 미국에서는 이러한 근본주의가 대부분의 정신과학 및 사회과학연구소들을 부인하는 "성서연구소" 또는 "성서대학"을 발전시켰다. 순전히 도구적인 의미에서 이 기관들은 학문분과들을 폐지하고서 남은 것에 접근할 수 있는 길을 열어 준다. 사람들은 괴테, 단테 또는 섹스피어가 아니라 성서를 읽으려는 실제적 목적을 위해서 어학을 공부한다. 신학에서 "스콜라주의적 방법"을 변호하고 "대학교적 방법"에 반대하는, 종교회의 이후의 보복적인 가톨릭주의는 흔히 이와 유사한 주장을 내세운다.

5. 사유주의(私有主義)와 전체적 공동체

우리가 관찰한 결과로서 또는 우리의 역사적 결과로서 제시되는 원리가 분명히 드러난다. 현대의 모형은 **초현대적 분화**와 **반현대적 탈분화** 사이의 자리와 조건들에서 발전되었다. 사례들을 끝 없이 나열하는 것은 의미가 없다. 그러나 신학의 특히 그리스도교적, 공동체적 맥락을 다루는 실증적 사례 또는 표준적 사례를 제시하는 것은 적절하다고 생각된다. 이 사례에 관해 짧게 논술하려고 한다.

이미 한마디로 시사했듯이(위 4장 참조), 다양한 교파들과 교회공동체들은 특히 개신교적 종교개혁 이후에 그리고 그 결과로서, 또한 날로 증대되는 가톨릭 수도회들에 자극되어 신학적 분화에 기여했다. 신학의 다원론에 대한 현대적 논의는 이러한 경향에서 발전되었다. 제2차 바티칸회의 이후에 신학자들이 상이한 모형을 따를 수 있는 자유가 증대되었기 때문에 가톨릭에서 이 문제가 예리하게 제기되었고 종교간의 활동과 에큐메니칼한 활동이 이루어지는 시대에 대중매체의 자극을 받아 전체 그리스도교에서 이 문제가 예리하게 제기되었다.

현대신학자들은 그들의 선배들과 마찬가지로 "아테네와 예루살렘" 사이에서 균형을 취한다. 말하자면 신학자들은 대학의 학문성과 비판정신을 신앙공동체로 끌어들여야 한다. 그들은 또한 신앙공동체의 욕구와 관심에 대한 이해를 비판적인 연구공동체로 끌어들이려 한다. 이러한 신학자의 실존은 매우 긴장된 것이었지만 오래 전부터 선례가 있었다. 초기 그리스도교 신학은 이미 신약성서의 바울로서신에 반영된 긴장 즉 십자가 앞에서 유다인들은 걸려 넘어지고 그리스도인들은 지혜를 추구하게 되는 긴장을 알았다.

역사가들이 흔히 "서구의 세속화"라고 부른 단계인 르네상스와 계몽주의는 이 긴장을 강조했다. 대학교와 신앙공동체에 속한 일부사람들은 이 두 공동체 사이에 그리고 그 안에 자리한 신학의 가능성을 포기했다.

교회의 반교육적 운동들은 대학교에서 탈출하여 대학교와 동떨어진

생활을 하게 했다. 많은 현대적 가톨릭 경건주의와 개신교 경건주의는 그런 생활태도를 부추겼다. 반면에 세상적인 대학교들은 신앙공동체들의 모든 전제들을 배제하는 경향을 지녔다. 대학교의 대변자들은 비판적 개념들을 가지고 실증주의적으로, 순수히 경험적인 것을 벗어난 모든 의무들과 가정들을 초월할 수 있다고 주장했다. 현대의 신학적 모형들은 대학교와 신앙공동체의 이러한 창조적 접합점과 관련해서 형성되었다.

다른 세 가지 예들에서와 마찬가지로 이 경우에도, 모형들이 생겨난 맥락과 틀 안에서 오늘날 상반된 압력들이 작용하는 것을 알 수 있다. 한편으로 공동체를 붕괴시키는 데까지 이른 대학의 극단적인 분화를 조정해야 한다. 이러한 극단적 분화는 특정한 개신교적 또는 계몽주의적 개인주의 논리의 최종적 적용이다. 이것은 산업사회 이후적 종교의 "사유주의"(私有主義)를 말하는 토마스 룩맨과 그밖의 사람들에 의해 잘 서술된 **초현대적** 방향이라고 할 수 있다. 최종적 결과는 룩맨이 **불가시적 종교**라고 말한 것이다. 이 종교는 현존하기는 하지만 사회적 형태를 지니지 않고 산만하기 때문에 그 경계를 확정하기 어렵다. 실제로 믿는 주체들 또는 행동하는 주체들의 수만큼 많은 종교들이 있을 수 있다. 이웃, 교회, 학교와 같은 "매개 구조들"의 대변자인 피터 버거는 사실적으로 이런 현실을 인정하고 현대적 선택에 관한 그의 준공동체적인 책 『이단에의 강요』(Der Zwang zur Häresie)에서 이 현실을 전화위복으로 삼을 것을 충고한다.

종교의 사유주의와 자율적 개인주의를 향한 **현대 이후적** 또는 **초현대적** 경향에 관한 완벽한 증거자료를 여기서 제시할 필요는 없다. 개신교와 마찬가지로 서구 가톨릭이 그리스도교적 상징들을 수용할 수 있는 사람들의 "구시대적 연맹"을 초래했다는 점을 말하는 것으로 충분하다. 그러나 공동체로부디 멀어진 다른 사람들이 예배, 공동적 활동과 같은 교회공동체의 삶에 더 이상 참여하지 않듯이 신학자도 종교철학자로 바뀐다. 신학은 그 정의에 따라서 신앙공동체의 언어를 사용하는데 이 언어는 새로운 형태 속에서 갈수록 개별화된다. 신학자는 언어가 사회적으로 새롭게 활기를 얻게 된다는 사실에 주목하지 않는다. 현대의 문학자들과 다른 예술가들이 그렇듯이 신학자는 매일 사적인 상징체계를 만드는 데 몰두한다. 이렇게 해석은 모형을 개발하기 어렵다. 그 까닭은 모형은 실례로서 그리고 훈련된 체계들의 하나로서 대학뿐 아니라 그 (모형과 관련된) 공동체 안에서 생겨나기 때문이다. 정치학과 정치공동체, 경제학과 상업지역이 (정치학 또는 경제학의) 모형개발에 필요하다. 종교의 개인주의와 사유주의는 신학의 언어 또는 신학을 위한 언어가 점점 더 은밀해지고, 주관적으로 되고 "이단적"으로 되는 원인이다.

이 경우뿐 아니라 다른 모든 경우에 있어서 지나치게 전문화되거나 산만한 경향을 **반현대적인** 반대경향과 분리시켜서 고찰하는 것은 잘못일 것이다. 여기서 "전체성에 대한 결핍감"이 작용한다. 이 결핍감은 다원주의에 대한 싫증에서 생길 수도 있고 혁명적인 또는 통제적인 힘에 대한 추구에서 생길 수도 있으며 전체성에 대한 심리학적 갈망에서 생길 수도 있다. 일반적으로 우리는 다양한 종족주의, 근본주의에서, 획일적 관심에 대한 혁명적 주장들에서 또는 가장 나쁜 경우에는 전체주의들에서 이 충동을 찾아 볼 수 있다. 나치적, 소비에트적, 마오주의적, 회교적 상징체계들로 특징지어진 여러 공동체들 안에서 "신학자"는 어디까지 허용되는지 또는 일정한 방법론적 한계나 규정들을 넘어 설 수 있는지 물어서는 안된다. 모든 것이 탈분화된다 : 영도자, 서기장, 당주석 또는 아야톨라가 체제의 창립자이고 신학자는 이 체제의 파수꾼이며 충복이다. 어쨌든 모형개발의 현대적 모체에 대한 위협은 **초현대적** 문서들에서 보다 **반현대적** 문서들에서 더욱 생생하고 현실적이며 수적으로도 더 많다.

잠정적 결론

현대적 해체와 그 귀결의 역사에 관한 나의 설명이 타당한 것이라면, 우리가 모형개발의 조건들과 문맥을 계속 추구하는 동안 그 역사는 다른 방향으로 발전해 갈 수도 있다. 책, 대학교, 학문분과 그리고 공동체는 그 뿌리가 적어도 중세까지 소급되는 강한 경향성으로 나타난다는 것을 살펴 볼 수 있었다.

현대의 종말을 모든 측면에서 세부적으로 묘사할 수는 없다. 아마 현대는 자신의 침전물을 남길 것이다. 지나친 전문화에 싫증난 초개인주의자들은 전통과 공동체에 대한 자유로운 연구를 통해 온건한 탈분화적 태도에 이른다. 전체주의적이고 근본주의적인 체제들과 하부문화들은 새로운 세대들에게 염증을 일으킬 수 있다 : 마오주의적 "신학"에서 최고 수준의 획일성에 이르렀던 이데올로기적으로 전체주의적인 "문화혁명"에 대한 마오주의 이후적 반동들이 이것을 증명해 준다. 여기서 중요한 것은 현대적 현상형태에 시공적 제약, 진부함을 확인하는 것이다.

몇몇 사람들에게는 역사가의 이러한 기능이 고무적일 것이다. 그리스도교적 신학은 책, 대학교, 학문분과 그리고 공동체들의 현대적 형태들보다 오래된 것이다. 따라서 그리스도교적 신학이 새로운 조건들과 모형들 속에서 현대적 형태의 책, 대학교, 학문분과, 공동체 이후에도 살아 남을 수 없다고 생각할 이유는 없다. 마음에 맞지는 않지만 친숙했던 상황의 해체가 예고되기 때문에 어떤 사람들은 혼란에 빠지기도 한다. 그런 사람들은 모형들에 관한 심포지움에서, 특정한 잠정적인 상황 속에서 발전된 형태들과 이념들에 결부된 인식론적 방법론적 요소들에 관해 토론하는 것을 따분하고 공허하게 여길 수 있다.

그리스도교적인 신학적 모형들이 흔히 얽혀 있었던 서구문화에 대해 많은 것을 밝혀주는 미국에 관한 책에서 랭던 길키(Langdon Gilkey)는 내가 신학의 맥락에 관해 말했던 것과 마찬가지로 "신화"에 관해 말한다. 그에 의하면 그것은 진보, 계몽주의적 합리성, 과학적, 기술공학적 열성, 그리고 민주주의적 성장의 신화였다. "자연과학, 사회과학 그리고 정신과학들은 그들의 역할과 가치를ㅡ그리고 대부분의 학문적 방법들은ㅡ그러한 토대 위에서 이해한다. 그것(신화)은 우리의 학문생활의 유일한 공통적 신조를 나타낸다." 길키는 이렇게 말한다 :

그것은 이 "신화이다. 우리 주변에서 해체되고 있는 문화적 생활의 실체 가운데 많은 부분이 이 신화와 함께 해체되고 있다. 그것은—전통적 그리스도교적 신화의 해체가 아니라—현대의 종교적 위기를 이루는 이 세상적 신화의 해체이다…."25)

이와 유사하게, 여기서 책, 대학교, 학문분과, 공동체 등의 형태로 상징화되는 이러한 신화의 테두리는 그 신화의 해체 속에서 또는 현재적 형태들을 뛰어 넘는 발전 속에서 파괴된다. 신화가 무너진다면, 이러한 상황도 몇 가지 비슷한 그리고 보다 독자적인 이유들로 인해서 무너진다. 이런 변천에 대한 인식은 "훈련된 체계들"(모체들)과 "모범들"에 관해 앞으로 말할 내용이나 이것들에 대해 우리가 생각하는 방식과 많은 관계가 있을 것이다.

---

1) 나는 헤겔이 랑케(Ranke)에 의지해서 사용한 것과 동일한 의미로 "역사가"란 개념을 사용한다. "통상적인 역사가는 역사를 이야기하는 일에 몰두하는 존재이다." G. J. Renier, History : Its Purpose and Method. Beacon, Boston 1950. Ⅰ, Ⅱ를 제외한 부분, "말해야 할 이야기"와 "이야기에 지나지 않는다", "…역사가 이야기보다 못하다면, 역사는 그 사회적 기능을 다 할 수 없고 이야기 이상이라면, 필요 없이 다른 학과들로써 자신을 보충하게 되고 불확실한 소리로 말하게 되며, 인도하기보다는 혼란을 일으키게 된다"(8, 36).
2) Edmund Husserl, Ideas : General Introduction to Pure Phenomenology. W.R.Boyce Gibson. Macmillan, New York 1931, 23.
   독어판 : Edmund Husserl, Ideen zu einer reinen Phänomenolo-

gie und phänomenologischen Philosophie. 셋째권, Die Phänomenologie und die Fundamente der Wissenschaften. Marly Biemel편(후써얼 전집 V). Den Haag 1971, 154f.

설명 : 이 문구는 W. R. 깁슨의 영미판 (1931)을 위해 후써얼이 쓴 글에서 나온 것이다. 이 글은 Ideen Ⅲ(후써얼 전집 V)에 "후기"라는 제목으로 138 – 162에 실려 있다.

이 문구는 154f에 있다(후써얼은 황무지에 관한 상징을 이 글에서 두 차례 더 사용한다. 예컨대 161).

관념 : 순수현상학 입문(Ideas :General Itroduction to Pure Phenomenology)은 후써얼 전집 Ⅲ(순수현상학과 현상학적 철학에 대한 관념들)을 포함한다. 첫째 책 : Allgemeine Einführung in die reine Phänomenologie, Walter Biemel편, Den Haag 1950.

3) Jacob Burckhardt, *Griechische Kulturgeschichte*, Rudolf Marx편 (Leipzig : Kroener), Ⅰ, 400.

4) Maurice Natanson, "Existential Categories in Contemporary *Literature*," in *Literature, Philosophy and the Social Sciences*(The Hague : Martinus Nijhoff, 1962), p. 120.

5) Thomas S. Kuhn, The Structure of Scientific Revolutions. University of Chicago Press, Chicago & London 1962, ⁴1966. 108. 독어판 : Thomas S. Kuhn, Die Struktur wissenschaftlicher Revolutionen. 1969년의 후기를 첨가한 제2개정판(suhrkamp taschenbuch wissenschaft 25) Frankfurt ⁴1979, 121 – 122. Stephen Toulmin, The Philosophy of Science. An Introduction(Harper Torchboeks / The Science Library 513) Harper & Brothers, New York 1960. 105 – 121 (4장 이론과 지도) : 독어판 Stephen Toulmin, Einführung in die Philosophie der Wissenschaften. Eberhard Bubser역 (Kleine Vandenhoeck – Reihe 308), Göttingen 발행연도 없음, 107 – 125 (4장 이론과 지도).

6) Arthur H. Robinson & Barbara Bartz Petchenik, *The Nature of Maps : Essays Toward Understanding Maps and Mapping*(Chicago : The University of Chicago Press, 1976) 4.

7) Lloyd Ⅰ. Rudolph & Susanne Hoeber Rudolph, *The Modernity of*

Tradition(Chicago : The University of Chicago Press, 1967), 3과 그밖에 여러 곳 : Mary Douglas, "The Effects of modernization on Religious Change," in Daedalus, Ⅲ : I, 겨울, 1982, 2.

8) Peter L. Berger, Der Zwang zur Häresie. Religion in der pluralistischen Gesellschaft. Willi Köhler역, Frankfurt 1980, 41.

9) Eugene Goodheart, *Culture and the Radical Conscience*(Cambridge, 1973), 9.

10) John Murray Cuddihy, *The Ordeal of Civility : Freud, Marx, Levi Strauss, and the Jewish Struggle with Modernity*(New York : Basic 1974), 9 — 11.

11) 이 개념들은 Winston White와 David Little에게서 나온 것이다. Cuddihy, 앞 책, 11.

12) Robert N. Bellah, *Beyond Belief : Essays on Religion in a Post — Traditional World*(New York : Harper and Row, 1970), 39 — 45.

13) Thomas Luckmann, *The Invisible Religion : The Problem of Religion in Modern Society* (New York : Macmillan 1967).

14) David E. Apter, *The Politics of Modernization* (Chicago : The University of Chicago Press, 1965) 9 이하.

15) David A. Hollinger, "T. S. Kuhn's Theory of Science and Its Implications for History" in Gary Gutting편, *Paradigms and Revolutions : Appraisals and Applications of Thomas Kuhn's Philosophy of Science*(Notre Dame and London : University of Notre Dame Press, 1980), 219.

인용된 각주 10)이 지적하는 논문은 Margaret Masterman, The Nature of Paradigm : Imre Lakatos, Alan Musgrave편, Criticism and the Growth of Knowledge(Proceedings of the International Colloquium in the Philosophy of Science, London 1965, 4권), Cambridge University Press, Cambridge, New York, ⁶1978, 59 — 89.

여기서 M. Masterman은 토마스 쿤의 후기(1969) 175, 182, 187을 인용한다.

독어판 : Thomas S. Kuhn, Die Struktur wissenschaftlicher Re-

volutionen 제2개정판과 1969년에 후기를 첨부한 판(Suhrkamp Taschenbuch Wissenschaft 25), Frankfurt ²1976, 186f, 193f, 198f.
16) Nathaniel Micklem, The Theology of Politics(London, Oxford, 1941), p. ix.
17) Thomas J. J. Altizer and William Hamilton, Radical Theology and the Death of God(Indianapolis : Bobbs Merrill, 1966), 4.
18) Thor Hall, Systematic Theology Today : The State of the Art in North America(Washington, D. C. : The University Press of America, 1978), 37 — 39, 60.
19) Arthur A. Cohen, The Natural and the Supernatural Jew : An Historical and Theological Introduction(New York : Pantheon Books, 1962), 301.
20) G. K Evans, Old Arts and New Theology : The Beginning of Theology as an Academic Discipline.(Oxford : Clarendon Press, 1980), 15 — 16.
21) Yves M. J. Congar(인쇄되지 않은 논문), A History of Theology(Garden City, Doubleday, 1968), 165는 DThC 15권의 "신학"이란 항목의 일부를 번역한 것이다. 이 인용문을 정확히 확인하기는 거의 불가능하다.

그 까닭은 영어본문에도 수록된 이 대목이 DThC에는 편집자에 의해 생략되었기 때문이다. 그런데 이 역사적인 본문이 콩가르의 새로운 서문에 다시 수록되었다. Yves M. J. Congar, Art Théologie : Dictionnaire de Théologie Catholique. ⅩⅤ / 1권, 341 — 502 ; 423 이하 : Désagrégation de l'ancienne unité de théologie. Les spécialisations nouvelles.
22) Stephen Toulmin, Menschliches Erkennen 1권. Kritik der kollektiven Vernunft. Hermann Vetter역. Frankfurt 1978, 2장 이성적 학과들의 목적과 문제(174 — 235) 그리고 3장 이성적 학과들의 역사적 발전(236 — 305).
23) Ernest Gellner, "The Crisis in the Humanities and the Mainstream of Culture," in J. H. Plumf 편 Crisis in the Humanities (Harmondsworth, Middlesex : Penguin, 1964), 71.

24) Rofert Heilbroner, Business Civilization in Decline. W. W. Norton, New York. 1976, 119 – 120.
독어역 :
Robert L. Heilbroner, Der Niedergang der Kapitalismus. 요헨 슈테펜(Jochen Steffen)의 서문 첨부. Frankfurt – New York 1977, 109 – 110.
25) Langdon Gilkey, *Society and the Sacred : Toward a Theology of Culture in Decline* (New York:Crossroad, 1981) 23 - 24.

IV. 심포지움

안내를 위한 짧은 회고

칼—요셉 큐셸(Karl-Josef Kuschel)

우리가 "시련의 시대"(Time of Troubles) —이 말은 영국의 역사가 아놀드 토인비가 2차 세계대전 이후의 시대를 가리켜 한 말인데 미국의 신학자 랜던 길키가 새롭게 토론 속으로 끌어들였다—에 살고 있다는 것이 이 심포지움의 숨겨진 표어였다. 이 표어가 모든 대화와 논쟁 속에 일관되게 나타났고 학문적인 회의, 중요한 여분의 대화 베벤하우젠(Bebenhausen)에 들어갈 때 테이스(Theis) 총장과 갬웰(Gamwell) 학장(시카고)이 나눈 탁상담화에 나타났다. 그리고 발터 옌스(Walter Jens)가 여러나라 말로 통역된 에큐메니칼한 말씀예배에서 신학자들에게 그처럼 자주 배신당하고 상처입은 그러나 살아서 도전해 오는 "형제 예수"를 증거한 설교에서도 이 표어가 지배적인 역할을 했다.

위기와 변혁의 시대, 획기적 변화의 시대를—역사적으로 그리고 현실적으로—분석하고 진단하기 위해 거의 80명의 신학자들이 노력했다. 세계 곳곳에서 모인 이들은 대체로 대학교 교수단에 속한 사람들인데 매우 빡빡하고 엄격한 일정표에 따라 학문적으로 집중된 우호적—동지적 분위기 속에서 대화하고 토론했다. 오늘의 신학을 위해 얻은 결론은 무엇인가? 시대에도 부합하고 복음에도 부합하는 선포를 위해 얻은 결론은 무엇인가? 문서들(다섯 차례의 학술회의에서 발표된 세 개의 조직신학적 예비 논문들과 네 개의 역사신학적 예비논문들 그리고 두 차례의 발제와 논찬, 그리고 개막연설과 요약)에 대한 분석, 기록되고 녹음된 것에 대한 평가작업은 한동안 계속될 것이며 그

후에야 확실한 결론을 내릴 수 있을 것이다. 여기서 나는 보고서의 형태로 문제를 짧게 요약하겠다.

1. 인물들과 주제들

시카고 디비니티 스쿨대학교의 고등종교연구소, 국제적 신학잡지 "콘칠리움", 튜빙겐대학교의 에큐메니칼연구소가 이 심포지움을 주최했다. "콘칠리움" 잡지사는 심포지움이 끝난 후 튜빙겐에서 연례회의를 가졌다. 주관자인 튜빙겐대학교의 에큐메니칼연구소가 일년 반 전부터 모든 준비작업을 진척시켰다. 영어와 독일어를 함께 사용했던 이 심포지움은 록펠러재단과 독일연구재단에서 재정적 후원을 받았다. 주최 측의 구성이 이처럼 다양하기 때문에 시카고 디비니티 스쿨을 위시해서 거의 모든 미국교수단이 독일 대학교를 방문할 수 있는 학문적으로 귀중한 기회가 마련되었을 뿐 아니라 특이할 정도로 다양한 참가자들이 함께 모일 수 있었다:

—초교파적: 시카고에서 온 마틴 마티, 데이비드 트레이시와 같은 신학자들과 함께 융겔, 몰트만, 바이어(O. Bayer), 그라이나허(N. Greinacher), 그로쓰(W. Gross) 휘네만(P. Hünermann), 후놀트(G. Hunold), 큉(H. Küng), 메츠(J. B. Metz), 미이트(D. Mieth), 해링(H. Häring) 그리고 퓌르트너(St. Pfürtner)는 미국과 독일에서 가톨릭과 개신교를 대변하는 신학자들이었다.

— 국제적: 옥덴(S. Ogden:Dallas), 엘리존도(V. Elizondo:San Antonio), 콥(J. Cobb:Claremont)을 위시해서 다른 유명한 북미학자들이 참석했을 뿐 아니라 영국(N. Lash), 프랑스(C. Geffré, J. P. Jossua, Ch. Kannengiesser), 홀랜드(E. Schillebeeckx, P. Huizing) 그리고 무엇보다도 라틴 아메리카(L. Boff, E. Dussel)의 지도적인 신학자들이 참석했다.

— 학문분과들의 벽을 넘어서: 조직신학(주로 조직신학자들만이 초대되었다)은 다른 학문들 또는 인접한 신학 분과들과의 대화 속에서만 정신적으로 생존할 수 있기 때문에 다른 분야의 학자들과의 공동연구

가 이루어졌다. 이 공동연구에 관여한 다른 분야의 학자들은 다음과 같다 : 철학자(R. Bubner, J. Habermas, P. Ricoeur, S. Toulmin), 종교사회학자(J. Coleman, G. Baum), 신약학자(J. Blank, H. D. Betz, E. Schüssler-Fiorenza), 여성신학자(A. Carr, B. Brooten), 종교학자(M. Dhavamony).

신학과 관련되는 한 위르겐 몰트만이 시청에서 행한 개막연설의 다음과 같은 말은 성령 강림절 다음날부터 사흘 반 동안의 튀빙겐에 대해서 타당한 말이었다. : "튀빙겐은 세계적인 도시가 아니다. 그렇기 때문에 세계가 튀빙겐으로 오고 튀빙겐이 오늘 세계의 위대한 변천과정 속으로 끌려들어가게 된 것을 우리는 더욱 기쁘게 생각한다."

실제로 "세계의 변천과정"이 문제였다 : 이 "세계의 위대한 변천과정"은 어떤 것인가? 오늘날 신학이 그리스도교적 신앙에 대한 책임적인 해명이 되려고 한다면 신학은 반드시 이러한 변천과정에 비추어서 수행되어야 한다. 바른 **시대적** 진단을 전제한 신학의 바르게 이해된 동시대성이 문제였다.

우리 "시대의 정신적 상황"이 호르크하이머(Horkheimer)/아도르노(Adorno)가 이미 1944년에 "계몽의 변증법"이라고 불렀던 것에 의해 규정된다는 것은 여기서 수행된 문화비판적 분석의 부인할 수 없는 기본내용이었다. "계몽의 변증법"은 무엇보다도 다음과 같은 것을 의미한다 :

— 이성과 진보에 대한 소박한 계몽주의적 신앙의 **상실**(자유민주주의와 사회주의—맑스주의의 진보적 신학과 이데올로기에 의해 뒷받침되는) 근본적으로 낙관주의적인 역사관의 **상실**;

— 서구적인, 현대—세속적 문화와 이 문화의 창조적이면서 파괴적인 잠재적 기본동력에 대한 **회의**, 서구문화의 힘은 유례없는 파괴적 잠재력을 확보했고 환경파괴에 기여했으며 핵무기에 의한 인류의 자멸을 초래할 수 있게 되었다.

— 400년 동안 도전받지 않은 유럽—미국문명과 그 정치적 힘의 지배권이 다른 정치—군사적, 경제—문화적 권력중심들(다중심주의)의 발전으로 인해 상실되었다.

결론 : 20세기의 시민들이며 1세계에 속한 사람들로서 1세계의 복잡한 범죄사에 연루되어 있는 우리는 문화와 그리스도교, 중산층과 교회의 진보신앙적 동맹을 결정적으로 뒤흔들었던(그래서 최초로 강령적인 "위기의 신학"으로 이끌었던) 1차 세계대전 이래, 늦어도 아우슈비츠, 히로시마, 수용소 굴락(Archipel Gulag)과 같은 역사적 재난들이 이 지구의 모습을 바꾸어 놓은 이후에는 현대적 계몽주의 이후적 시대, 짧게 말해서 "현대이후"(Postmoderne)의 시대에 살고 있다. 다시 말해 신학은 현대 이후의 이러한 경험들을 성찰하고 이 경험들을 새롭게 이해된 신학적 과제 속에 통합시켜야 한다.

물론 이것은 이 심포지움에 참석한 여러 신학의 대변자들에게는 분명한 사실이었다. 현대의 위대한 세 신들(과학, 기술, 산업화)이 마력을 잃은 것처럼 보이지만, 신학적 수용과정에 의해서 계몽, 비판, 이성, 역사를 강조하는 위대한 "현대적 과업"의 유산을 보존하고 우리 시대의 경험들로써 매개하는 일이 반드시 이루어져야 한다. 현대 이후는 반현대를 의미하지 않는다. 문화비평과 과학비평은 문화적 업적과 과학적 사고로부터의 결별을 뜻하지 않으며, 이성에 대한 비평은 비합리주의로의 후퇴를 의미하지 않는다.

반면에, 대중전달매체 산업분야의 기술혁신들에 의해서 책의 지배적 지위가 무너지고 지식전달의 새로운 형태들이 개발된 현실을 감안해서 **신학은 과학으로서** 이러한 정통성의 위기 속에서 자신을 주장해야 한다. 그리고 신학은 대학교의 신학이 여러 측면에서 의문시 된다는 사실을 감안해야 한다. 반현대적 반동적 신앙공동체들은 대학교 신학의 소위 "불신앙"을 문제삼고, (바닥공동체와 국민교회를 강조하는) 해방신학과 (여성들의 피압박사와 경험에서 출발하는) 여성신학 같은 현대 이후의 대안적 신학들은 대학교 신학의 "비생산성"을 문제삼는다. 요약하면 오늘날 신학함의 **자리**와 **주체**는 새롭게 논의되어야 한다.

이 심포지움의 토론을 지배한 둘째 주제는 우리가 그리스도교와 교회가 연루된 제1세계와 제2세계의 신뢰성 상실이 제3세계의 등장과 맞물려 있는 시대에 살고 있다는 것이다. 제3세계는 그리스도교적 삶과 신학적 사고의 새로운 대안적 형태를 가져다 준다(해방신학). 이러한 보편적 해방운동의 주체는 제3세계에서는 수탈당한 인간들인 민중이며 제1세계에서는 다른 누구보다도 여성들인데 여성들은 제3세계의 해방신학이 남성들을 위한 남성들의 신학만을 추구하는게 아닌지 묻고 있다. 따라서 우리는 현대 이후의 시대에서 해방신학과 여성신학이 보여주듯이 상이한 문화적 맥락과 상이한 주체들을 지닌 지배적인 신학적 기본모델들의 개발에 대한 증인들이다. 해방신학과 여성신학은 이 심포지움에서 다바모니(M. Dhavamony)가 힌두교와 관련해서 간략히 소개한 신학, 오늘날 더욱 절실히 등장하고 있는 "종교들의 신학"에 의해 보충되어야 한다.

2. 신학의 차원들

신학이 획기적 위기를 인지하고 다루는 능력을 유지하려면(J. B. Metz), 신학은 이전과는 다르게 수행되어야 한다. 서로 다른 신학들과 국가들의 대표자들도 이 점에는 일치하는 것 같았다. 데이비드 트레이시(시카고)와 함께 심포지움의 발기인인 한스 큉은 심포지움이 끝날 때 토론내용을 요약하면서 현세적—현대 이후적(neuzeitlich-postmoderne) 신학에 대한 토론상황에 근거해서 네 가지 기본적 차원들을 주목하고 이 차원들을 상호관련시킬 것을 요구했다.

다음과 같은 사실이 분명해졌다 : 신학이 **성서적 차원**을 진지하게 취급한다면 항상 성서적 근원에 비추어 비판적으로 자신을 평가해야 한다. 신학은 시대의 변천 속에서 자신의 위대한 불변적 요소(예수 그리스도 안에 있는 하느님의 해방적 말씀에 대한 신앙)를 (성서적) 기원과 부합될 뿐 아니라 현실에도 부합되게 적절히 표현하도록 힘써야 할 것이다. 더 이상 세속적 진보신앙을 지니지 않고, 파괴의 불안, 제도들의 동요, 온갖 치명적 갈등들의 가능성에 의해 위협 받는 "시련의 시대"속에서 신학은 "그리스도 안에서" 열린, 인간의 "새로운 자기

이해"(E. Jüngel)를 시대적 불안과 권력에 대항해서 내세우도록 도전받고 있으며 "우리가 만들어 내지 않은 변화의 기쁨"(N. Lash)에 대해 증언해야 할 것이다.

사실적(史實的)이고 **역사적**(Geschichtlich)인 차원을 진지하게 받아들일 경우 신학은 (인간역사와 자연환경의 새로운 합생을 가능케 하는) 역사에 대한 새로운 관계에 이를 뿐 아니라 교리적, 제도적으로 고정된 절대적 주장들을 비판하고 상대화하는 도구로서 역사비평을 인정하게 될 것이다. 말하자면 일반적 상대주의에 빠지지 않으면서도 신학의 고유한 입장을 상대화해야 한다. 일반적 상대주의 대신에 일반적 관련체계의 상관성이 부각되어야 한다(J. Moltmann).

정치적 차원을 진지하게 받아들이는 신학은 정치적 중립과 무책임성의 영역으로 후퇴하려는 모든 시도들을 방지하고 표면적인 정치화의 모든 시도들에 대해서도 저항해야 할 것이다. 오늘날 "가난한 자들을 위한 선택"(L. Boff)이 신학을 하는 데 불가피할수록, 인류의 생존이 걸린 치명적인 위험의 시대에서 신학은 고백적으로 말해야 하며(J. Moltmann), (하느님의) 말씀을 분명히 붙잡으려면 신학은 성서적 표준을 포기할 수 없다(E. Jüngel). 어쨌든 오늘날 신학은 우리 시대의 고난사를 기억하는 신학이어야 하며(Metz), 아우슈비치, 히로시마 아키펠 굴락 이후의 신학이면서 핵무기에 의학 멸절 이전의 신학이어야 한다(Greinacher). 따라서 오늘날에는 신학적 해석학이 항상 "이론과 실천의 변증법"을 의식하는 (Lamb), "위험에 대한 인지의 해석학"(Metz)으로 수행되고 있다.

에큐메니칼한 차원을 진지하게 받아들인 신학은 특수한 교파적 전통들을 더 이상 전체적 그리스도교적 진리의 실현으로 이해하지 않고 포괄적 그리스도교적 진리의 부분으로 이해하려 한다. 그리고 나서 이 신학은 "유일하게 참된" "유일한 구원기관인" 질대종교로서의 그리스도교의 지배권이 흔들리고 있음을 의식하고(Gilkey, Cobb), 많은 종교들과의 대결 속에서-임의적 다원주의와 절대적 주장을 넘어서-그리스도교적 신앙의 독특성을 이해하고 해석하도록 해야 한다. 그리고 신학은 오늘날 에큐메네(일치)가 교회들, 종교들, 문화들 사이의 화해뿐 아니라 남녀 사이의 화해도 의미한다는 것을 알아야 한다. 가부장제적 지배권이 무너지고 성차별의 자취가 제거될 때 형제들과 자매들의 참된 전세계적 공동체가 형성될 수 있다(Carr, Schüssler-Fiorenza).

3. 모형이란 무엇인가?

이 모든 공동적 인식들은—온갖 신학적 차이에도 불구하고—오늘에 적합한 신학의 기본모델을 만들어내기 위해 동일한 기본신념, 가치 그리고 기법을 가지고 출발한 신학자들, 동일한 필요성과 절실함을 느낀 신학자들이 튀빙겐에 모였다는 생각이 들도록 했다. 아무도 위기적 증상들을 부인하지 않으며, 다차원적인 신학적 사고의 필요성을 부인하지 않고, 이 심포지움에서 제시된 새로운 신학적 출발의 정당성과 절실함을 부인하지 않는다. 그렇기 때문에 본 심포지움의 발기인들은—과학사가 토마스 쿤이 철학적—과학이론적 토론 속에 끌어들인—"모형"("기본모델")과 "모형교체"란 개념을 오늘 신학의 자기해명을 위한 진단의 도구로 제시했다.

고대 교회적—헬레니즘적 신학(과 교회)의 "신념, 가치 그리고 기법의 **전체적 상태**"가 중세적—로마 가톨릭적 신학과 다를 뿐 아니라 종교개혁적—개신교적 신학과 현대적—계몽주의적 신학과도 다르다는 것을 간과하기는 어렵다. 20세기에도 이런 모형들은 완전히 사라지지 않고 다른 전통주의적 형태로 존속한다는 것을 살펴볼 수 있다. 그러면 현대 이후적 경험에 적절히 대응할 수 있는 **새로운 모형**이 다른 모형들과 함께 있는가? 실제로 이것이 본 회합의 주도적 물음들 가운데 하나였다 : 한 특정한 신학공동체의 구성원들 사이에 오늘날 신학함의 조건들과 귀결들에 관해 이 공동체를 다른 공동체와 구별해 주는 해석학적인 기본적 합의가 있는가? "신념, 가치, 기법의 전체적인 상태"("모형"에 대한 쿤의 정의)를 공유함으로써 다른 공동체와 구별되는 신학자공동체가 있는가?

의심할 바 없이 언제나 신학자들은 모형들을 가지고 작업했다. 이 모형들은 감정과 무의식의 심층에까지 이르는 뿌리 깊은 기본신념과 가치들의 전체적 상태인데 이것은 흔히 "혁명적 변혁"(모형교체)의 방식으로만 변화될 수 있다. 그리고 모형분석에 의해 파악될 수 있는 신학적 기본신념들을 육성함에 있어서 흔히 신학 외적 사실들이 개입되었다! 500년 동안 거의 아무 도전도 받지 않고 신학함의 방식을 규정했던 중세적 로마 가톨릭적 모형이 신학과 교회에 대한 전혀 새로운 모형, 참으로 상황을 뒤집는 개신교—종교개혁적 모형으로 대체될 때, 마틴 루터는 (신학 외적 사실의 개입을 보여주는) 역사적으로 가장 효과적인 사례들 가운데 하나였다.

오늘날에는 어떤가? 20세기에 사는 우리는 서로 상이한 신학들뿐 아니라 서로 상이한 모형들의 경쟁 흔히 갈등적인 투쟁을 다루어야 한다. 이 갈등은 신학자들과 교회대표자들이 그때그때 사용했던 이러한 위대한 이해모델들의 역사적 비동시성의 결과이다. 여기서 모형들 즉 오랫 동안 육성되고 깊이 뿌리내린, 모든 것에 영향을 주는, 흔히 의식적인 그리고 흔히 무의식적인 기본전제들이 문제되기 때문에, 여러 교회들에 있어서 소위 "진보"와 "보수"의 투쟁은 흔히 매우 가열차고, 화해될 수 없는 것처럼 보인다"(H. Küng).

따라서 이 심포지움의 모형들에 관한 논의에서도 다음과 같은 것들이 문제되었다:

— 무시간적이고 무가치하며 비인간적인 그리고 결국 무신적인 신학이 되지 않으려면, 모든 신학이 모형들을 가지고 작업하고 반드시 그래야 한다는 사실을 해석학적으로, 스스로 해명하는 일(Greinacher). "단순한 사실"(Daβ)이 아니라 "방식"(Wie)이 논쟁의 대상이다;

— 종교개혁시대나 근세 초기(새로운 자연과학, 새로운 철학이 등장한 17세기)와 비슷하게 오늘날에도 신학은 엄청난 획기적 변혁 속에, 모형교체 속에 있다는 자각을 구체화하는 일. 이제까지 사용되었던 개념들이 새롭게 형성되고 전통들을 새롭게 읽고 경험들과 경험주의적 사실들을 새롭게 연구함으로써 신학을 내용적으로—연속성과 불

연속성 속에서—새롭게 형성해야 한다;

— 신학과 교회의 여러가지 전통주의적 모형들의 경쟁(정통적, 로마-가톨릭적, 개신교적 전통주의)에 의해서만이 아니라 신학과 교회의 새로운 현세—현대 이후적 모형을 위한 여러가지 신학들과 신학노선들의 투쟁을 통해서도 특징지어지는 오늘의 신학적 상황을 약술하는 일 등이다.

"모형"과 "모형교체"란 개념이 진단하는 기능을 수행할 것인지는 앞으로의 논의를 통해서 밝혀져야 한다. 이 개념은 논란의 여지가 있었으나 그 내용은 심포지움의 진행과정에서 더욱 거부할 수 없는 것으로 되었으며 모형(기본모델)을 위한 보다 나은 개념이 제시되지는 않았다. 한 가지 분명한 사실은 (이 심포지움의) 문서들을 받아들이는 사람, 이 심포지움의 대화들과 만남들을 연구하려는 사람은 앞으로 신학적으로 구태의연한 태도를 취할 수 없다는 것이다.

그에게는 오늘의 신학함의 수칙이 결정적으로 바뀐 것이다.

2년 후에 시카고대학교에서 후속 심포지움이 개최될 계획이다. 튀빙겐 심포지움은 "전혀 부수적"으로, 테이스 총장이 시작한 튀빙겐대학교와 시카고대학교의 공동연구가—인간적으로나 전문적으로—얼마나 유용한가를 보여 주었다.

현대신학은 어디로 가고 있는가?

편　자:한스 큉/데이비드 트라시
역　자:박 재 순
펴낸이:김성재
펴낸곳:한국신학연구소

등록:제5-25(1973.6.28)
초판발행:1989년 7월 25일
　6판발행:2002년 2월 20일

주소:110-030 서울 종로구 청운동 115-1
전화:02 738 3265~7
팩스:02 738 0167
PC통신 천리안ID/ktsi
홈페이지 http://ktsi.or.kr

값 8,000원

ISBN 89-487-0098-7 93230